琴行

胡敏 ○ 著

文匯出版社

第一章

　　晚饭过后,秦朗放下饭碗就去拿起小提琴练了起来。魔都交响乐团招聘复试的通知他终于等到了。在这之前,秦朗跟来自世界各国的100多名乐手,一起参加了魔都交响乐团今年招聘的面试和初试。一阵比拼,只剩下10人进入最后的复试,其中就包括秦朗。秦朗知道最终是两取一,长笛、小号、大提琴、中提琴、小提琴各有一名幸运者将获得入团就职的机会。秦朗也知道他的对手是来自新加坡国立交响乐团的一名小提琴手,是个华裔女孩,名叫罗雅玲。听说这个女孩是曾经留学德国汉堡音乐学院的研究生。初试时,秦朗听过她的演奏,技巧、音色都非常棒。秦朗不禁暗想:我跟她有得一拼。

　　听到儿子进复试了,秦悦悦也非常高兴。吃晚饭的时候,秦悦悦兴致勃勃,把一瓶啤酒全都灌进了肚子里。

　　秦悦悦没有像往常那样勤快地收拾起碗筷,拿到厨房里去洗,而是呆呆地坐着,像是在听儿子拉小提琴,其实她是在忍着突然而起的胃疼。秦悦悦感觉疼得越来越厉害了,实在坐不住了,她好想睡到床上去,于是硬撑着站立起来,忍住胃疼关照儿子说:妈妈去睡了,你也早点休息,今天已经练得够多了。秦悦悦捂住肚子,踉跄着走进房间去了。

　　秦朗看一眼墙上的挂钟,8点还不到;再看一眼桌子上杯盘狼藉,一只喝空了的啤酒瓶也没收拾掉,依旧站在桌上,心里就不免嘀咕:妈妈从来没这么早睡过,也从来没有饭后扔下一堆脏碗先顾着去睡觉的。今天是怎么了呢?

　　秦朗稍稍停了一下,便又很快恢复了拉琴。还得练,万无一失才好，无可挑剔才好！秦朗苛刻地对自己说着，拉得更起劲了。白天他几乎没休息过，一直在练。

秦朗就读于中央艺术大学，才本科毕业。听说上海的魔都交响乐团有招聘，秦朗就毅然放弃考研究生，从北京回到了上海，回到了妈妈的身边。秦朗从小由妈妈一个人抚养。妈妈的含辛茹苦在秦朗幼小的心灵里留下难以忘却的记忆。秦朗知道妈妈平日里省吃俭用都是为了什么。早点参加工作是秦朗一直的心愿。

上大学期间，秦朗每年的学费加上吃饭住宿总要4万多元。秦朗知道妈妈的工资是多少，他曾经暗暗算过家里的开销：妈妈每月的工资除去还银行的房贷、给秦朗生活费，已所剩无几。秦朗不知道妈妈每年替他交的学费是怎样攒下来的。有年秦朗放暑假从北京回到上海，他想给妈妈一个惊喜，特意事先没跟妈妈打招呼。这天是星期天，正是家家都在准备午饭的时候。秦朗开门进家，就直奔厨房。他想妈妈此刻一定是在厨房里忙着的。他真想立刻吃到妈妈做的饭菜。妈妈果然是在厨房里，也正在准备午饭。可是，秦朗并没有看到任何菜肴，只看到一碗不知道是什么时候剩下的冷饭；妈妈正在往一只放了点酱油的碗里倒入开水。她在冲酱油汤！这难道就是妈妈今天的中午饭？妈妈在家就是这样生活的？平日里妈妈给秦朗打电话，每次都会叮嘱儿子：去食堂吃饭，喜欢吃肉就买，钱不够只管跟妈妈说，妈妈会给你卡里打钱的，你放心吃吧，千万不要省。可是她自己却是这样节省！秦朗感到好心疼，鼻子一酸，眼睛模糊了。

妈妈看到儿子突然出现在自己面前，非常高兴，但她马上慌乱起来，想把冷饭和酱油汤藏进碗橱里去。秦朗什么话也不说，拽着妈妈就往外面跑。妈妈问：你要带我去哪里？

秦朗不停步地说：吃饭。

妈妈就像做错了什么事一样，一声不响，低着头乖乖地跟着儿子跑。

秦朗把妈妈带进了小区门口的徐汇酒家,让妈妈坐定,随后就开始点菜。秦朗先要了一条清蒸鳜鱼,他知道妈妈最喜欢吃鱼。然后又点了一个糖醋小排,这是他自己和妈妈都喜欢的,再要了一个蔬菜。他算了一下菜价,确定自己口袋的钱够付后便将点菜单交给了服务员。

很快,菜就端上桌来。秦朗不断地给妈妈夹菜,逼她多吃点。

吃好饭,妈妈想抢着去买单,却被秦朗死死按住手,坚决不许她掏钱。最终还是秦朗把吃饭钱给付了。付好钱,秦朗就开始安慰妈妈说:我现在能赚钱了,我是用自己赚来的钱请妈妈吃饭的,你高兴吗?

听儿子说能赚钱了,妈妈却不高兴反而担心起来,问:你做什么了?你不好好念书,赚再多的钱妈妈也不会高兴。

秦朗解释说:我教小孩子拉琴了。都是利用休息天做的事,并不影响学习的。我们学校旁边就有琴行,琴行很欢迎我们艺术大学的学生去他们那里上课。我每上一课就可以拿到一百元,说是上课,其实我自己也在练琴的,一举两得。再讲,对于大学生来说,多接触接触社会也没有什么不好。

秦悦悦一听顿时释然,赞许地说:那倒不错!

决定回上海之前,秦朗征求过盛林老师的意见。盛林以前是魔都交响乐团的首席小提琴,秦朗上大学之前的小提琴老师,近年做了魔都交响乐团的艺术总监。盛林说:工作也是学习,进乐团工作也不错。

盛林还认真地关照秦朗:好好准备好好表现。不要指望我能给你开个后门。再说我一个人说了也不算,乐团招聘考试有10个评委老师呢,要被他们中的大多数人认可才可以的。不过我相信你的能力。说实话我也很想你能进乐团工作。

秦朗对自己很有信心。在大学里,他学习成绩优良,还在全国小提琴比赛中获过银奖。

复试的指定曲目是帕格尼尼的《无穷动》、萨拉萨蒂的《流浪者之歌》以及巴赫的《d小调双小提琴协奏曲》。都是秦朗从小就会拉的,进了大学后又专门跟老师学过,也不知道练过多少次了,又在各种场合演出过,熟得不能再熟了。尤其是帕格尼尼的《无穷动》,老师特意跟他讲过,这是乐团考试的试金石,是想进乐团者必须具备的敲门砖。整整251小节2307个16分音符的跳弓快速跑动,包含频繁换把、各种调性的不断变换,要求不能停顿、没有错音、保持匀速,这很能检验演奏者的基本功。秦朗早在上大学之前就能做到一点不错地背谱演奏,并且是极快的速度。秦朗拉得最快的一次只用了3分10秒,比他崇拜的帕格尼尼本人的演奏只慢了10秒。

拉这种烂熟于胸的曲目对秦朗来说,只是下意识地让它在自己的左右手的配合中自然流动。他需要用心做的,是更高要求地保持乐曲适当的情感起伏,使其更为生动悦耳。拉另外两首曲子同样如此。

秦朗一鼓作气又拉了一遍帕格尼尼的《无穷动》,看一下表,3分15秒。再来一遍!秦朗感到不满意,用手抹了一下已沁出微汗的额头,又举起了琴弓。突然,一阵呻吟声传进秦朗耳朵里来了。仔细听,像是妈妈的。秦朗忙放下琴,疾步跑进妈妈的房间。秦朗打开灯一看吓了一跳,只见床上地上都是妈妈呕吐的东西,稀里哗啦一大摊。让秦朗吃惊的是呕吐物里竟然有鲜红的血。见妈妈睁眼醒着,痛苦地看着自己,秦朗不禁惊叫:妈妈,你怎么吐血了?

妈妈有气无力地回答:我胃疼得厉害。

秦朗慌了,不敢怠慢,忙打电话叫来一辆出租车,他想带着妈妈赶快去医院给她看病。

出租车来了,秦朗搀扶着妈妈,急急地对司机说:去医院!

司机问:哪个医院?

秦朗一时想不出该去哪家医院,就说:去最好的医院!

司机说:最好的医院那就是皇冠医院了。去皇冠医院吗?

秦朗立即同意：好的，去皇冠医院。

挂急诊，做一堆的检查。一直忙到半夜里，秦悦悦才把胃镜检查做好。

医生在内镜室门口朝着外面叫：秦悦悦家属进来一下！

秦朗忐忑地走进去。医生问：你是她什么人？

儿子。

你爸爸怎么没来？

秦朗犹豫了一下说：爸爸不和我们在一起了，早就不在一起了。随后满怀希望地问医生：我妈妈没事吧？

医生同情地盯着秦朗的脸看了一会儿，说：那我就跟你直说吧，你妈妈情况不好，很不好。虽然活检报告还没有出来，但可以肯定，你妈患的是胃癌。医生把胃镜报告递给秦朗。秦朗看一眼报告，"胃底恶性肿瘤"几个字恶狠狠地跳进了他的眼帘。犹如晴天霹雳，秦朗不由得在心里痛苦地哀叹一声"糟了"，他真想对着上苍大声责问：为什么是我的妈妈？

秦朗想瞒妈妈却没瞒住，秦悦悦看出了儿子眼睛里的忧愁，虽然他竭力想掩饰，还强笑着。秦悦悦问：告诉妈妈，检查结果是不是不好？她已经有了预感，既想知道又怕知道。

秦朗一直在控制自己悲伤的情绪，可是，不听话的眼泪还是流了出来。

秦悦悦知道情况不妙，尽管有思想准备，还是被吓到了，她没能支撑住自己，瘫坐在了椅子上。秦朗忙安慰妈妈：最终确诊还要看活检报告的，也许胃镜检查是误诊呢？

秦悦悦闭起了眼睛，一声不响，很久很久。秦悦悦突然睁开眼睛，坚决地跟儿子说：回家！

她想了很多很多，最后得出结论：治了也白治。她想：明明知道结果会是人财两空，何必再去花这种冤枉钱呢？再讲了，家里钱并不多，恐怕也不够花的。听说过为治病卖房子的事。不过，就我们家来说，这个脑筋绝不能动。就算是卖了房子治病，最终还是个死，那难道让儿子流落街头吗？万万不可！罢了罢了，认倒霉吧。反正不能让儿子跟着受连累！秦悦悦主意已定。

秦朗着急了，说：不能回家。医生说了，你必须马上住院！

一个想走一个不让，两人僵持不下。正在这时，秦朗的外婆和舅舅找过来了。秦朗知道胃镜检查结果后，赶快给外婆和舅舅打了电话。这是他在上海唯一可以联系到的亲戚。他们一接到秦朗的电话就打车从家里匆匆赶来。秦朗忙叫外婆和舅舅劝说妈妈住院。

舅舅从口袋里掏出一叠钞票给秦悦悦说：这里是 5 000，你拿着。我手里没有更多了。你先用。

秦悦悦坚决不要。她想，妈妈是跟着哥哥过的，哥哥要养娘还要负担一家子的开销。他不过是公交公司的一个汽修工，收入并不高，他不会有太多钱的。怎么能要他的钱呢？

舅舅便把钱给秦朗。秦朗没推，收下钱后说：算我借你的，以后还。谢谢舅舅！

秦朗的外婆抱着女儿哭着说：怎么会这样？

秦悦悦看到妈妈和哥哥，心情好了很多，人一松软下来，病痛又来折磨，秦悦悦难忍胃疼，又瘫坐在了椅子上。

医生过来说话了，让秦朗赶紧把妈妈送到病房去。病人需要立即接受治疗。医生很严厉，容不得秦悦悦任性。

医生给秦悦悦打了止血针，做了止血处理，还给她挂上了葡萄糖的吊液。秦悦悦很快便睡着了。秦朗的眼睛盯着吊瓶，一步不敢离开。半夜里，秦悦悦醒来了，看到秦朗还在，便催他赶快回家，提醒他说：你过几天要去参加考试的。这几天你就好好在家准备，抓紧时间练琴。这里有护工,你放心好了。

秦朗敷衍地说:好的好的。但并没有想离去的意思。他久久不能平静,还在为妈妈拒绝接受治疗而难过。妈妈无非是想为家里省点钱。那要我这个儿子干什么呢?秦朗想,自己已经长大,该是回报妈妈的时候了。他想好了,尽快工作挣钱,现在只有靠我撑起这个家了。秦朗感到肩头沉重起来。

护士长领着一个身体粗壮的乡下女人进来了,对秦朗说这是给你妈妈找的护工。她叫梅芳。

秦悦悦又催儿子走:快回家好好睡觉,休息好,考试才不会出差错。

秦朗不想妈妈再为他操心,就哄她说:你睡了我就走。

秦悦悦就使劲闭起了眼睛。

看到妈妈顺从得像一个孩子,秦朗又伤感起来了。妈妈的心里只有儿子,哪怕自己遭受横殃飞祸,首先想到的还是自己的儿子。儿子在妈妈心里是比自己的生命都重要的。妈妈不舍儿子,儿子又岂能舍得下妈妈?秦朗还是不想走,他只想陪在妈妈身边。

夜深了,病房里鼾声一片,唯独8床的女人坐靠在床上还没睡。女人看上去跟秦悦悦差不多的年纪,头上光光的,像个尼姑。秦朗奇怪她为什么还不睡,不禁朝她看了一眼。女人见秦朗在注意她,便朝他招了招手。秦朗以为她是想叫他帮忙做什么事,便走了过去,问道:有事吗?

女人摇摇头,指了指秦悦悦问:你妈妈?

秦朗点点头。他这才明白女人只是想跟他说说话罢了。

住在这里的病人一定都是很苦恼的,她一定是想找个人倒倒肚子里的苦水吧?秦朗想。

女人问:确诊了吗?

秦朗还只是点点头。

女人长叹了一口气说：又是一个倒霉的。又饱含同情对着秦朗说：治这病很费钱的。你妈妈做什么的？

秦朗答：老师。

那你工作了没？

没有。

你爸爸呢？

秦朗不语。

女人自我解答说：哦，知道了。

秦朗急切地想知道治这病究竟要花多少钱，于是问了女人。

女人没直接回答，她从床头柜上拿起了一只药瓶说：你知道这瓶药多少钱吗？8 000元啊！

秦朗吓了一跳，问：什么药这么贵？

女人把药瓶递给秦朗说：胃克力。专治胃癌的进口特效药。

秦朗抓在手里仔细看，瓶贴上有三个大大的红字：胃克力。这醒目的药名深深地印在了秦朗的脑子里。

女人开始唠叨起来：一瓶药总共就20粒，每天要吃一粒，一个月就要花一万多元钱。都是要自己掏腰包的。不光是这一种药啊。我家老头为了给我治病把家里的房子都卖了，他说救命比什么都要紧。可我儿子不高兴了，本来结婚可以挤在家里跟我们一起住的，现在只能租房子住了，他女朋友就不愿意了。儿子气我了，好长时间不来看我……

秦朗觉得好烦，再也不想听女人唠叨，便回到妈妈的病床边。背后传来女人长长的叹息。

秦朗有了困意，就趴在了床上，挨着妈妈闭起了眼睛。迷糊中听到有嘤嘤哭声，好像从隔壁病房传来。走廊里响起杂乱的脚步声。脚步声停了一会儿后，哭声又起，比刚才响了，听得出是好几个人的声音。一定是他们的家人走了，永远地离开了。秦朗感到很悲哀，他不禁紧紧靠着妈妈,就生怕她突然要离去一样。困意不断地袭来,秦朗闭起了眼睛。

四周的空气似乎都凝固了一样,沉闷得让人感到窒息。秦朗晃晃悠悠地起身走出病房,他想出去透透气。

得想办法让妈妈好好治,不能让妈妈死!可是,到哪儿去弄这么多钱呢?秦朗机械地迈动脚步,好像这样一往无前就能找到答案找到希望似的。他只管朝前走,上楼又下楼,出楼又进楼,沿着一条走廊走到了尽头,抬头一看,面前是一扇门。门上有块牌子,上面写着"药品仓库"四个大字。

治病无非就是打针吃药。这里不就是生的希望吗?秦朗不由得推开门,走了进去。眼前是一排排比人还高的木架子。架子上摆满了各种各样的药品。秦朗在架子间穿行,他想起治疗胃癌的特效药"胃克力"。秦朗很想找到它。哦,看到了,瓶贴上的"胃克力"三个字特别醒目。就是它,太吸引人了,太让人喜欢了。秦朗伸手就抓了一瓶,毫不犹豫。好像这一抓就抓住了妈妈的命一样,这让秦朗感到无比快乐。他恨不得马上就拿去给妈妈吃。才走出几步,秦朗犹豫了。他突然想到了小偷,想到了罪恶,秦朗吓了一跳,赶紧把药瓶放回了架子上。他的心脏在剧烈地跳动,恐惧感笼罩着他的全身。但他不想离开,救妈妈的念头依然强烈。又有声音响在耳畔:救命比什么都要紧!秦朗狠狠地点头,默默念着:对的对的。况且我想要救的人是妈妈,是没有钱买药快要死去的妈妈!顿时,这个念头战胜了一切的恐惧,秦朗反而觉得心安理得了。秦朗再次扑向"胃克力",迅速地一手抓起一瓶,他本能地环视四周,竟然是空无一人。幸好没人看见,那就赶快走吧。毕竟是罪恶的,见不得人的。秦朗迅速将药瓶放进口袋,疾步走出门去,刚出门就遇见一个穿白大褂的中年女人迎面走来。女人一拐一拐,走得很慢。是个瘸子。秦朗一惊,低下头加快了脚步,他想赶快离开这里。

瘸腿女人一时呆住，好一会儿才缓过神来，立刻朝着秦朗的背影喝道：站住！

秦朗在心里哀叹一声：糟了！戛然止步。他不敢不停下。

瘸腿女人加快一拐一拐的频率，奋力追赶上来，厉声问道：你拿什么了？

秦朗就像被人猛击了一掌，顿时醒悟，明白自己已闯下大祸。你真是个浑蛋！他狠狠地骂着自己，并命令自己赶快认错，于是迅速从口袋里掏出药瓶，交给瘸腿女人，惭愧地说：对不起！

瘸腿女人一把抢过药瓶，瞪了秦朗一眼，说道：看你倒是长得一副很乖的样子，怎么会做出这种事情？说声"对不起"就没事了吗？这是犯罪你知道吗？

秦朗低下脑袋，无比悔恨地说：知道知道，我真的知道错了。我不该这样。我一时糊涂。求求你不要让我妈知道，她病了，病得很重，她要是知道了，会比自己患癌症还要痛苦的。

瘸腿女人口气缓和了些，问道：你多大了？

二十二。

哦，跟我儿子一样大。上大学了吗？

是的，才毕业。秦朗见瘸腿女人不像刚才那样凶了，赶紧向她求饶：阿姨，我真的知道错了，你饶了我吧，我以后再也不敢了！秦朗乞求地看着她。

瘸腿女人心软了，叹了一口气说：你走吧。说完赶紧转身一拐一拐地离去，就好像怕再晚点离开会反悔似的。

秦朗赶紧奔向楼梯，三脚并作两步地跑下楼去，冲出楼门，在一块空草地上停下。他恨透了自己，捶胸顿足，咒骂着自己，忏悔了很久很久才离开。秦朗跑回妈妈的病房，在妈妈的病床边坐下，紧紧靠着妈妈，心里后怕地想着：我真糊涂，要不是那个阿姨发善心，我恐怕就回不到妈妈身边了！于是有了一点庆幸，也有了一份坚定：今后哪怕再穷再苦、再没钱，都不能做像这样的蠢事了！想着想着渐渐就睡着了。

突然，那个穿白大褂的瘸腿女人大喊着"抓小偷"，闯进病房来。难道她反悔了？秦朗一惊，睁开了眼睛。哦，原来是一个梦！

秦悦悦的活检报告出来，癌症被最后确诊。秦悦悦的主治医生魏明把秦悦悦和秦朗都叫到了办公室。魏医生介绍了秦悦悦的病情，也谈了医院对治疗的意见。魏医生的意见很明确：病人才50岁，还算年轻。考虑到病人病情还没到晚期的严重程度，但在发展期，所以主张抓紧做手术，也就是开刀，然后做化疗。

秦悦悦光关心费用，问一共要花多少钱？还问医疗费用能否进医保。

魏医生答道：开刀手术加上化疗，费用总共在20万元左右，这是一般的方案。如果化疗用药用得好点，选择进口的，那治疗费用就会大幅增加，花上三四十万元都是有可能的。目前治疗癌症的费用一部分还只能自理。据了解，国家现在正在考虑改革当下的医保制度，待新医改方案出来了，癌症病人的治疗费用可能就可以报销更多了，但什么时候出来谁也不知道，所以你们现在还是要抓紧准备好手术和化疗的费用，不然的话……

魏医生看看秦悦悦又看看秦朗，欲言又止。医生的目光里既有职业的照章办理的冷峻，也有难以掩藏的同情。医生的心情很复杂，他已经知道病人是离异的，她用并不高的薪水还房贷，还要供儿子上大学，家里显然是没有多少积蓄的；儿子刚大学毕业还没有工作，应该就是身无分文。他必须确定病人能够有办法支付昂贵的治疗费用，才可以用药用自己的医术去救她。这似乎很残酷，但他又不得不这样做。他只是一个医生，是替医院做事的。同情也只能就是同情，他最终还是必须公事公办的。

秦悦悦明白了医生想要表达的意思，她竭力使自己显出轻松地一笑，当即表示：我还是回家吧。

秦朗急了，对魏医生说：别听她的。我同意医院的治疗意见。手术一定要做，如果需要化疗也一定要做。钱不够哪怕卖了房子也要给妈妈看病。秦朗很激动，态度非常坚决。

魏医生摇了摇头，做出并不认同的样子。

秦悦悦学校的闵校长来看秦悦悦了。秦悦悦是梦花小学的音乐老师。闵校长拿出了一只红包交给秦悦悦说：我代表学校对你表示一点心意，这里是1万元，学校只能拿出这点了，请你谅解。以后如果还有困难，需要钱，我打算发动全体员工再搞一次募捐。你一定要配合医生好好治疗，学生们还等着你回去给他们上课呢。

秦悦悦非常感动，点了点头。

第二章

秦朗在考试规定时间下午1点钟之前赶到了魔都交响乐团。走到后没多久,就有人来叫他进考场。10个评委老师坐成一排,他们并非直接面对着考生,而是面对着一块红布幔,红布幔的后面才是考生。将考生隔在红布幔后面,是为了防止评委作弊打友情分。

罗雅玲和秦朗被一起叫进了红布幔背后。监考老师把写有"1"和"2"的两个牌子分别用别针别在秦朗和罗雅玲的衣服上。秦朗为"2",罗雅玲为"1"。随后,监考老师向评委老师说道:下面由1号考试,请评委老师准备好为1号打分。

罗雅玲轻松地微笑着,神情坦然,先后不慌不忙地拉完了《无穷动》和《流浪者之歌》,表现得干净利落,简直是无懈可击。秦朗特意留意了一下女孩拉《无穷动》使用的时间:3分20秒。他对罗雅玲高超的技艺很佩服,她的演奏音乐性很强,并且竟然没有一点差错!

盛林也坐在评委席上。罗雅玲的琴声一响,盛林就知道这不是秦朗拉的,秦朗对发音的轻重和对节奏缓急的处理,都是盛林一手教成的,他太熟悉了。盛林一听就知道这个应聘者出手不凡,不禁想,这个1号很厉害。盛林知道,秦朗遇到了对手。不过,依他对秦朗的了解,如果他发挥正常,他跟罗雅玲可以说是难分伯仲。如果是这样,盛林想好了,他一定会让秦朗的得分稍高于罗雅玲。这跟他事先向秦朗申明的"自己不会给他开后门"并不违背,艺术偏爱跟故意作弊是两回事。

下面轮到代号为2号的秦朗考试了。秦朗突然感到一阵眩晕,差点没站住。秦朗不是害怕,他从来不会怯场。他知道这是因为昨天晚上在医院里陪夜没好好睡觉的缘故。他努力镇定自己，但仍然感到头昏脑涨。恰恰在这时，妈妈憔悴的面容浮现在了眼前。秦朗暗暗说了一声：糟糕。

更为糟糕的是，魏医生和穿白大褂的瘸腿女人轮番在他脑子里出现了，一个说着：花上三四十万元都是有可能的；一个在喊着：抓小偷！此起彼伏，没完没了。

秦朗很清楚，这种干扰对考试极其有害。我必须要镇静，必须努力控制住自己的情绪。秦朗一次次做着深呼吸，却仍然难以让妈妈痛苦的面孔在脑子里消失，也难以赶走那烦人的话音和喊叫。他只好在慌乱中硬着头皮开始演奏。先拉《无穷动》，在速度上他的目标是不能低于3分20秒。重要的当然是不能出错，至于情感的表达，他已经顾不上了。只要不出错就好，他在心里反复地告诫自己。这样的放低要求看起来是为了稳妥，实际上是给自己设置了自由发挥的障碍，他果然出错了，刚开始就非常忌讳地停顿了一下，而后竟然拉错了好几个音。秦朗完全明白这种接连的出错在考试中就是一个大事故，是很减分的。于是，深深地担忧，这又无可控制地干扰着他在音乐上轻松自由地表达。很不幸，在演奏《流浪者之歌》的时候，秦朗又连连出错，并且根本没有表现出吉卜赛人对自由浪漫的向往和爽朗乐观、狂放不羁的民族性格。拉完后，秦朗不禁自责地摇了摇头。

盛林皱起了眉头，他不明白秦朗为什么今天会表现得如此失常。

接下来是这场考试的最后一道题。前两首曲子必须背谱演奏，而考这个巴赫的《d小调双小提琴协奏曲》则允许看谱。于是，秦朗和罗雅玲一起站在了谱架前。这样规定的意图就很清楚，不在于考生能否背谱，重点是考查考生的合奏能力和团队意识。强烈的团队意识在乐团里是极其重要的。秦朗偏偏忽视了这一点。先前的失误让他有了要在最后的演奏中扳回一局的强烈意愿。他错误地想要利用最后的机会好好表现一下自己的个人技艺。

监考老师让两人猜拳，规定胜者可以优先选择声部。秦朗胜，他毫不犹豫选了第一小提琴的声部。

监考老师向评委们提示：担任第一小提琴的为2号，第二小提琴的为1号。请评委老师为他们的合奏打分。

考试开始了。秦朗开始得意起来了，觉得在位置上占了上风，好像一切的表现机会都是他的了。他根本就忘记了巴赫的这首曲子是运用对位技巧写成的，主题在第一、第二小提琴之间轮换出现，两个小提琴都有担任主奏的机会。也就是说当第二小提琴担任主奏的时候，第一小提琴要适当小声，要甘当配角，甘当绿叶。但秦朗不，他从开始到结束始终高高在上，旁若无人，尽情表现，毫不控制声音，而是让琴声始终保持着高亢响亮，并且在速度上赶了又赶，越拉越快，丝毫不考虑与合作者互相配合、彼此呼应，好像是他一个人在独奏一样。拉完第一乐章，作为主评委的盛林就叫停了。

盛林不禁摇头，他听出了秦朗的意图，可是这是非常失策的做法，可以说是非常糊涂。从这场对决来看，秦朗的表现明显差于罗雅玲，盛林毫不犹豫将高分给了罗雅玲。

评委报出了最终结果：去掉两个最高分，去掉两个最低分，1号最终得分570分，2号最终得分540分。

结局已经明朗。于是监考老师撩起红布幔，让两个应聘者从幕后走出来向评委老师的工作表示感谢，并请主评委对这场对决做出点评。

盛林说：1号罗雅玲今天的表现非常棒，她技术精湛全面，善于合作，该她主奏她会努力去表现，需要她配合她就会控制好自己的声音，竭力跟上合作者的节奏，这说明她有很好的乐团工作经验，她的胜出理所当然。2号秦朗你考最后一首曲子的状态，要是用在前面独奏时就好了；在合奏的时候，你该收还得收一点，不能只顾自己表现，而丝毫不照顾别的声部。我们设置合奏这个曲目，就是要考查应聘者的团队意识。有强烈的团队意识是参加乐团工作必须具备的素质。

一句话如警钟敲响，秦朗瞬间就醒悟了，明白自己又犯了一个大错。

盛林来找秦朗了，安慰他说：不要灰心，要想想自己究竟输在哪里。乐团每年都会有人员流动，以后还会有机会的。不过我总觉得你今天完全不在状态，表现完全失常。我看你好像有心事，你怎么了？

秦朗同意盛林老师的意见，但没有做任何解释。

盛林走了。秦朗正想离去，正在这时，秦朗听到有人喊他的名字，很熟悉的声音，也是秦朗非常想听到的声音。秦朗循声望去，只见一名像洋娃娃面孔的女子正在朝他笑着招手。果然就是他家以前的邻居万莉阿姐。

秦朗家跟万莉家在梦花街做邻居，那还是很早很早以前的事情了。记得后来万莉家从梦花街搬走的时候，秦朗才6岁。不过他们也不是自分别后第一次相遇。秦朗考上中央艺术大学弦乐系的时候，特意到万莉上学的南方音乐学院去找过她一次。秦朗说是想了解一下弦乐系的大学生活，实际上是想跟万莉阿姐做个告别。那时万莉已经是南方音乐学院弦乐系二年级的学生了。万莉比秦朗大两岁。

万莉朝秦朗走来了。秦朗还是像小时候一样习惯地叫了万莉一声"万莉阿姐"。攀谈下来，秦朗才知道万莉大学毕业后就到乐团上班了。万莉也是拉小提琴的。

万莉知道秦朗今天来参加考试，也知道他失败了，特地跑来安慰他。

万莉还是像以前一样地对秦朗和蔼可亲，像姐姐一样。在他俩都很小的时候，万莉就像一个姐姐一样地对待秦朗，家里有什么好吃的，万莉总会拿出来分一点给秦朗；小孩子在一起玩耍难免有争吵有打闹。别的小孩被欺负，万莉不会管，但只要看到秦朗被别的小孩子欺负，万莉一定会挺身而出，帮着他狠狠地回击欺负他的人。住在梦花街的时候，他们俩是很要好的一对邻居小朋友。

万莉的爸爸是秦朗学小提琴的启蒙老师，那时候万莉爸爸在教女儿的时候，顺便也教了秦朗。万莉的爸爸是名气很响的小提琴家万中仙。秦朗每次见到万莉，总会触发他对万中仙的感念，儿时在她家学琴的情景立即会出现在眼前：万中仙永远都耐心细致地讲述，循循善诱；永远都是极其认真地操琴示范，每个音都优美悦耳，震颤心灵，这些都让秦朗永远铭记。秦朗关心地问起了万中仙的近况。

万莉说：我爸爸还在南方音乐学院当教授，带学生，弦乐系的宫主任退休后，学院便提他做了弦乐系的主任。我爸说终于轮到他了。

说起这次入职考试的事情，秦朗充满了悔意，不断责怪自己。

万莉安慰他说：明年再来吧，乐团每年都要招小提琴手的。

秦朗说：等不了明年了，我马上需要工作，需要挣钱。

万莉说：又不要你养家糊口，你急着挣钱干什么？

秦朗叹了一口气，跟万莉说起了妈妈生病的事情。他无比担忧地说：妈妈开刀包括以后的化疗要好多好多钱的。我要让她好好治，我要她活着。我必须想办法挣钱。

万莉听到秦朗的妈妈患了癌症，很为她感到难过。她想了想说：你想挣钱也容易，你教小孩拉琴吧，现在社会上很多小孩子都想学小提琴，学生很容易找到的。万莉说她自己也带学生的，随便教教一个月也好几千呢。

秦朗点点头说：对的，我也这样想过。

说到学费，万莉悄悄跟秦朗说：你知道我爸爸教一节课多少钱吗？说出来吓死你。

秦朗好奇地问多少。

万莉伸一根手指说：至少一千。他还不肯教呢。

秦朗听了好羡慕。不过他知道教授的身价当然要大大高于一般人的。他不解的是，既然能赚这么多为什么不肯教呢？

万莉说：你知道吗，找他学琴其实都是想考学校的。爸爸现在不但是弦乐系的主任，还是音乐学院招生办的主任，不但管大学的招生，附中附小的招生他也管。你想想，他的权力有多大？几乎每天都有人找他说想来音乐学院上学的事，都盯着他呢。你说他能不觉得烦吗？

听得出万莉的话里其实含着点得意。

有个男孩跑过来对万莉喊道：排练开始了，都在等你，快来吧。万莉来找秦朗还有一件很重要的事要对他说。她答应了喊她的男孩一声，转头急匆匆地对秦朗说：我们成立了一个名叫"魔力"的弦乐四重奏组，小提琴我算一个，中提琴、大提琴也都有了，现在还少一个小提琴，盛林老师提议让你参加。你来好吗？我们一周合一次，平常就自己练。盛老师答应做我们的艺术指导。我们的目标是明年或后年去参加法国帕格尼尼国际弦乐四重奏比赛，争取拿名次。

秦朗一听立刻就兴奋起来，这正是自己最最喜欢做的事情，便连连说好。一时间，考试失败的失落被冲淡了。秦朗看着万莉洋娃娃一般可爱的脸庞，在心里说：谢谢你给我带来了温情和激励。

万莉看到秦朗爽快答应就很开心，接着说：那你就拉一提，我拉二提。你拉一提也是盛林老师的提议，盛老师觉得你拉琴感情特别充沛，特别善于出彩。我觉得也是。你就答应了吧，行不行？万莉期待地看着秦朗。

秦朗想既然是盛老师的提议，那就答应了吧，于是同意。

那好，让我们一起努力。万莉说好就匆匆走了。走出没几步，万莉突然又返回来，一边走一边从衣袋里掏出一叠钞票来，走近秦朗便将钞票硬塞进了他的手里，不容他拒绝地说：拿着拿着，以后需要钱随时找我要，一定记住啊！说完就一溜烟地跑了。

　　秦朗数了数手里的钱，一共是 435 元，大大小小的钞票有好几张，一看就知道不是事先特意准备好了的，而是临时决定的倾囊而出。这也许是她的一次演出补贴，也可能是为了想去买一件漂亮衣服而准备的。秦朗想，她为什么要这样慷慨解囊呢？无非是想让我能少些忧愁。她是把我当弟弟一样关心了。秦朗觉得好温暖，这是姐姐般的关爱。自从妈妈病了，秦朗除了为妈妈的疾病担忧，为巨额治疗费的无着落而发愁外，还感到了从没有过的孤独和无助，他太需要亲人的关爱和支撑了。此刻，他欣喜地从万莉身上得到了这份温情。这真是太珍贵了。秦朗庆幸自己以后不会再感到孤独，他知道自己以后只要一想起这世上还有像万莉这样的姐姐在，自己就不会惧怕任何困难，就会浑身充满力量。这样想着，秦朗对万莉充满了感激。

　　从乐团出来，秦朗漫无目的地在街上走着。这时，他已经把考试失败的事丢在一边，脑子里只想怎么筹钱给妈妈治病的事。赶快找个地方打工挣钱，但还不够，还得有大笔的钱才行。那就找人借，然后想办法挣钱慢慢还。舅舅家已经借过，还能问谁借呢？秦朗拼命想，在脑子里搜索所有可能对他家提供援助的人。一个名叫林建国的人从他脑海里跳了出来，秦朗想起了早就跟妈妈离婚的父亲。但他犹豫着。秦朗很清楚，妈妈是绝对不会同意他去向父亲求援的。再讲，从来没有联系，突然去找他借钱是不是太唐突？秦朗顾虑重重。

　　秦朗出生不久，父母就离婚了。懂事后秦朗发现自己家里跟别人家不一样，少个爸爸，秦朗不免要问妈妈为什么自己没有爸爸。妈妈总是避而不答。问多了，就会说：你有妈妈，妈妈会对你好的。

　　同样的问题他也问过外婆，外婆叹口气说：你有爸爸，可是有跟没有一个样，他从来也没管过你，也从来没有为你花过一分钱，连抚养费都不给的。所以你用不着去想他的，你就当没有这个人好了。

从外婆的话里他确定自己是有爸爸的。那为什么爸爸从来不管他？不给抚养费且不说，秦朗考上大学了，音乐专业的学费很贵，加上生活费，这对每个月还要还房贷的秦朗家是个不小的负担，这种时候，做爸爸的总该要管吧。可当秦朗对妈妈说去找他要时，妈妈却坚决反对。妈妈情愿去问舅舅借也不愿意问他的爸爸要。这是为什么呢？这对秦朗来说是个谜。其实他已经习惯从来没有爸爸只有妈妈的生活，他对这个从未谋面的爸爸没有丝毫情感上的牵绊，他只对解开这个谜有点兴趣。

长大以后，秦朗倒是见过父亲一面的。那是他在毫无准备的情况下意外见到的，是万莉的一次出于好心的即兴导演。事情发生在秦朗考上大学后去找万莉的那天。万莉送秦朗从她的宿舍出来，万莉突然指着一个从远处走来的中年男人问秦朗：你知道他是谁吗？

秦朗顺万莉手指方向望去，见是一个陌生人，便摇了摇头。他奇怪万莉为什么要这样问他。

万莉继续问：你从来没见过你爸爸吧？

秦朗想万莉这样问是啥意思呢？猛然想到：难道是他？秦朗被自己的反问惊到了。

万莉兴奋起来了，紧逼着问：你想见见他吗？说话间，那男人已经走近，万莉便急忙喊住了他：林老师，你停一下。

这个被万莉叫作林老师的人就是林建国，是这所大学基建处的处长，正是秦朗从未谋面的爸爸，也就是秦悦悦的前夫。

林建国站住，问：找我有事？

万莉更加兴奋了，说：有事，很重要的事。随后把秦朗推到林建国面前，继续对林建国说：他叫秦朗，是你的儿子，真的是你的儿子！又对秦朗说：这是你的爸爸，快叫快叫！万莉完全被自己即兴导演的父子相认一幕所感动了，显得分外激动。

秦朗和林建国都不免一愣，但都没有万莉期望的那种无比惊喜，激动得大喊大叫,丝毫没有。万莉感到失望也觉得很奇怪。

万莉想:也许是相隔太久了。无论如何这时应该是父子俩互诉思念的宝贵时刻,让他俩慢慢聊吧。她觉得自己应该离开才对,于是就走了。

没有激动,有的只是尴尬,两人都硬从脸上挤出点笑来,一时无话。

林建国在学校负责搞基建,毕竟是一个善于在各种场面上周旋的人,于是先打开僵局,说:你好!还向秦朗伸出手去。是客套,也是想表明我跟你之间的关系仅限于认识而已。

秦朗赶快伸出手跟他握了一下,内心还是有点激动的,他曾经无数次想象过有朝一日跟自己父亲相见相认的场面,他想象那一定是个非常激动人心的时刻。但为什么此刻很难激动起来呢?

终于见到了梦中的父亲,但为什么自己对他没有一点想亲近的冲动呢?也许是相隔太久,太陌生了吧。他多么希望能够和父亲好好聊聊,他期望父亲能够关心地询问有关自己的一切,他会好好回答父亲,他真希望能把自己从小到大的一切事情都跟父亲好好说说。但父亲没有,他好像对儿子没有一点想了解的兴趣,更谈不上温情的关怀了。

林建国仍然是敷衍地说:哦,长这么大了。

秦朗倒是想问问爸爸有关他的一切的,至少应该问问爸爸你身体还好吗,但他根本就问不出口,他为此感到非常苦恼。他仍然在心底期望父亲能关心他一下。他多么想把考上大学的好消息告诉他,也多么希望父亲能为他感到高兴,向他表示祝贺,还关心地问问他每年要交那么多的学费家里有没有困难。如果他这样表达了,秦朗想自己一定会感到非常幸福的。但期望中的情景始终没有出现。

林建国只想着快点离开,于是找了个借口说:我马上有个会。说完就匆匆走了。

秦朗不忍这珍贵的见面就如肥皂泡一样转瞬即逝，他紧紧盯着这个被叫作父亲的人的后背，真希望他突然回过身来，朝自己奔跑过来，对自己说：儿子，爸爸其实很想你。但没有，他反而越走越快，看得出他是想迅速地消失，消失得无影无踪才好。秦朗失望至极，不由得哀叹：这是一个多么陌生冷漠的后背，大失所望啊！

后来，秦朗回家跟妈妈提起了这件事。没想到秦悦悦反应平淡，很随意地说了一句：你就不该见到他。还责怪万莉是多管闲事。这让秦朗感到不可思议。

秦朗犹豫了很久，最终决定还是找他一次。他想：秦悦悦总归是他儿子的妈妈，他们不管怎么说总归夫妻一场过，再说也不是问他要钱而是问他借钱，自己可以向他保证，一定会还的。

第三章

　　林建国接到秦朗电话的时候，正抱着脑瘫的儿子小龙，帮着他在家里的客厅练走路。小龙的两条腿不像是长在身上，倒像是挂在身上，软绵绵的。林建国抱着他走一步，他的腿就在地上拖一下，才走几步，林建国就累得气喘吁吁了。这种康复锻炼每天都要做，小龙的四肢关节都已僵硬，难以伸展，医生说如果不坚持锻炼，这孩子就只能躺在床上再也起不来了。小龙就光长个了，站起来比林建国高出一个头，人还胖，抱着他练走路是件很辛苦的事情。小龙18岁了，整天只知道躺着或坐着，完全靠人伺候。林建国的老婆已经办了提前退休，专门在家照料儿子。今天是星期天，照料儿子的事，包括帮他做康复锻炼，林建国就抢着来做，他知道妻子平常照料儿子非常劳累。

　　这段时间，南方音乐学院正在筹备盖新教学楼，林建国是项目建设的总负责人，虽然是休息天，也不时会有电话打进家里来，找他说基建上的事情。几年前，学院的基建处老处长龙富根退休，林建国便接替他当上了基建处的处长，管的事情更多了。

　　电话铃响了。林建国把儿子交给了老婆，一看手机显示的是个陌生号码。林建国想了想，还是接了。经常会有不认识的建筑商贸然找上门，想从他这里找点活干干。一问，对方竟然回答：我是秦朗。

　　林建国感到非常意外，他不知道秦朗是从哪里知道他电话号码的。

　　林建国显得很平静地问：你有什么事？

　　秦朗说：我有很重要的事情要跟你商量。我就在你家附近的麦当劳，请你无论如何过来一下。

你要是有事就电话里跟我说吧。林建国并不想去，他有点不耐烦了。

秦朗却坚持要求林建国出来一趟，反复强调事情很重要。

能有什么事呢？林建国想了想问：你妈妈知道你来找我吗？

秦朗说：我是背着我妈的。停顿了一下又说：我妈病了，生了很严重的病。

林建国心里一惊，顿时就改变了想法，说：好吧，那我过来。

秦朗的突然来访，勾起了林建国对一段不愉快往事的回忆。

秦悦悦嫁给他的时候，林建国还是南方音乐学院基建处的一名普通员工。林建国是退伍军人，在工程兵部队干了8年，专门做在山里开凿隧道的事情。林建国很老实不善交际，都30多岁了还孤身一人。基建处处长龙富根是个热心人，当他打听到老战友秦大勇的女儿秦悦悦还单身时，就很起劲地为林建国和秦悦悦牵了根红线。

秦悦悦聪明伶俐，性情活泼，还长得特别漂亮。林建国一眼看中，非常喜欢。秦悦悦开始却不同意，她对林建国没有心动的感觉，觉得他不是自己喜欢的那种人。后来在家里人的再三劝说下，才勉强同意接触。家里人对她说：你都27岁了，还想等到什么时候呢？再过几年，你就是想嫁也嫁不出去了。秦悦悦倒是听说林建国是南方音乐学院的员工，让她有了一点满意。秦悦悦自己是在师范学校学艺术教育的，现在又在做着音乐教师的工作，对来自音乐学院的人哪怕他只是跟艺术沾点边也容易有好感。

林建国的老母亲教儿子说：看得出这姑娘眼界很高，对你好像不是很上心，所以你要主动点，对人家姑娘好一点。人心都是肉长的，你对人家好，人家自然就会喜欢你了。

林建国就隔三岔五地约秦悦悦看电影、逛公园，这次送瓶香水，等到下一次就送条围巾，小礼物不断，百般讨好，百依百顺。有一天下大暴雨，正是学校老师下班的时间。秦悦悦发愁没带雨伞，在办公室里焦急地等着雨停，突然见到林建国浑身水淋淋地走了进来。林建国憨憨地笑着说：我给你送雨伞来了。这一下击中了秦悦悦心头的柔软处，秦悦悦甜甜地想：这人很会体贴人，真不错！过后，秦悦悦想：就现实一点吧，找到一个对自己很好的男人也不容易。

秦悦悦比林建国小6岁，年纪也不算小。双方家长见他俩渐渐地要好起来，就催他们早点结婚。

林建国自己何尝不想早点把自己心爱的女人娶回家。可是没有房子怎么办呢？他为这事特意找了处长龙富根，说作曲系的李教授一家出国定居后，梦花街原来的住房空着。他求龙富根帮他去跟学院领导说说，看有没有可能分给他。

梦花街的房子指的是南方音乐学院的一处教职员工宿舍。这是一栋单独的石库门房子，民国时为一名市政府的高官所拥有，新中国成立前房主去了台湾，后来房子就被收归国有。新中国成立之初，南方音乐学院教职员工住房困难，学院给市政府打报告要求帮助解决，市政府便将这栋房子划归南方音乐学院。梦花街的房子虽旧，但结构坚固，内部设施虽算不上非常豪华，但也够上档次的，居然有卫生间抽水马桶，房间木地板也被漆成鲜亮的大红色。这在当初的居民住房中并不多见。林建国知道梦花街的房子只有中层干部或教授级的专家老师才有资格分到，这事是有难度的。

龙富根很愿意帮林建国，就去说了，学院领导竟然就同意了。

林建国很开心，特意请龙富根到饭店里吃了一顿饭。龙富根说了院领导最终同意的两个理由：林建国在部队里干了8年，立功无数，贡献不小，又是大龄青年，成个家不容易，有困难学校理应考虑给予照顾；林建国是基建处干部的后备力量，培养对象，他的住房问题现在不考虑以后还是要考虑的。

不但分到了房子，还意外知道了自己日后极有可能被提拔的好消息，林建国把这件好事跟秦悦悦一说，秦悦悦也非常高兴。20世纪80年代，还没有商品房这一说，单位员工的住房只有靠单位分配；可是粥少僧多，单位极少的房子根本就不够分配，所以能分到一套结婚住房对任何家庭来说都是一件大喜事。

再说，梦花街地处老城厢，算是市中心，商业发达，交通方便。南方音乐学院的这栋石库门房子，分两层，楼下是东西厢房，加客堂间和天井，楼上是东西厢房、中间的南房带晒台，是典型的石库门结构房子。分给林建国的是西厢房，前后两间，共40多平方米，虽不算太宽敞，但足够他们小家庭用的了。

刚结婚时，小夫妻俩过得还算甜蜜。但很快林建国就发现秦悦悦变了。这是在林建国到意大利出差回来以后的事情。

南方音乐学院校舍1949年前是达官贵人的住宅区，由十来幢大小不同的洋房组成，是一式巴洛克风格的建筑，华美而精巧。但由于年久失修，大部分房子都开始颓圮破败，急需整修。整修的难度很大，如果不对巴洛克风格的建筑有透彻的了解，是难以完成这个艰巨的整修任务的。年初，学校跟龙富根说：你选个人，学校要派他到意大利去专门考察学习两个月。请教育局和市里外事部门抓紧帮我们联系一下，如果那面有了回音，就立即出发。回来就负责学校老建筑的修复工作。龙富根考虑再三，郑重地把这个任务交给了林建国，特意对他说：你把这件事做好了，以后来接我的班就没人会说闲话了。

2月份，大年初三，意大利那边突然来了通知，说可以过去了。正是过年的时候，更重要的是林建国和秦悦悦才结婚不久。龙富根犹豫了很长时间，最终还是通知了林建国说：我知道这个时候叫你走是很不近人情的。可是，人家外国人可不管你正在过年又是正在度蜜月。所以我反复考虑了，我们还是以工作为重。你是部队里出来的，应该懂得军令如山的道理。这对你也是一个考验，希望你能正确对待，以大局为重，准备准备抓紧走吧。

林建国和秦悦悦2月20日大年初一才结婚。蜜月没过完就要离开妻子去出远差，还要在国外待两个多月，林建国怎么舍得下？但林建国毕竟是军人出身，习惯了听从命令，加上考虑到美好的前途，他还是决定接下这个任务。2月的最后一天，林建国就匆匆走了。等到林建国好不容易熬了两个多月，带着无限的相思回到秦悦悦身边时，他却发现秦悦悦变了。

　　人说小别胜新婚，久别那就更应该热切似火啊。可是，秦悦悦却对归来的林建国非常冷淡，当天推说身体欠佳，坚决不让林建国近身。

　　日后在林建国的再三缠磨下，秦悦悦勉强应允，但也不是日日缠绵。

　　一个月后，秦悦悦推说已怀上身孕，更是不许林建国对她有稍微的亲热。连秦悦悦每次去医院做产检林建国想陪同前往，也不得秦悦悦的同意。林建国虽不免感到蹊跷，但仍旧对她嘘寒问暖，给予无微不至的照顾。又过数月，到了11月份，秦悦悦不再上班，说差不多下月底就生了。

　　林建国听了不禁一愣，暗想，怎么比自己算的预产期会早这么多天呢？自从林建国听秦悦悦说自己怀孕了，林建国就很关心她的预产期是哪天，但秦悦悦总是含糊其词，不肯对他说清楚。林建国想：那我就自己算算看吧。根据书上说的，女人怀孕预产期计算是从末次月经算起，月份加9，日期加7，前后误差一般不会超过1周。

　　林建国想，只要知道秦悦悦最后一次月经是哪天就能算了，于是老问她，但秦悦悦就是不说，被问烦了就推说忘了。

　　林建国在没结婚前就跟秦悦悦商量说，我们都不小了，抓紧要个孩子吧。可秦悦悦却说：明年再说吧，今年我要评中级职称，你又接了这么重要的一个工程，我不想因为生孩子耽误了我们两人的工作。林建国对秦悦悦向来百依百顺，就同意了，所以结婚后两人在同房时从来都是极其小心地采取避孕措施。林建国想：我2月底走的，5月10日回到家，就算5月当月怀上，那也该是明年2月份生才对。

那会不会是早产呢？

林建国为把这件事情搞清楚，特意去了一趟秦悦悦的指定产检医院。秦悦悦的主治医师唐莲接待了他。对林建国的疑问，唐莲十分明确地说：你老婆如果年底生的话，绝不可能是早产，秦悦悦3月份就停经了，她最后一次月经是什么时候来的她自己不会记错的。这样算来，你老婆年底生是正常的。

林建国在心里惊叫道：天哪，3月份怎么可能？

联系起秦悦悦婚前婚后的变化，林建国越来越肯定秦悦悦是在感情上出了问题，那就是说她出轨了！林建国心地善良但脾性耿直，他爱妻子，他可以忍受妻子平日里对他的各种冷淡，但对感情上的欺骗他绝不能忍受。林建国思前想后，决定跟秦悦悦谈谈。他已经想好了，如果她确实另有所爱，那他会尊重妻子的意愿，放她自由；万一是给人欺负了呢？或者一时糊涂做了错事，那他一定会忍受最大的屈辱，全力保护好她；以最大的胸怀原谅她，只要她真心认错就行。反正绝不会离开她一步。他在心里反复对自己说：你是个男人，你必须这样做。不管怎样，先把事情搞清楚再说——林建国暗暗下定决心。

林建国找了一个秦悦悦看上去心情还不错的时机，对她说：老婆我想跟你谈谈。

秦悦悦好像早有思想准备，爽快地答应说：好的。但还没等林建国发问，秦悦悦就非常平静地说：我们离婚吧。这孩子不是你的。

果然出问题了。林建国忍住伤心说：那我问你一句，你告诉我你受委屈吗？

秦悦悦竟是笑了，说：哪会呢。没有。

这哪像是被欺负了，分明是心满意足，如愿以偿啊。在林建国的记忆里，秦悦悦从来没有像这样甜蜜地微笑过。真不要脸——林建国不得不在心里骂了一句,感到无比羞辱。

林建国知道一切都结束了,无可挽回地结束了。林建国忍不住伤心落泪。林建国其实是个多么刚强的汉子,当初在部队里,哪怕是胳膊被岩石砸断,脑袋被岩石砸出个洞,血流满面,他都没掉过一滴眼泪。如今想到自己深爱的女人竟然是另有所爱,从此就要离他而去,他再也不能保持冷静和坚强了。

见林建国如此伤心,秦悦悦再也不笑了,她想安慰他,于是真诚地说:你是个好人,我没看错你。可是,要是我不这样做,对你不公平。

男人的自尊让林建国忍不住又问:他是谁,他有我对你好吗?

秦悦悦坚决地说:这你不用问,我不会说的。

第二天,秦悦悦催林建国说:我们去法院吧,我是孕妇,由我起诉,法院会同意的。

林建国却劝秦悦悦别急着离。他说:你放心好了,我同意离,但不是马上。我想了一夜,等你生完孩子再说吧。我林建国绝不能带快生孩子的老婆去法院离婚的。

过后,在秦朗出生后一岁的时候,林建国和秦悦悦平静地办完了离婚手续。离婚最终倒是林建国提醒秦悦悦的,说可以去办了。林建国已经找到了新的恋情,他跟秦悦悦的主治医生唐莲走到了一起。

秦悦悦生好孩子,林建国特地去了趟医院,他想问问唐莲,能不能把出生证上父亲的名字去掉。唐莲感到很奇怪,问为什么要这样做。林建国正愁没人听他诉苦,于是就把事情原委都说与唐莲听了,说到伤心处,竟然就声泪俱下,唐莲看了很震惊,她从来没有看到一个男人有这么伤心过。唐莲说:既然已经准备离婚,那就等离婚后根据判决书再改吧。林建国的遭遇赢得了唐莲极大的同情,林建国的大度也引起了唐莲对他的好感。唐莲跟林建国同岁,因为一直没有遇到让她动心的男人,所以一直单身,成了难以嫁掉的大龄剩女。

那天林建国回家,唐莲一直把他送到医院大门外,一路上不断安慰他,还说天涯何处无芳草,像你这么好的男人一定会有姑娘喜欢你的。

林建国觉得唐莲这个人善解人意、富有同情心、心地善良,不禁想:如果能跟这样的人在一起一定会很幸福。

之后,唐莲的身影老在林建国眼前出现,他终于忍不住给她打了一个电话,约她喝咖啡,说心里很苦闷,好想有个人能对她说说心里话。唐莲答应了,如约前往。一来二去,接触越来越多,两人对彼此的了解越来越深,感情迅速升温,终于走在了一起。林建国现在的老婆正是唐莲。

林建国一直在揣度秦朗的来意。难道他想父子相认?不,应该明确阻止他。显然,秦朗并不清楚他跟秦悦悦之间离婚的真实原因。想要让他放弃幻想,那就势必要将他跟秦悦悦离婚的真实原因告诉他。这样做,是否侵犯了秦悦悦的隐私呢?我是否应该永远承担为秦悦悦保密的义务呢?一直到走进麦当劳,林建国仍然在犹豫中。

林建国问秦朗:找我什么事?

秦朗直截了当地说:想找你借笔钱,就5万元,可以吗?我以后会还你的。

为什么是找我借?

因为你是我的父亲。

林建国真想立即告诉秦朗:不错,我曾经做过你的名义上的父亲,但我其实并不是你的生身父亲。但他忍住了,他看到秦朗眼里竟然泪光闪闪,充满着极大的委屈和无限的期待。林建国心软了,他真的不想让一个无辜的孩子遭受如此残酷的打击。他想还是先了解一下他究竟遇到了什么难处吧,于是问道:你有什么困难呢?有什么事情为什么不对妈妈说？你应该找你妈妈的。

秦朗叹道：实话告诉你，妈妈病得很重，是胃癌，现在正在等待手术，我需要钱，我需要救妈妈。你明白吗？秦朗说着说着声音大了起来，很激动，瞪着林建国的眼睛里充满了抱怨，甚至还有点凶意。意思很清楚：我是你的儿子，我多么无助，我难道不应该找你吗？

林建国顿时难过起来，秦悦悦毕竟是自己深爱过的女人，如今听到她不幸患上了绝症，不可能无动于衷的。但秦朗明显的抱怨仍然刺激到了他。

林建国竭力使自己保持平静说：你妈妈不幸患上绝症，我很难过。你找我有你的道理，不过只是你自己认为的道理。我只想对你说，我并不是你想象的那个应该承担责任的人。我可以非常坦率地说，我曾经深爱过你的妈妈，我们曾经是夫妻。如果你妈妈自己提出需要我帮助，我一定会全力以赴。我可以断定，你来找我肯定是瞒着你妈妈的，并且我还可以肯定，她一定会反对你这样做。所以，如果我瞒着她对她提供任何帮助，都是对她的不尊重，或者根本就是冒犯。我在你妈妈的眼里一文不值，是被厌烦的，但我有我的自尊，所以我不能答应你的要求，抱歉！至于我跟你的关系，我再强调一遍：我其实并不是你想象的应该承担责任的人。我有自己的家庭，有很重的经济负担，不瞒你说，我有一个让我非常头疼的儿子。他是一个很严重的脑瘫患者，我现在所有的精力都放在他身上。其他的我真的顾不上，请你原谅！

见秦朗沉默了，林建国突然有了一个新的想法，他站起身来，对秦朗说：你稍等我一会儿，我去去就来，你千万别走。

林建国走后，秦朗一直在细细回味林建国一再强调的话。他把他跟我的关系说得那么斩钉截铁，难道说他其实并不是我的生身父亲，我的生身父亲还另有他人？这有多乱啊。想到自己的妈妈如今身陷如此悲哀的境地，她是那么苦命，秦朗不忍心再往深里探究。如果真是找错了人，那我真是太轻率了，太无礼了。羞愧感顿时涌上心来，秦朗再也坐不住了，他决定离开，他突然怕再见到林建国了。

林建国是回家取钱的。秦朗对自己母亲的一片孝心，他作为一个儿子的勇敢担当，都让林建国对秦朗刮目相看了。他突然有了一个强烈的意愿：以一己之力帮一帮曾经的爱人秦悦悦，也愿意帮一帮跟自己有过一面父子之缘的年轻人。林建国回到家，背着唐莲悄悄从自己的"私房钱"里取出了 2 000 元，准备聊表心意。他想好了，钱交到秦朗手里，一定要跟他讲清楚，这不是借，是送的；这事千万不要让秦悦悦知道。

然而，当林建国回到麦当劳时，发现座上已空空如也，忙出门寻找，看到的只是远处正在匆匆离去的秦朗背影。

第四章

秦朗在朝着梦花街走去。"猫头"前天的一个电话一直在他脑子里回放。"猫头"是秦朗的小学同学，也住梦花街。"猫头"知道秦朗从北京回来了，在电话里跟他说：昔日的小学同学都想聚一聚，还都吵着闹着要我做东，还不是因为我手里有两爿店吗？都以为我发大财了，实际上天晓得。不过无所谓，请大家吃顿饭的钱还是有的，我请客就我请客吧。秦朗你一定要来的。大家都想见见你这个小提琴家，我们小学的一班学生中就数你最有出息了。

秦朗哪有心思参加什么同学聚会，不过听"猫头"说他正经营着一家琴行，倒是生出一个想法来，于是在电话里跟"猫头"说：不好意思，聚会没心情，我倒是想到你的琴行看看。不知道你的琴行在何处？

"猫头"说：好啊，你现在可算是音乐家了，欢迎光临指导。我的琴行就开在梦花街我自己的家里。破墙开店的。

从麦当劳到梦花街并不远，沿着中华路向南走十来分钟，再左手方向一拐，就进到梦花街了。

有10年没有到过那里了，真的很怀念。秦朗记得是在12岁的时候，他们家从梦花街搬到了徐家汇，那是1997年。生在梦花街，长在梦花街，他人生的轨迹就是从那里出发的。是梦花街孕育了我，也是梦花街引导我喜欢上了音乐喜欢上了小提琴。一个生命的萌发，一个音乐少年的成长在那里留下了不可磨灭的印迹。

小时候梦花街的一幅幅画面在记忆里清晰起来了。那"踢踢踏踏"的声音，是三轮车橡胶轮颠簸在"弹格路"上发出来的；那一清早吵醒人们香梦的哗哗哗的声响,正是女人们在门口的街上用竹刷子和蛤蜊壳在洗马桶了;总又在这时候,送牛奶的阿姨会推着装牛奶的小车子出现在街上,留下了一路的牛奶瓶互相碰撞的声响,清脆悦耳,引人想念起牛奶的香味……夏日的晚上,梦花街总是最热闹的,家家户户都跑出家门。占据路灯底下的,除了下军棋玩四国大战和打扑克的,就是做作业的小孩子。小孩其实哪有心思做作业,不过是找个借口出来玩的,往往没写几个字,就被小伙伴拉去玩"守江山"的游戏了,直玩得浑身是汗,最后要被大人揪着耳朵、打着屁股,拖到盆里再洗一次澡。女人们也喜欢把个大盆搬到街上,忙着洗男人和小孩洗澡换下来的脏衣服,借着这机会就和一旁也在搓衣板上洗衣服的邻居聊家常。一时间,搓衣声和谈笑声交织在一起,在夜空里飘散。

梦花街长近千米,东西走向,街的两边挤满了居民住房。住房多建于民国时期,几乎全是二层的砖木结构。沿街分布以联排式石库门房子组成的旧式里弄,里弄口的门楼顶上都有里弄的名称:××里。

上海公交的11路电车被上海市民称为环城电车。它实际上只在中华路和人民路上开,形成一条五千多米的环形线路。老上海人都知道,这并不太大的环圈就是最早上海县城的城墙走向。在这环圈里住着的上海人才是真正的"老上海"。梦花街就是在环圈之内的。朝西走出梦花街,就是现在的老西门。

梦花街1912年开始筑路造房,逐渐就形成了现在这样的规模。走进梦花街,还能寻找到遥远年代的遗留。最有名的是"文庙"。文庙跟最早的上海县城一样,建于元代。清朝小刀会起义攻占上海县城时曾经将文庙作为驻扎起义军的营房。文庙里供奉着孔子的塑像,所以又称为孔庙。在梦花街小孩子的眼里,文庙就是个公园的所在。一溜围墙背靠梦花街,围墙内古木参天,大成殿、藏书楼的琉瓦飞檐掩映于郁郁葱葱之中。这么一个华美而神秘的地方不可抵挡地吸引着小孩子。以前文庙是不许小孩子单独进入的。胆大的小孩子就会借围墙外的垃圾箱，登高翻进围墙去玩捉迷藏的游戏。秦朗也做过这样的事。秦朗跟"猫头"小时候是非常要好的玩伴，秦朗第一次从垃圾箱上攀爬进文庙，就是被"猫头"竭力怂恿的。

如今上海城市面貌发生了翻天覆地的变化。老西门一带高楼林立，一派繁华都市的景象。梦花街却仍然保持了老城厢的市井生活面貌。不过经济发展也给这条古老的街道带来了新气象。秦朗记得以前梦花街店铺极少，只有一家烟纸店、一家大饼油条豆浆店、一家米店，还有一家卖开水的老虎灶。如今，沿街的二层楼房底层基本上都由住家变成了店铺，随处可见水果店、早餐店、发廊、古玩店、菜场、音像店、车行……居民可以在梦花街上买到日常生活的几乎所有物品。梦花街变得喧闹而生机勃勃，秦朗一时有了眼花缭乱的感觉。

秦朗好不容易找到了"梦花琴行"的店招。它是那么简陋，不用心找，很难被发现。梦花琴行正是在"猫头"以前家的位置上。"猫头"家旁边就是小学同学钱进的家，怎么现在成了水果店？

走近了，秦朗听到从琴行里传出一阵阵争吵声，凶狠的女声里夹杂低沉的男声，唇枪舌剑，很是激烈。

琴行门口，一棵枝叶茂密的槐树下，三男一女正围着一张小石桌在打扑克牌。琴行里传出来的争吵声让他们都停住了手。打牌的人耳朵竖直，饶有兴趣地听了起来。满面瘢痕的"骚粒子"说：毛长生又在跟人家学生家长吵架了。这个毛长生，我跟伊讲过不晓得有多少次了，不会教就不要在这里瞎混，一天到晚被人家骂骗子，坍台哦？走，去看看。

"骚粒子"大名叫曹军。这人年轻时脸上好发青春痘，他嫌难看，就自己用手挤脸上的痘痘，弄得面孔上血迹斑斑，又用紫药水去涂抹，后来青春痘倒都瘪下去了，面孔上却瘢痕累累，再怎么用药膏涂抹也没有用了。"骚粒子"的绰号就这样叫开了。

"骚粒子"起身朝琴行里走去,水果店老板钱永明、古玩店老板谭老三,还有发廊的老板娘潘珠珠也起哄着跟过去。这几家店都在梦花琴行的附近。下午时光生意比较清淡的时候,几个小老板就互相招呼着到老槐树下打几圈扑克,赌赌小铜钿,也打发打发无聊的辰光。

琴行里,尤梨花——一个衣着华美讲究、穿金戴银的中年女人正跟毛长生——一个五十来岁的男人,互相瞪着眼睛在你一句我一句地争吵着。毛长生头发留得很长,还在脑袋后面扎起了一个小辫子,乍一看,还蛮有艺术家派头的。

尤梨花不断地骂毛长生"骗子",毛长生则把两条胳膊抱在胸前,一副死猪不怕开水烫的样子,慢条斯理地争辩说:我请你不要诬蔑我,我哪里骗侬啦?我平常怎么教你儿子的,你自己都是看在眼里的,你这个人怎么这么没有良心呢?

……

秦朗也被琴行里的争吵声吸引,走近去看。秦朗一下就认出了毛长生。这不是毛栗子的爸爸吗?毛栗子是秦朗小学里的同班同学。毛栗子家就住在离梦花琴行不远的晋宏里。秦朗记得小时候每次去毛栗子家玩,毛栗子爸爸就像这样总喜欢留着长发,总见他抱着一把二胡在使劲地拉,总是那首《江河水》,总也拉不完整,音也不准。秦朗每看见他闭着眼睛摇头晃脑自我陶醉的样子就觉得好笑。有一点不可否认,他确实非常投入。

毛栗子的妈妈好像很喜欢听她男人拉二胡。可毛栗子的妈妈叫阿花,神经不正常。听说是因为有一次阿花去医院看病,一个长得像某电影明星的医生给她检查身体的时候,不小心摸到了她的乳房,阿花就硬认为是医生看上她了。她回家后就整天沉浸在幻想里,不能自拔,后来发展到经常到医院门口去堵那个医生,吓得人家医生不敢上班,医院只好把医生调到另一家医院去了。阿花见不到"电影明星"医生,病情越来越重,经常会穿一身花衣服在梦花街各个弄堂里穿来穿去，眼睛四处张望，边找边在嘴里反复唱着"妹妹找哥泪花流，不见哥哥心忧愁"。小孩子喜欢看热闹，便跟随在她身后走，一跟跟一大帮。小孩子还起哄，嘴里喊着"阿花阿花"，往她身上扔烂菜皮丢臭泥巴。毛栗子的爸爸毛长生总是紧跟着阿花，苦苦劝她回家，但阿花根本就不理睬他。

秦朗第一次从丁家阿婆的口里听到了"花痴"这个词。"阿花"就是据此被叫出来的。

街坊邻居都说毛长生的心气很高，但本事并不大，也蛮可怜的。老婆发神经病，他自己又事事不顺。他16岁就上山下乡到江西做知青，1978年知青返城后回到梦花街先在生产组做，跟一群上了年纪的老阿姨糊纸盒，后来到房管所做了一名专门给人家修水电的工人，最终做了一名商场保安，但毛长生没有一样工作是觉得适合自己做的。毛栗子的爸爸志向还是蛮高的，因为喜欢音乐，就总想考上音乐学院，但考了三次都失败了，听说每一次都没进到复试，在初试的时候就被淘汰了，可见他其实并不具备做音乐工作的素质，基础是极差的。

不过，毛栗子的爸爸还是很聪明的。秦朗听毛栗子说过，他爸爸动手能力极强，他拉的二胡就是自己做的。秦朗对毛栗子的爸爸妈妈留下过很深的印象。

让秦朗感到很亲切的是，他在围观议论的人中看到了更多认识的面孔。那个梳着大背头的男人，叫钱永明的，不就是"故事大王"钱进的爸爸吗？秦朗记得以前"故事大王"钱进的爸爸是板刷头，他上班不像别人的爸爸都是有单位的，他家门口总是停着一辆载客的三轮车，这三轮车就是"故事大王"的爸爸用来上班的工具。钱永明就像开出租车的司机一样，专门用这辆三轮车来做运送客人的营生。小时候秦朗还跟"故事大王"一起坐他爸爸的三轮车到大世界去玩过的。

秦朗记得，"故事大王"的爸爸一路踩得飞快，坐在车上的秦朗感觉到非常威风。"故事大王"钱进的家如今变成了水果店，看来他爸爸现在是"弃车从商"了。

钱进的爸爸看上去不像是文化人，但肚子里货色还是蛮多的，他会讲很多故事，什么《七侠五义》《水浒传》《西游记》，都能张口就来，讲得活灵活现，就像是说书一样。夏天的晚上，在他家门口，钱永明总是端坐一把竹椅上，右手摇着一把蒲扇，左手端一把茶壶，滔滔不绝地讲故事，旁边挤满了小孩子。

"故事大王"钱进受他爸爸的影响，也喜欢讲故事，却是在课堂里。从一年级开始，钱进的爸爸就有意培养儿子讲故事的能力，专门给钱进订了一本《故事大王》的杂志。钱进不但喜欢看，还经常喜欢把好看的故事分享给同学们听。钱进有声有色复述故事的本领，绝不亚于他的老子，因此受到很多同学的崇拜。秦朗也很喜欢听他讲故事，还给他起了"故事大王"的绰号。

秦朗听了一会儿大家的议论，终于搞清楚了尤梨花为什么要骂毛长生是骗子。原来尤梨花给自己的儿子金小阳在梦花琴行报了一个小提琴班，教孩子的老师正是毛长生。

秦朗暗想，这位二胡爱好者什么时候学了小提琴呢？竟然还当起了老师。

金小阳从5岁学到7岁，今年喜滋滋地去考级，报的还只是1级，却不料没有通过。考官当场就指出金小阳的很多毛病，左手持琴和右手握弓姿势都不对，关键是音不准，节奏也不对。考官提醒家长说：学小提琴找对老师很重要。

尤梨花这就是来兴师问罪了。毛长生正在给一个女孩上课，尤梨花气冲冲走来，对着学生的家长说，他就是骗子，不要跟他学。然后就扯住毛长生讨要说法。

毛长生忍不住大声喊叫起来：你这是来砸场子的啊。

尤梨花对着围观的人控诉道：当初他为了让我孩子跟他学，骗我们说他以前跟拉《新疆之春》的盛中国学过的，水平怎么怎么高。其实一点也不懂，就是骗人的。我儿子跟他学了两年，连1级也考不过，人家考官说就是老师没教好。

毛长生争辩说：我的意思是跟着录像里的盛中国学过的，这叫骗人吗？

尤梨花却不理会，朝毛长生嚷道：你把钱退给我，我们不学了，你还要赔我损失费，你要不赔，我每天都来吵。

毛长生又是一副死皮赖脸的样子了，爱理不理地说：不学可以，退钱要找老板的，我也是帮老板打工的，找我有什么用呢？

一旁的金小阳不忍心自己的老师被妈妈这样羞辱，使劲拽妈妈走，低声说：别骂毛老师了好不好？妈妈我们回家吧。

其实毛老师上课还是很认真的，平常对学生很严格，学生见了他都有点怕的。

围观的人跟毛长生都是多年的老邻居，经常聚在一起打牌，很熟悉的，看到毛长生狼狈不堪的样子，都说起嘲笑的话"戏弄"起他来。

"骚粒子"说：毛老师这记洋相出大了，蛮难为情的。侬想赚钞票这很正常。我老早跟你讲过的，你来帮我看鱼摊头，我一天付你100，你还看不起，讲阿拉摆摊头档次太低。侬档次高，但是出洋相了吧？

"骚粒子"利用自己家的街面房子，破墙开店，经营着一家水产行。

"故事大王"的爸爸、水果店老板钱永明说：有空跟我们一道打打牌下下棋不是蛮好的，做什么小提琴老师呢？教小提琴，这种上档次的事情是侬做的吗？侬其实又不大懂的。

发廊老板娘潘珠珠手指夹着一根香烟，嘴巴里吐出了一个烟圈说：阿拉店里的几个小姑娘倒都蛮欢喜伊的，都喊伊"老克勒"，讲伊蛮有腔调的。毛老师，我看侬在琴行蛮难混的，要么索性就到阿拉发廊来做算了，我倒正缺一个领班。

……

被人一句句地冷嘲热讽，毛长生羞得脸一阵红一阵白，终于容忍不了，恼羞成怒起来，气急败坏地说：你们又不了解情况的，学生学不好能全怪老师吗？凭良心讲我对这个学生真是费了很多心血的，两年教会了他不少曲子呢，其实他拉得还是蛮好的。不相信，金小阳你就给大家表演一个吧。说着就从小女孩的手里拿过提琴塞给了金小阳。

旁边的人都兴奋起来，喊道：拉一个，拉一个！

金小阳倒是很大方，问毛老师：拉哪首曲子？自从被考级老师评为不合格，男孩心里也很不高兴，他不相信自己的老师会像别人讲得水平这么臭。

毛长生说：你就拉考级的那首《优美的变奏曲》，我倒要看看，究竟有哪里不对。毛长生的心里还是很不服气的。

金小阳大声答应着，随即拉了起来，很熟练的样子。潘珠珠尖叫起来，称赞道：功架蛮好的。

围观的人也听不懂，只觉得小提琴声音还是蛮好听的，于是都发出"啧啧啧"的赞许声。毛长生见了得意起来。

秦朗一听却皱起了眉头，心想：拉成这样难怪要被考官评为不合格了。

一曲奏毕，周围人竟然鼓掌叫好。看到小男孩开心的样子，秦朗心里却很不舒服，忍不住上前对金小阳说：小朋友，你刚才拉的曲子很多地方是不对的，而且你的姿势也有问题。如果你还想继续学小提琴，必须改正，不然你会很难走下去的。

秦朗这一发声，大家的注意力都集中到他身上了。毛长生认出了秦朗，很惊奇秦朗怎么突然出现了。他知道这个叫秦朗的儿子同学是从小学习小提琴的，而且他知道秦朗很小的时候就拉得相当好了，不免感到自惭形秽，有了一点心虚，就没有很热情地跟秦朗打招呼，而是躲到了一边去。

"骚粒子"也认出了秦朗，激动地对着秦朗叫喊起来：你不是住在我家对面62号里秦老师家的秦朗吗？你家搬哪儿去了？有很多年没有见到你了。你今天怎么到这儿来了？

然后"骚粒子"对大家说：他从小拉提琴的。你们知道他一开始是跟谁学的吗？还记得62号里以前曾经住过一个小提琴家吗？万中仙，著名小提琴家。他就是万中仙的学生啊。还记得有年夏天居委会开纳凉音乐会，秦朗还表演过的呢，拉的是《渔舟唱晚》。对，就是《渔舟唱晚》，拉得真不错，我还记得很清楚。你们都有印象吗？

大家都想起来了，都说：记得记得。

毛长生也上前跟秦朗打招呼了，说：我是毛栗子的爸爸，还记得我吗？以前你常来我家找毛栗子玩的。

秦朗说：记得。

"骚粒子"对秦朗说：既然你是懂的，那你就跟小孩子说说他哪里不对吧。

尤梨花也请求说：对，你就教教孩子吧。

秦朗答应了，便把琴和弓从男孩手里拿过来，做了个持琴持弓的示范动作，叫男孩好好看，再让男孩按他的要求正确地做一遍。随后又说：你刚才拉的很多音不准，这首曲子是A大调，应该升高的fa、do、so三个音你基本上都没有升到位，所以根本就没有拉到调上，也就是跑调了；再有你的节奏也不准，三连音的三个音应该是一样的长短，而你都拉成附点节奏了，应该是这样。秦朗说着就示范地拉了起来。

围观的人再次鼓起掌来，由衷地赞许，他们终于都听到了真正好听的小提琴声音。毛长生也不禁鼓掌，他心里有了点愧疚。最激动的人是金小阳的妈妈尤梨花，她的鼓掌是最起劲的，兴奋地说：哦哟，今天碰到高人了。我儿子要是让你教，那该多好。

这时有人对尤梨花说：老板来了。

秦朗也随大家的目光朝门口看去，进来的人正是"猫头"，秦朗一眼就认出他来。10年了，"猫头"跟秦朗一样都从一个青涩少年长成了成熟的大人。"猫头"长高了，人也比以前胖了，但圆圆面庞、大眼睛、小鼻子、三角嘴的面容一点没变，还是一看就像个可爱的猫脸。沈小毛"猫头"的绰号就是因为他的面相像猫才被叫响的。沈小毛再也不是小时候喜欢拖着鼻涕、衣衫褴褛的样子，只见他头发梳得溜光，身着笔挺的藏青色毛料西服，里面穿雪白衬衫，虽没系领带，但依然能显出他傲然自得的气派。

"猫头"一眼认出了秦朗，激动地大叫起来：你真的来了，我还以为你是说着玩玩的呢。

尤梨花也不管老板遇到了久别的好朋友，打断了"猫头"的话说：沈老板，我是来退学的，我们不想跟毛长生学了。

"猫头"简单地询问了一下原因，然后随和地说：好的好的，我答应了，给你退。你明天来，我让毛老师给你办一下。现在我有事，你先回去吧。

尤梨花领着儿子走了。"骚粒子"他们也回到门外大树底下，继续他们的"战斗"去了。

毛长生再也没心思给女孩上课，说：今天的课就不上了，你回家去自己练吧。

琴行安静下来了。秦朗问"猫头"：你怎么开起琴行来了？

"猫头"不好意思地说：你知道我是喜欢音乐的，但不太懂也是真的。你一定还记得我那年也想学小提琴那件事吧。

秦朗说：记得。

秦朗学琴三年已经能拉很多曲子。一年级的时候就开始上台表演。那次是庆祝六一儿童节的文艺演出，秦朗上台拉了一首《新疆之春》，不但音准、节奏把握得恰到好处，还热情饱满，充满欢乐的情绪。台下的沈小毛看呆了，心中随即生出也想学小提琴的念头，当即就跟一起来看演出的爸爸强烈要求。爸爸缠不过儿子，也就答应了，还到少年宫给他报了一个小提琴班。谁知，才学了一个月，"猫头"就打了退堂鼓。他觉得小提琴实在是太难学了，每天要花好多时间练琴，让"猫头"觉得难以承受，他更喜欢翻墙到文庙里面玩，于是跟爸爸提出不想学了。"猫头"自己没有学成，但对秦朗始终保持着钦佩，内心对音乐的喜欢也是一贯的，从来没有变过。

"猫头"因为贪玩，学习成绩一般，初中毕业没考上高中，只读了个职校。毕业后就想自己开店做生意。正是新世纪来到的时候，到梦花街开店经商的人越来越多。这对本地居民"猫头"的触动很大。这时，中国房地产业发展迅猛，商品房越造越多，这给老城厢居民改善住房条件提供了机会。"猫头"家也在浦东购置了新房。"猫头"的爸爸本来想把梦花街的老房子卖了。可"猫头"不同意，他说：这不是正好给我开店做生意吗？他家的房子是晋宏里联排石库门房子最靠街边的一栋。"猫头"爸爸想了想同意了。

在考虑开店做什么生意的时候，"猫头"想到了开一家琴行。喜欢是一方面，关键是"猫头"看到了商机。如今，人们的生活好了起来，能吃饱吃好了，也能穿得漂亮了，对精神层面的追求也多了起来，家长让自己家小孩子学乐器的越来越多，社会需求量很大。

"猫头"关心地问秦朗：怎么才回上海心情就不好，遇到什么不高兴的事情了吗？

秦朗便把自己回到上海遇到的一桩桩不幸的事情都一一告知，说现在只想先能打份工，尽量赚点钱给家里用。其他的暂时没想法。

听到秦朗讲自己入职失败、妈妈罹患重病，"猫头"的心里也很难过，对秦朗产生了深深的同情，萌发了帮帮他的想法。但怎么帮呢？自己也正在艰难创业中。

"猫头"告诉秦朗，他不但开了琴行，还在老西门最繁华的地方开了一家巴西著名品牌雀屎咖啡加盟店。"猫头"说：我现在的精力主要是放在咖啡店上，琴行日常事情就只好交给毛长生打理，他既是老师也是教务。

秦朗忍不住说：像毛长生这样怎么能教琴呢？要都是这样的老师，你这个琴行早晚要关门的。

"猫头"同意秦朗说的，说：琴行刚开张，毛长生就来应聘教务，我看他年龄偏大，本来是想拒绝的，但他热情很高，看在他是老邻居，又是我们同学毛栗子爸爸的分上，就同意了。他的小提琴就是自己学着玩玩的。后来他提出要当老师带学生，我开始是犹豫的，可是一时又找不到好的老师，就由着他了。你说急于想找一份工作，不会是对我的这个琴行有兴趣了吧？

秦朗说：说实话，我倒真有这个考虑，教小孩子拉琴的事情我应该还是可以做的。如果你不嫌弃，那我就来做做看吧。

"猫头"见秦朗一个中国最高音乐学府毕业的大学生，竟然肯放低身段来为自己打工，感到有点心酸了，越发有了想帮他的念头，于是诚恳地说：你不应该是来我这里打工的。我的意思是琴行就交给你做了，你就做老板好不好？我知道你现在是拿不出钱的，所以转让费你也不用考虑给我，你只要每月交房租就行。教琴、卖乐器，做得好的话，还是能赚钱的。我希望能帮到你。

"猫头"指着门口贴着的一张告示说：本来我已经在考虑把琴行转让了，好腾出手来，一心扑在咖啡店上。咖啡店经营成本很高，光加盟费就要50万元，我身上的压力还是很大的。说实话，我已经没有多余精力来管琴行了。

秦朗听了很感动，但还是心存顾虑地说：你这样做其实是赔了钱在帮我,那怎么可以?

"猫头"感慨地说:你这人从小就这样,从来不想占别人的便宜,还记得吗,三年级的时候我们学校到长风公园去春游,你把你妈给你买午饭的钱弄丢了,吃饭的时候,我多买了一份饭让你吃,你就是不肯要,后来看我硬逼着一定要你吃,才提出一定要我同意是你借我的钱买的。我同意了,你才肯吃,后来一回到家就问你妈要了钱赶快送我家来了。你放心,等你以后赚到了钱,再把转让费给我好了,不让你占我便宜,这样总可以了吧。

秦朗一听很符合自己的心意就答应了,爽快地说:这行。

"猫头"说:那你抓紧把家里事情安排好了就来吧。

"猫头"让秦朗自己坐一下不要走,说出去一下马上回来。

过了不多久,"猫头"回来了,先把个鼓鼓的红包交给秦朗说:这是给你妈秦老师的,不多,略表心意。

秦朗推开"猫头"的手说:这干什么?我不能要。

"猫头"理直气壮地说:不是给你的,是给你妈的。你一定要代你妈妈收下。不说别的,秦老师给我们上了6年音乐课,教会了我们很多,这就值得我们学生感恩一辈子的。现在你妈得了重病,承受这么大的经济压力,我不应该帮帮她吗?

秦朗见"猫头"态度很坚决也很真诚,再讲家里确实也太需要钱了,就不再推辞。

接着,"猫头"又从口袋里掏出一叠钱来,对秦朗说:这里是2万元,我手里就这点闲钱,你先拿着用。你也不用过意不去的,算你借的,等琴行开起来赚了钱还我就是了。琴行重新开张总要收拾一下的,会有很多用钱的地方。

秦朗正在想怎样把琴行重新装修一下,有了这笔钱就可以动手做了。听"猫头"说是借给自己的,秦朗就说一声"谢谢"收下了,他还不忘接着说了一句:"等我赚钱了一定还你。"

随后,秦朗说很想到自己住过的62号看看,让"猫头"陪他去。"猫头"说:以前你们的邻居都早就搬走了,好像就还剩一家没搬。

从梦花街进62号走的是后门。还是那扇包着黑铁皮的木门,但黑铁皮的下半部分已锈蚀剥落,露出沾上污垢的木头,黑黝黝的很有年代感,让人感受到岁月的无情流逝。吊在过道上的那只赤膊电灯泡竟然还在。过道还是像那时一样黑咕隆咚,从亮处走进去,眼睛一时不适应,什么也看不见。秦朗习惯地去按墙壁上的开关。那个开关竟然也还在原来位置。灯亮了起来,由于灯泡上积了一层污垢,点亮的灯泡活像个烂生梨,腐烂干瘪、有气无力地垂在空中。

走完过道,尽头就是天井。记得以前天井是空荡荡的,挺干净,如今却堆满了杂物,非常凌乱。以前,秦朗经常会和万莉在天井里玩造房子和跳绳的游戏。玩腻了,两人就会跑到西厢房齐飞教授的家里玩。齐飞教授是指挥家,他的夫人王教授是教钢琴的。两个小孩进屋总是先冲到放在前厢房墙角处的钢琴前,两人一起在钢琴上尽情地乱敲一气。秦朗和万莉是学小提琴的,但都很喜欢钢琴。齐教授和王教授不管两个小孩怎么乱弹一气,也不管他俩玩多久,从来不生气,还会经常拿糖果点心给他们吃。

秦朗正在想究竟是哪家还没搬走呢?只见一个老人从西厢房里走了出来。正是齐飞教授。秦朗一眼就认了出来,齐教授比以前老了很多,但精神矍铄。秦朗激动地喊了一声"齐爷爷"。齐飞教授一惊,在秦朗的脸上看了好一会儿,才一拍脑袋说:想起来了,想起来了,是原来楼上的秦朗呀。

齐飞顿时高兴起来,拽着秦朗,一定要他进屋坐一会儿。

秦朗进屋一眼就瞧见墙上一只黑白照片的相框。像是遗像。相框里的人正是齐飞的夫人王音老师。秦朗小心地问:奶奶呢?

齐飞说:奶奶走了,已经有8年了。

秦朗看到钢琴还在原来的墙角处放着,但奶奶人已经逝去,真是物是人非，欲言泪先流啊。秦朗不免在心里感叹。

秦朗问齐飞教授：你们家怎么没搬？

齐飞说：那年学校里开始给教授们重新分配新住房时，夫人已经生病，是乳腺癌。你想想，我要忙上课，又忙着照顾她，根本没心思顾搬家的事。当时是想等夫人病好了再说吧。没想到，夫人的病越来越重，坚持了两年还是走了。我跟王老师从小学到大学，都是同学，小时候是青梅竹马，长大了是事业上的伴侣，志同道合，感情很深。我跟王老师在这屋子共同生活了30多年，我总觉得王老师灵魂就在这屋子里。我知道她喜欢这屋里的一切东西，她是不舍得离开这里的。学校里跟我讲了几次，让我搬到更大更好的房子里去，但我不想搬，在这里我能够回忆起跟王老师在一起时的点点滴滴，一切都太熟悉了，太亲切了。我觉得王老师总在陪伴着我，我不舍得离开这里。我老了，不在乎住新房子还是住老房子。

齐飞还告诉秦朗，他退休后一直没闲着，从前年开始，区文化馆聘他当了老年合唱团的指挥。区文化馆就在老西门，很近的，所以住这里就很方便。

秦朗也跟齐飞教授讲了自己家里的情况和入职考试失败的事，还说目前准备在梦花街做琴行，尽量赚钱帮妈妈渡过难关；同时也没放弃专业上的追求，他把自己参加"魔力"弦乐四重奏组，准备参加国际比赛的事也跟齐飞说了。

齐飞赞赏地说：这很好，做社会音乐普及工作也重要。不过，你在大学受过很严格的小提琴演奏训练，确实应该要在专业上有更高的追求。琴行的工作，我想还是很忙碌的，如果有用得着我老头子的地方，尽管来找我。

秦朗突然有了一个主意，对齐飞教授说：您是一个很有名望的音乐家，我想请您做我们琴行的艺术顾问，您看行吗？

齐飞大笑了，风趣地说：你这小子真会动脑筋，你是想利用我这块金字招牌帮你们琴行赚钱对吗？好的好的，我非常愿意被你们年轻人利用。

离开了梦花街，秦朗突然接到从四川成都打来的一个电话。是周曼！

周曼是秦朗在中央艺术大学的同学，同级不同系。周曼是钢琴系的，人长得很漂亮，被公认为是校花。秦朗第一次跟她近距离接触是因为一次演出。老师安排秦朗在校庆演出会上拉贝多芬的《春天奏鸣曲》，还跟他交代说，自己去找钢琴系的周曼同学，她帮你伴奏，已经跟她说好了。

秦朗找到周曼的时候，她正在琴房里练琴。秦朗不敢打扰她，一直在旁边默默地站着，只等她一曲练完停了下来，才上前自我介绍，说明来意。

周曼朝他一笑说：那就抓紧时间练呗。周曼知道秦朗等了好一会儿了，心里有点小得意。她就喜欢男生像这样谦恭地对她。学校里追她的男生很多，她习惯了在男生面前摆出傲慢的样子。不过，秦朗彬彬有礼带点羞涩的样子，倒引起了她的好感。

在这之前，秦朗从来没有近距离看清楚过周曼的脸蛋，印象中只感觉这女孩很漂亮，挺吸人眼球的。现在能看清她那秀长的眼睫毛、清波盈盈的大眼睛、小巧挺直的鼻梁、樱桃般娇艳如滴的小嘴和洁白光润的肌肤，一切都是美艳天成，秦朗不禁在心里暗暗赞叹：真好看！

离校庆演出会没几天了，两人都觉得有点紧张，于是只要有空就约在一起起劲地练。这让声乐系的蒋大明感到了深深的不安，他一直在追周曼，并且眼看就要追到手了，周曼甚至已经同意跟他去电影院看一场电影，就因为跟秦朗练琴，周曼让两次买好了电影票的蒋大明都白忙一场。可是，周曼只给他轻飘飘的一句话：这几天太忙，以后再说吧。

一天晚上，周曼跟秦朗在琴房一直练到晚上10点钟熄灯号响了才结束。两人出门见到门口站着蒋大明，一看就知道他是在等周曼。蒋大明见周曼出来了，忙捧着一个塑料食品盒上前来，殷勤地对周曼说：累了吧，饿了吧？我给你买了一份烧烤鸭肠便当。

周曼做出夸张的惊恐样子说：我不吃鸭肠的，你自己带回去吃吧。随后就只顾着跟秦朗讨论合练的事，肩并肩朝宿舍方向走，再也没跟蒋大明说过话，就当蒋大明空气一样。蒋大明却不敢表示半点不满，一直不声不响地在后面跟着，心里却很不是滋味，充满了妒忌。

第二天，秦朗在食堂吃饭时被蒋大明喊住了，蒋大明刻意摆出一副自负的神态，然而终究是低声下气地说：兄弟，周曼是我的，全学校的人都知道，请你拎拎清爽，不要跟我抢好不好？老蒋我拜托你了！

秦朗觉得好笑，说：你想多了。说完就走开，他觉得很无聊，不想跟蒋大明多费口舌。

后来，秦朗听同宿舍的方国庆说，蒋大明最终还是把周曼给追上了。方国庆也对周曼抱有幻想，所以显得很沮丧。方国庆无奈地叹息说：这蒋大明实在也是太帅了。

蒋大明身材高大，头发长得都拖到肩上了，很前卫很嬉皮的样子，颇显艺术家的风度。

校庆演出之后，秦朗和周曼就再没来往，校园里遇到至多点个头打个招呼。

秦朗没想到，在自己毕业将要离开北京的前一天，周曼来找他了。周曼问他：听说你要回上海了？

秦朗说：正是。

周曼大大咧咧地说：我过几天也要回成都了。今晚本姑娘为你饯行，复兴门中华酒店3楼中餐厅。6点一定要到，不见不散。说完扭头就走，好像是在给秦朗下命令似的。

秦朗觉得很突然，想：我与她只是一面之交，素无交情，为什么要请我吃饭呢？难道是蒋大明让她来的？蒋大明是想为自己曾经的无礼之举跟我道歉吗？最终，秦朗决定还是去，正好也闲着，系里的同学该聚都聚过了。秦朗内心承认，周曼给他留下过美好的印象，那次两人非常成功的合作让他过后时常回味，非常享受，值得留恋。不管怎么说，同学一场，过几天就天各一方，不知道以后什么时候才能见到。

秦朗准时到达，稍后，只见周曼妆扮一新，纤纤细步，飘然而来，显得十分迷人。

秦朗见周曼独自一人，身旁并无蒋大明陪同，觉得有点意外，便问：就你一个人？当秦朗意识到自己这下意识地一问，其实是为周曼独自请他而感到高兴时，他害羞了。

你想要多少人呢？你不喜欢我一个人来？周曼嘟起了小嘴。

秦朗忙说：喜欢的喜欢的。

周曼顿时就开心了。

周曼要了4瓶啤酒，让服务生打开瓶盖，倒好了满满两杯，自己先拿起一杯，大声对秦朗说：喝！秦朗亦举杯。随后便愉快地交谈。

秦朗始得知周曼和蒋大明已经分手。周曼轻描淡写地说：他是广州的，我让他跟我去成都，他却说他的爸妈只准他回广州，硬要我跟他去广州，大有如果我不听他的，他就不要我了这副腔调。哼，我周曼怎么可以随人摆布呢？我就先甩了他。

周曼跟秦朗的同班同学北京姑娘钱小英是好朋友。两人住一个宿舍。钱小英对秦朗一直暗生情愫，班里离别聚会那天，钱小英仗着酒意，大胆向秦朗吐露心曲，却被秦朗婉拒。秦朗从入学那天起，就想好了毕业后一定要回上海去，他不舍得妈妈一个人孤苦伶仃地过，这辈子他是一定要陪在妈妈身边的。所以打定主意不会轻易跟任何人发生男女之间的感情。他看够了大学里男女情侣临毕业时往往会上演的"生离死别"的悲惨一幕。他不想被情感所伤，更不愿意给别人带来伤害，要找女朋友也回上海去找。

钱小英在周曼面前大叹被秦朗婉拒的痛苦，又疑惑地说：看他高大挺拔的帅样，男子汉味道很浓的，怎么从来不跟小姑娘玩在一起呢？我真怀疑他是同性恋。

周曼大笑了，肯定地说：不是不是。

你怎么知道，他莫非跟你好过？钱小英逼着周曼问。

周曼得意地说：没有没有。但是我能感觉得到呀，我能从一个男人身上的气味里闻到他是不是喜欢女人。就他来说，我敢担保他就是喜欢女人的。另外，你还可以从男人的眼睛里读出他是不是喜欢女人。

周曼跟秦朗还真有好多次眼神的交流。那是在两人愉快而默契地合奏时。每当秦朗用小提琴奏起贝多芬《春天奏鸣曲》第一乐章抒情的歌唱主题，而周曼用钢琴伴以轻盈流畅的琶音时，周曼总会被充满了爱的音乐打动，内心漾起甜蜜的涟漪，会情不自禁地去跟秦朗交换一下眼神。她发现秦朗也正在向她投来一瞥，这是双炽热的有火的眼睛，燃烧着的是对春天对爱的无限憧憬和歌颂。周曼敢说，至少在这一刹那里，秦朗是喜欢眼前这位美丽的姑娘的。

从钱小英口里，周曼惊奇地知道秦朗这么一个出色的男生，在学校里竟然从来没跟哪个女生谈过情说过爱。与蒋大明外露的浪漫和潇洒相比，周曼更喜欢像秦朗这样的沉稳内秀。再说，论相貌，秦朗颀长英俊，也是一枚帅哥。才跟蒋大明分手的周曼顿时对秦朗有了兴趣，她任性地对钱小英说：我宣布，秦朗是我的了。

周曼问秦朗：愿意去成都吗？成都是个好地方。

秦朗不假思索地说：不想。

周曼又问：如果成都有喜欢你的姑娘呢？

秦朗想了想说：那要看我是否也喜欢她。不过，无论如何，我不会去成都的，我只想回上海。

周曼顿时不悦，她抬起骄傲的头颅说：那你就走吧。说完起身扬长而去。

周曼的突然翻脸，把秦朗惊得目瞪口呆：女人太难以捉摸了。

周曼在电话里说：我决定了明天来上海。

秦朗问：来旅游吗？不过我得跟你说清楚，我可没有空陪你玩。

周曼说：我才没有兴趣旅游呢。上海有什么好玩的？我回到成都被分到一所中学当音乐老师，可是我没兴趣，辞了。我是来上海找工作的，这你能帮帮我吗？

秦朗一听大喜，他正在想到哪儿去找个可靠的帮手呢。如果周曼愿意来，真是太合适了。于是兴奋地将"猫头"把琴行交给他做的事情跟周曼说了，问她愿不愿意跟他一起做。

周曼听了迟疑地说：这可不是我期望中的工作，我的理想是在上海最华丽的大剧院里演奏钢琴。不过，跟像你这样优秀的小提琴手合作，也不算委屈我吧。好吧，我同意了。

第五章

秦朗心里念着妈妈,离开梦花琴行后便直接去了皇冠医院。正好医生要找家属在手术同意书上签字。秦悦悦的手术时间已定。

秦朗签好字,便去陪妈妈说话,鼓励她坦然面对手术。为了让妈妈不要老是沉浸在手术的恐惧中,秦朗便跟她讲些别的事情,说自己今天去了梦花街"猫头"的琴行,把"猫头"慨然相助的事情也告诉了妈妈。

听到儿子准备自己创业,秦悦悦既高兴又担忧。高兴的是儿子长大了,懂得关爱妈妈,能够勇敢承担起家庭责任了;担心的是,她怕儿子因此耽误了立志成为小提琴演奏家的理想。她自从决定让儿子学小提琴,就是希望儿子在这方面成才,以后能够到更大的舞台上,到更广阔的世界去大放异彩。

秦朗坚定地说:妈妈你不必担心,我的理想是一定要实现的。

秦悦悦不再说话,疲倦地闭起了眼睛。

听到儿子说起梦花街,秦悦悦的心里顿时翻江倒海起来……

1985年春节大年初一,是秦悦悦跟林建国结婚的大喜日子。婚礼是在老西门的百年老店大富贵酒家办的。

酒宴排场不大,只是两家人聚在一起吃了个饭,林建国和秦悦悦都不是喜欢张扬的人。

吃完饭,秦悦悦就随林建国回到梦花街的新家。秦悦悦上班的梦花小学就在跟梦花街一街之隔的文庙路上,很近。秦悦悦对林建国能把新家安置在梦花街上很满意,因为上班非常方便。结婚这天,秦悦悦从下午被林建国从自己家里接出来开始，始终兴奋着，非常高兴。但她无论如何没料到，当她从大富贵酒家吃好喜酒，回到梦花街62号的新家时，在新婚之夜，还会遇到比结婚更感到快乐的事情。

在梦花街62号自己的新家，秦悦悦竟然遇到了自己心中的男神、著名小提琴家万中仙。

万中仙的家竟然就在二楼的东厢房，跟她家只隔了一个天井，可谓一步之遥。

林建国带着自己的小娇娘回到62号的新家，同一栋房子里的其他四家的同事都来祝贺。

楼上东厢房的一家是江南音乐学院弦乐系教授、小提琴家万中仙和他在歌剧院工作的妻子赵鸽，赵鸽是女高音歌唱家；楼下东厢房住着的是学校基建处处长龙富根一家；一楼西厢房一家是学校指挥系的主任齐飞教授和在钢琴系担任教师的夫人王音教授。一楼的客堂间住着单身的声乐系主任郑晓燕教授。

秦悦悦从小能歌善舞，这跟她爸爸有关。秦悦悦的爸爸从部队文工团退伍后，到上海一个区的工人文化馆当主任。秦悦悦从小喜欢跟着爸爸到文化馆玩，耳濡目染各种文艺演出，渐渐就喜欢上了唱歌跳舞。初中毕业，秦悦悦的老师鼓励她去报考师范学校，说你以后当个小学音乐老师真的非常适合。师范学校毕业后，秦悦悦如愿到梦花小学当了一名音乐老师。

秦悦悦平时最大的爱好就是听音乐会，一年前，她被一个小提琴家的演奏迷住了，这个小提琴家便是万中仙。那是一场万中仙的个人独奏音乐会。秦悦悦从音乐家的介绍里知道万中仙是从德国留学归来的，曾经在维尼亚夫斯基国际小提琴比赛中摘得银奖，现在在南方音乐学院任教。哦，才26岁，好优秀！秦悦悦心里暗暗佩服。小提琴家上台来了，啊，好年轻，一见便十分喜欢。风度翩翩，温文尔雅，一表人才，赞美的词语从秦悦悦心里接连地蹦了出来。琴声一响，更是把秦悦悦吸引到了他的身上，秦悦悦目不转睛，屏住呼吸；她完全被他的琴声牵着走了，他悲伤她也跟着哭泣，他高兴她也跟着欢喜，同声相应，同气相求。秦悦悦惊叹他琴技的高超，更被小提琴家的音乐能够拨动她的心弦而佩服得五体投地，为之倾倒。过后秦悦悦便把万中仙演出的海报贴在自己的床头，每晚睡觉前都要盯着那张英俊的面孔看，怎么看也看不够。

当万中仙和他夫人赵鸽捧着一束玫瑰花走进西厢房来祝贺时，秦悦悦呆住了，竟然是万中仙！这不是做梦吧？林建国为秦悦悦介绍说：我们学院弦乐系最年轻的老师、著名小提琴家万中仙和他的夫人、歌唱家赵鸽老师，他们就住我们家隔壁。

秦悦悦激动得有点语无伦次了，眼睛不离万中仙地说：知道的知道的，我看过你的音乐会，听过你演奏，知道的知道的。

赵鸽由衷赞叹道：新娘子真漂亮！

秦悦悦被人当着自己偶像的面称赞漂亮，非常高兴。更让她喜出望外的是万中仙也跟着说：嗯，的确很美！

万中仙夫妇走了之后，秦悦悦在心里不断念叨：他说我很美，他说我很美。

秦悦悦羞赧的是，当晚在和林建国缠绵好合时，脑子里浮现的竟然都是万中仙俊朗的面孔。

林建国出差走了之后，秦悦悦突然觉得二楼安静了好多。本来每天早上赵鸽总要吊吊嗓子，兴致上来还会唱上一曲的。突然，赵鸽的歌声就听不到了；他家1岁的女儿万莉本来是由赵鸽的妈妈帮忙带的，厨房里总能看见万莉的外婆在不停地忙碌着，如今既听不到万莉的哭闹声，她外婆的身影也看不到了。

二楼本没有厨房，面积不大的南房就被改作两家合用的厨房了。

算算日子，秦悦悦这时正是在新婚蜜月期里，每当夜深人静之时，她照理该是怀念新郎林建国才对，但她没有。她也有期待，她只想见到对面东厢房窗帘后面万中仙时隐时现的身影，即使很模糊；只想听到的是那无比优美的小提琴声音。

初春的晚上，秦悦悦期待的小提琴声音又响了，秦悦悦静静地坐到床上去，盖一点被子在身上，她想就这样慢慢入梦，到梦里去跟自己崇拜的人在一起。想着想着，心中就充满了喜悦，她突然闻到一股食物烧焦的味道。焦味来自厨房。秦悦悦忙跳下床，随手拿了件毛衣披上，就这样穿着睡裤奔到厨房，看见万中仙家的炉子开着火，炉子上坐着个锅，焦味正是从锅子里散发出来的。

秦悦悦忙把火关掉，揭开锅盖一看，锅里是一堆已经烧干烧焦的饺子。这时，琴声停了，万中仙随后奔进厨房来，一面叫着：糟了糟了！

看到秦悦悦已经在把锅里的饺子一个个拿出来装在一个碗里，万中仙不好意思地说：我自己来吧。

秦悦悦不让，说：你不会弄，我来。

万中仙看到秦悦悦披着件毛衣，毛衣里面只穿着短衫，下身只穿着条睡裤，心想她一定是已经睡在床上了，是因为闻到焦味后才匆匆跑来的，于是对她充满了歉意和感激。秦悦悦散乱着头发，紧身内衣勾勒出她优美的胸廓和细腰，内衣很短，使得她手臂、脖子至浅胸都裸露出来，肌肤洁白如凝脂，显得分外妩媚妖娆。万中仙不禁暗暗感叹：真美！

秦悦悦为避免尴尬，找话说道：你这是吃夜宵吗？

万中仙说：是我的晚饭。我图方便，想煮点饺子吃吃就算了。烧在炉子上只顾拉琴忘了。

秦悦悦故意大惊小怪地说：从来没见你烧过饭嘛，真稀奇。她的真实想法是想知道为什么是你自己做饭，平日里在厨房间忙进忙出的都是老外婆，或者是赵鸽。

万中仙解释说：赵老师去苏州演出了，小孩被外婆带回家去了，我只好自己烧了。

秦悦悦装作随意地问道：赵老师要演出很多天吗？其实内心是有点紧张的，她知道自己想要的答案是什么，好羞愧的。

万中仙说：还有一星期吧。随后问道：你家林建国也出差了？他是明知故问。学校老建筑要整修是学校里所有人都很关心的事情，林建国为这事专门出差意大利谁都知道。他其实是在为秦悦悦鸣不平，新娘子蜜月独守空房是否有点残酷？她是否心怀抱怨呢？他是想挑起一个话题，借机安慰她几句的。他很想就这样面对面站着跟她多说说话。

秦悦悦只平淡地"嗯"了一下，并没有显出万中仙想象中的抱怨，心里反而是轻松愉快的。

秦悦悦把没烧煳的饺子都装在了碗里，然后往碗里放了一点醋，双手捧给了万中仙，此时心里是无比的荣幸和满足。这些感受她全都写在脸上写在眼睛里了。她大胆地把自己对万中仙的钦佩和喜欢都用眼睛对他说了出来。

万中仙都看明白了，顿时有了种两心相悦的庆幸。

回到家里，秦悦悦许久不睡，却不时撩起一点窗帘看看对面，只要对面的窗里也有灯亮着，她就不肯睡去，后来她实在感到困了，想睡了，她也不愿把灯关了。好像对面的灯是为她而留，好像他已经窥见了自己偷窥的目光，他坚持亮着灯就表明他不愿意让她失望的——秦悦悦为自己痴痴的想象感到了害羞，想多了甚至感到了害怕。她似乎已经意识到自己就像是地面上的一座山一棵树，正在跟头顶上的一大片充满了负电荷的雷云，如影随形地相互吸引着。她也已经在不可避免地累积起终将会爆闪的正电荷了。

秦悦悦的胡思乱想竟然并非凭空而来，此刻的万中仙也在不时窥一眼对面亮着灯的窗户，脑子里是挥之不去的秦悦悦妩媚妖娆的身影和她对自己明显的示好。一个信仰美的艺术家是无法对一个美的展示视若无睹的。他愉悦但也是烦恼的。他知道对突然出现在自己眼前的美人，他是只可欣赏，而绝不可以随心所欲接近的。

这一晚，二楼东西厢房的灯都亮了整整一夜。

第二天，秦悦悦下班时特地到老西门乐购超市采购了一大包食品，到家就在厨房里忙开了。她知道万中仙下班到家时间一般是6点钟左右。她想好了一定要在这个时间稍晚点的时候，做好足够量的饭菜，并且是精美可口的，能在瞬间就引起他的食欲。她为此动了不少脑筋，煎牛排一定是留过洋的艺术家所喜欢的，罗宋汤是西餐的家常菜，他一定是吃惯了的，应该也合适，还炒两个蔬菜搭配一下。对，要好吃，不必太多，他的胃口不会太大，但对食材和烹调水平的要求肯定不会低。

秦悦悦料定，他一定还会像昨天那样来厨房做饭的，一定又是煮水饺。要非常坚决地跟他说，今天不吃水饺了，你不能这样亏待自己。你看看我做的饭菜，还可以吧。我做多了，你帮帮忙，帮我把它们全消灭了，好不好？

秦悦悦只想对自己喜欢的人好。

楼梯上传来了万中仙的脚步声，是秦悦悦熟悉的皮鞋声，轻巧而节奏整齐。秦悦悦心跳加快，兴奋而羞涩。

厨房门正对着楼梯口，秦悦悦想他会闻到牛排和罗宋汤的香味，也会看到厨房里正在忙碌的人的，他一定会被吸引进来的。

但却没有。皮鞋声过去了，还传来开门关门的声音，随后一切归于平静。秦悦悦有点失望。她想他很快就会来的，再等等吧，但没有来。时间差不多过去半个小时了，秦悦悦彻底失望了。她有了点恼怒：真不识好歹。怎么会有这种有眼无珠的人呢？难道我的辛苦就白费了，我的多情就泡汤了？不行，你不来，我送上门总可以吧。秦悦悦犟劲儿冒上头来了，脑子一热，端起两碗菜就朝东厢房跑去，到了门口,她正想抬起脚狠狠地朝门踢去,并大声地喊叫"万老师",突然想到这踢门声这喊叫声会传到楼下,会引起别人猜疑的。不行,我得轻轻地叩门,轻轻地呼唤。

万中仙是有意躲避秦悦悦的。他了解自己在美的面前,是一个非常感性的人。美会使他激情澎湃,他甚至会忘乎所以、恣肆妄为。毫无疑问,秦悦悦就像一尊可贵的艺术品,是达·芬奇笔下的蒙娜丽莎,是阿历山德罗斯雕琢的女神维纳斯!她的美让万中仙心中掀起爱慕的波涛,难以平静。他竭力阻止自己,压抑自己,他很清楚放任自己的后果是什么,最受伤害的人肯定是赵鸽,这是万中仙最不愿意看到的;美好的公众口碑、社会名望也会毁于一旦,从此将会以一个伪君子的卑劣形象留存世间,为人不齿,这很可怕。他只能向道德束缚的戒规求助了,他想好了在赵鸽外出的这几天就不再去厨房了,尽量避免跟秦悦悦单独接触。所以,在下班的途中他特意去超市买了几只面包,权当作晚饭了。刚才他走上楼梯的时候,的确闻到了牛排和罗宋汤的香味,也看到了厨房里秦悦悦婀娜的身影,都是他非常喜欢的,正是因为太喜欢、太向往,所以必须逃开去。

说是要逃开去,其实哪有这么容易。人被自己关在了房间里,心却关不住。心一直在想,她还在厨房吗?他甚至有点后悔自己刚才为什么要过门不入、视而不见?突然听见了轻轻的叩门声,还有轻轻的呼唤"万老师"。

万中仙一阵惊喜,快步走去开门,那反复告诫自己要尽量回避的劝诫早已被抛到脑后。

秦悦悦却不开心,她真的是发怒了,她不理万中仙,怒气冲冲地径直进到房间里,把两碗菜重重地放在桌子上,然后朝万中仙冲去,她要责问他,为什么不到厨房来了,为什么不愿意见她了?秦悦悦其实是想撒娇,只有在自己最喜欢的男人面前才会有的撒娇。秦悦悦逼近了万中仙,她从来没有这样几乎是贴近了看他的面庞,他的鼻梁他的眼睛他的每一个毛孔,全都是艺术的精雕细琢,刚韧坚挺而优美温和,充满了音乐性。哦,多美的男人!秦悦悦方才的怒气瞬间就烟消云散,眼光变得温柔尊崇甚至饥渴起来,一眨不眨地紧盯着万中仙看。

万中仙看到秦悦悦火辣辣的眸子晶莹地亮闪着,不禁内心一哆嗦,他明白将会发生什么,他还想抵挡,但一切都是徒劳的,就像雷电云生长了许久的负电荷,注定要跟大地积聚的正电荷相吸相撞了。无可阻挡,两人贴近再贴近,万中仙激情爆闪了,像雷电大作,震撼天地,他伸出手臂紧紧环抱住了秦悦悦……

这以后的一个星期里,秦悦悦就像一只快乐的小鸟,每天一下班就赶紧飞回家,还带着从超市精心挑选的各种食品,她只想着赶快回家给他做一顿美味的晚餐。然后,秦悦悦就俨然是一个家庭主妇,把一盘盘精心烹制的菜肴端到万中仙面前,幸福地看着他把饭菜都吃光。再然后,两人就紧抱在一起,不知疲倦地长久长久。

这样的开心日子一直到万中仙接到赵鸽从苏州打来电话那天才宣告偃旗息鼓。

赵鸽在电话里对万中仙说:我明天晚上到家,你今天就把妈和万莉接回来吧。然后娇滴滴地问:你想我了没?

万中仙顿时清醒,内心充满了对赵鸽的愧疚。

万中仙没有按赵鸽说的当天就把女儿接回家。

晚上,秦悦悦照旧做好了饭菜,并端到万中仙面前。她发现万中仙竟然不高兴,并没有像前几天一看到她,就会迫不及待地冲过来拥抱她。此刻他竟然只是默默地坐着,甚至都没有看秦悦悦一眼。

秦悦悦忍不住问:你怎么了?

万中仙低着头,小声说:她明天就回来了,我们不要再来往了。

秦悦悦知道自己必须答应。她可以发誓敢跟全世界的女人来争夺万中仙，拼死争夺，决不退让；唯独对赵鸽她觉得不可以，她是偷了赵鸽的，非常不光彩。要是说有什么愧疚的话，她只有在想到赵鸽时才会有。秦悦悦是个善良的女人，她乖乖地回答：好的，我知道了。她不得不这样做，心很痛，她知道自己已经深深爱上了万中仙，爱得刻骨铭心。

万中仙再不说话，拿着把指甲刀开始修剪起指甲来。指甲长得已经影响拉琴了，这几天几乎所有的心思都在秦悦悦身上，该做的事都忽略了。万中仙保持沉默也是为了无声地阻止秦悦悦对他有更多的感情投入。万中仙已经清晰地感受到了秦悦悦炽热而纯净的爱意，他知道这样的断然分手对秦悦悦是很残酷的。他也伤感，但不至于陷得不可自拔。这缘于他和赵鸽有着深厚的感情。他跟赵鸽是在德国留学时结识的，共同的爱好和志向使他们俩走在了一起。万中仙冷静下来想，自己这样做无疑是对赵鸽的亵渎，对不起她！追求快乐无罪，追求伤及他人的快乐那就是有罪。他在心底真诚地对赵鸽说：对不起！

秦悦悦温柔地靠近了万中仙，把指甲刀拿过来说：我来帮你剪。万中仙没有拒绝，顺从地把手伸给她。他知道，这是最后一次了。

秦悦悦想到以后再也不会有这样的亲近了，顿时伤心起来，泪水忍不住流淌。

秦悦悦把剪下来的碎指甲小心地收集在一张纸上，包好了准备丢到废纸篓里去。就在将要丢下的一刻，她猛然意识到了这物件的珍贵，于是改变主意，偷偷藏进了自己的衣袋里。

秦悦悦似乎明白了万中仙为什么会突然冷漠了，她乖乖地顺从着他最后的安排，她愿意为他做一切事情的，甚至死都愿意的。秦悦悦竭力抑制着自己的情感，迫使自己冷静下来，没待多久她就告辞回家了。但回到自己的家里后，她便开始哭泣，一发不可收拾。

快到月底了，秦悦悦到了该来月经的时候，发现月经竟然没来。

秦悦悦想难道怀孕了？于是到妇科医院去做了一个检查。唐莲医生说：恭喜你有喜了！

秦悦悦虽然感到意外，但仔细一想她开心起来了。可以肯定这孩子是她和万中仙的。在前一次月经之后，她只跟万中仙有过亲密接触。

自从不得不跟万中仙分开之后，秦悦悦一直情绪低沉，为自己终究不能遂愿的婚姻生活而感到悲伤。她向往的婚姻一定要是爱情的结合，要像雷电的碰击闪光才可以。然而，茫茫人海，知音难觅，哪有想象中的如意郎君呢？她曾经想过，如果那个能让自己刻骨铭心爱上的人不出现，她就一直单身下去，她追寻的是灵魂的契合，决不接受没有爱情的婚姻。这种想法一直到认识了林建国后才有了转变。林建国不是那种一看就能让她爱上的男人，但他对她很好，秦悦悦的想法慢慢就改变了，她曾经也真诚地希望自己能跟林建国好好地走下去。然而，在遇到万中仙之后，她没料到美好的愿望竟然那么脆弱，不堪一击。但她很清楚，自己跟万中仙没有前途，不能跟自己深爱的男人生活一辈子，她感到万分痛苦，她甚至想到过去死，既然生无可恋，活着还有什么意义？为爱而死，秦悦悦觉得值得。当知道自己怀上了万中仙的孩子，秦悦悦顿时乐观起来，生活又变得那么美好。她高兴起来了，开始很幸福地想象小万中仙的出生，想象小万中仙在自己的爱护教育下，长大后也成了一个像他爸爸一样才华非凡的人，最好也是一个音乐家。她想自己一定是感动了上帝，上帝可怜我，给了我一个可以让自己和万中仙的爱持续下去的小生命，一个可以随时随地能让我感觉到和万中仙在一起的小生命。她甚至想要把这个喜讯告诉万中仙，但很快又犹豫了，毫无疑问，万中仙一定不会同意她留下这个孩子的，因为这象征着罪孽，代表了耻辱，他一定会逼着她把孩子打掉的。她打消了这个念头。她很自私又很坚定地决定：一定要把这个孩子留下，哪怕万中仙永远也不会知道。

当然，发生了这样的事情，她很自然地想到了林建国，想到了跟他已经没了意义的婚姻，心里考虑着该怎样妥善处理。她想好了，等林建国从意大利出差回来就跟他说离婚的事。并且一定要告诉他这孩子不是他的，要不然，秦悦悦可以肯定林建国会死也不肯离婚的。

果然，知道了真相的林建国不得不同意了秦悦悦的要求。

离婚时，为人厚道的林建国主动提出房子暂且让秦悦悦先住着，等她有了自己的住房再搬出去，他则住回了自己的父母家。

从这以后，一直到秦朗长到4岁，其间秦悦悦跟万中仙就像从来没有好过一样。在同一幢楼里住着，抬头不见低头见的，不可能不碰面。但即使对面相遇，两人都当作没有看到，都一低头，匆匆而过，看似平静，其实心里都不好过。万中仙盼望哪天能离开这里就好了，他不想受这种尴尬的折磨；秦悦悦虽感觉痛苦，却庆幸总算还能见到他，觉得这多少也是一点安慰，她不敢想象哪天要是连见也见不到了，那可怎么办？

秦朗会走路了，时常会自己跑到万中仙家去。经常是一转眼，秦朗就自己跑去了，许久许久也不知道回家。秦悦悦在门口大声唤他他也不理会。秦悦悦只好过去把他拽回来。秦朗不肯回家，秦悦悦就死拽硬拉。在秦悦悦眼里，秦朗跟万中仙就长得一个样，她虽然很喜欢，却很害怕被别人看出来。这是秦悦悦怕儿子去万中仙家的原因，她还是有点心虚的。秦朗其实长得并不像万中仙，跟妈妈秦悦悦倒挺像，恰如赵鸽总是说，秦朗跟妈妈长得好像，夸奖秦朗真是一个漂亮的小男孩。秦悦悦感觉赵鸽是真心这样认为，就放心了好多。

万家有一个比秦朗大点的女孩，也就是万莉，秦朗喜欢找万莉姐姐玩。这还不是吸引秦朗去万家的主要原因，秦朗最喜欢的是小提琴。小万莉5岁起她爸爸开始教她拉小提琴，这小提琴声音特别吸引秦朗。万中仙在教万莉拉琴，才3岁的秦朗会立在一旁，一动不动地看着，流露出极大的兴趣。赵鸽觉得好奇，老是拿秦朗来教育万莉说：你看弟弟多专心，你要像弟弟这样专心就好了。赵鸽还经常对万中仙说：看样子，这孩子是想学小提琴，你教他吧。但万中仙总像没听见，不置可否。

秦悦悦看到儿子喜欢去万中仙家，并且竟然对小提琴表现出极大的兴趣，心里不免暗暗称奇。有时，秦悦悦和赵鸽在晒台上一起晾衣服晒被子，或者在厨房里一起做饭，赵鸽总会跟秦悦悦说起秦朗在音乐上的不寻常来，还主动说，等他再长大点，就让我家万老师教他。赵鸽是个很热情的人。秦悦悦赶紧就说：万老师肯教他那真是太好了，赵老师到时候一定要帮我跟万老师说说。赵鸽真诚地说：一定一定。一个音乐家对在音乐上有天赋异禀的孩子总是特别喜欢。

转眼秦朗长到4岁了。这个年纪的秦朗已经会表达内心的愿望，他多次明确地向妈妈提要求：我要跟万莉姐姐一样学小提琴。秦悦悦一口答应，她何尝不想。秦朗一定要跟他的爸爸一样成为一个出色的小提琴家。这愿望从她知道怀上万中仙的孩子起就有。她没料到的是，儿子竟然这么喜欢小提琴，这太让她感到欣慰了。她决心要跟万中仙正式提出让秦朗向他拜师的要求。她在悄悄留意可以方便跟万中仙说说话的机会。

一天早上，万莉背着小书包来到秦朗家。万莉已经上小学，她就读的学校正是秦悦悦当音乐老师的那个梦花小学。万莉对秦悦悦说：秦老师，今天我跟你一起去学校好吗？秦悦悦随口问：你妈妈呢？平时都是万莉妈妈带她去学校的。万莉答：妈妈去北京演出了。外婆忙着在给爸爸做早饭，没人带我上学了。

秦悦悦一口答应。

当晚，万中仙下班回家上楼走到厨房门口的时候，秦悦悦在厨房里喊住了他。

万中仙进到厨房里，问：有事吗？他低着头，没敢看秦悦悦。

秦悦悦有点伤心，但她忍住了，小声说：求你件事。

万中仙已经猜到秦悦悦想说什么，但不确定。有一天他正教万莉拉琴，在一旁的秦朗突然对他说：万莉爸爸，我也想学小提琴，你教我好吗？秦朗一双天真的眼睛紧紧盯着万中仙，看得出他是多么希望万中仙能答应他啊。万中仙心头一震，想：真是难得，他还这么小。万中仙其实早就看出这孩子对小提琴有非同寻常的喜欢，觉得很稀奇。今天孩子竟然自己提出想学琴的要求，这不得不让他有所心动。但一想到这是秦悦悦的孩子，他又犹豫了，如果真的教了她的孩子，今后势必会跟秦悦悦有很多的接触和交流。那却不是他所希望的。他很讨厌秦悦悦吗？非也。最刻意地保持距离恰恰是缘于最深沉的喜欢。他觉得欠了秦悦悦许多，并且这辈子是不可能偿还的。这种想法是在他知道秦悦悦竟然提出跟林建国离婚后愈发强烈了。他很震惊，他知道秦悦悦这样做完全是出于对他的真爱，他算是真正了解了秦悦悦的执着和痴情。一想到这些，他就想躲开她，他觉得自己在她面前就是一个懦夫，一个小人，自己是不配面对她的。所以他尽管从心底来说很愿意教秦朗，但他还是犹豫了。他对秦朗说：你想学习小提琴，那要问妈妈呀，要妈妈同意才可以。他自认为自己已经跟秦悦悦达成了互不来往的默契。她一定也是想保持这种现状的。他猜想秦悦悦一定不会同意儿子跟自己学琴的，从平常只要秦朗一来看他教万莉拉琴，秦悦悦就要喊他回家这点，万中仙觉得自己想的是对的。可是，他偏偏猜错了。

难道秦朗真的跟他妈妈去说了，秦悦悦答应他了？但万中仙还是问道：什么事？

秦悦悦直截了当地说：你教秦朗拉琴吧。

自从跟万中仙分手后，秦悦悦还是第一次这样任性地跟万中仙说话。她觉得必须这样说，因为怕他不同意。他必须答应。这是他必须为他自己的儿子做的事情。她差一点就想把真相告诉他了，但仔细一想觉得万万不可，至少是目前。她还是认为万中仙一旦知道了自己自作主张留下这个不该出生的孩子，一定会惊愕无比，他会因为自己隐瞒他而感到愤怒，毫无疑问这会给他增加巨大的精神负担。一个身负教学和演奏重任的艺术家，不该遭受这样的精神折磨，这会毁了他的。如果万一传出去让赵鸽知道了，一定会引起他们家庭的一场地震，万中仙会遭受伪君子的强烈谴责，这让他那清高的面子往哪儿放啊。这是秦悦悦无论如何不想看到的。

没想到万中仙竟然一口答应了。他想起了今天在学校听到的一个确切消息：学校正在盖一栋员工住宅。并且明确目前住在梦花街宿舍的教职员工将来可以住进去。还有一个更好的消息是：这是学校最后一次对教职员工分配住房。以后按国家房改政策，教职员工的公有住房可以自己买下来，属于自己的固定资产。

万中仙想：要不了两年就要搬离，何不就答应了秦悦悦。从心底来说，他还是非常愿意帮秦悦悦做事的。

秦悦悦一听万中仙这么爽快，很是开心，于是说：我付你学费，怎么算你告诉我就行。

万中仙一口回绝：不需要，你要秦朗跟我学就不要跟我算钱，不可以的。他是真诚的，不容秦悦悦再提学费的事。

秦悦悦见万中仙很诚恳，就随了他。

在秦朗正式随万中仙学琴之前，秦悦悦先教会了儿子识五线谱。在学习识谱的过程中，秦悦悦欣喜地发现，儿子竟然天生具备绝对音感。秦悦悦为了能让儿子记住五线谱上音阶各个音的音名，就把每个音都在钢琴上弹奏出来，让儿子模唱并记住音名和唱名。很快，秦朗就可以正确地说出五线谱上高低不同音的音名和唱名。秦悦悦又让他记住不同形状音符的拍数，并在钢琴上弹奏，让儿子打着节拍跟着唱。秦悦悦惊奇地发现，不管她弹的是什么音，儿子都可以正确地说出这个音的音名。秦悦悦后来又试着弹双音让他辨别，秦朗竟然也能说对；再试着弹三和弦七和弦，他都能准确说出构成和弦的每个音。秦悦悦知道，她的儿子有着非凡的绝对音感，他有着一副极其难得的音乐家的耳朵！秦悦悦克制不住内心的激动，高兴得抱紧了儿子，在他的小脸蛋上亲了又亲。

秦朗非凡的辨音能力使得他的学琴进度大大加快，不论是《霍曼》还是《开塞》，不论教他哪一课，他都一学就会。万中仙最清楚，扎实的基础训练对一个学习小提琴的儿童来说有多么重要，于是对他的要求更严格，每学一课都要求做到不允许有一个错音，节奏也不能有错。除此以外，还要求他尽量做到发音自然优美。让老师感到开心的是，小秦朗都基本做到了。一个才5岁的孩子竟然能做到自觉练琴，并且有强烈的好胜心——不达到老师的要求决不停手，这让万中仙大为感叹。

也就在秦朗快要学完《开塞》的时候，万中仙要离开梦花街了，学校新盖的教职员工住宅楼竣工了。万中仙凭着留学德国获取的硕士学位，加上出类拔萃的业务成绩，在国家开始实行新的职称评定政策后，被评上了教授职称。音乐学院在对新盖的教职员工住宅分配中，特别强调要照顾到年轻有为的教授。万中仙家如愿分到一个大套，四室两厅，140平方米，万中仙和赵鸽都各自有了自己的琴房，这是最让万中仙和赵鸽满意的。房子的小区环境、面积、楼层、户型都好，就是比较远，在靠近郊区的莘庄，万中仙却不介意。只要从此能逃避尴尬的折磨就好。

秦悦悦很快就知道万中仙一家要搬走的消息。已经习惯了和万中仙虽无交集但仍能朝夕相处的生活眼看就要结束了，秦悦悦内心不免失落。命该如此，徒唤奈何。可是，秦朗的学琴怎么继续呢？正当秦悦悦焦虑的时候，万中仙主动来到她家，一来是跟老邻居告别，说要搬到莘庄去了；还抱歉地说：莘庄太远，以后就不方便再教秦朗了。不过，你不要担心，我已经帮他另外找了一个老师，他叫盛林，我的大学同学，现在在交响乐团担任首席小提琴，水平很高的。他家就住老西门，你们去的话也很方便。不过，你要做好思想准备，他带学生是要收费的。

万中仙还是第一次走进秦悦悦住的西厢房，还特地把赵鸽也带来了。

万中仙的用意很清楚，他是在暗示秦悦悦也是在劝解她：你对爱的执着令我感动，我很感激你，但我还是希望你能面对现实，早日从这种无望的坚持里走出来，你还年轻，如果有中意的男人能嫁就嫁了吧。你若幸福，我也好过。你难道一直要让我背负着对你的愧疚吗？看到你独自承受由我给你带来的痛苦，你不知道我心里有多难受。

秦悦悦怎么能看不出万中仙的用意，她在心里对他说：谢谢你的好意。可是，曾经沧海难为水，这世界上难道还会有别的能让我爱到刻骨铭心的男人吗？那一星期就是我的一生啊！拼则而今已拼了，忘则怎生便忘得？除非冬雷震震，夏雨雪，天地合！

秦悦悦心意已定。其实内心无怨无悔，她只以微笑待之。

盛林家离梦花街很近，秦朗带着儿子走一刻钟就到了。盛林看了秦朗拉琴，感叹地说：不愧是万中仙教出来的，真不错！这孩子自己的条件也好，很难得。

盛林又跟秦悦悦聊起了家常。说到梦花街南方音乐学院的教职员工都要迁新居了，盛林很关心地问秦悦悦你们怎么打算呢？

秦悦悦见盛林人很和善，就把她的家事都跟盛林说了。她告诉盛林，现在住的房子是林建国名下的。林建国已经托人跟她打招呼，他已经买了商品房，学院给了补贴的，这就意味着，他名下的梦花街房子必须要交还给学院了。他要秦悦悦尽快想办法找房子。秦悦悦告诉盛林，他们学校没什么钱，根本不可能像音乐学院那样出资造教职员工的住房。当然她可以租房住，但从长远考虑，还是想买房子的，她跟儿子应该有自己的住所。好在现在国家政策鼓励房地产商大盖商品房，还出台了公积金政策，鼓励老百姓买房，拥有自己的私人住房。所以她想等存够了首付款，就尽快买到房子从梦花街搬出去。

秦悦悦又问到盛林教琴是怎么收费的。不想，盛林听了秦悦悦一番话却另有打算，说：算了，秦朗的学费我就不要了。他愿意学就来吧，我愿意教他。

秦悦悦一听急了，说：那怎么行？学费我一定要给你的。

盛林坦诚地说：我说不要就不要。倒不是我不需要钱。说句实话，就目前来说，交响乐市场并不景气，社会上喜欢静下心来欣赏高雅音乐的人并不多，所以乐团演出机会很少，演出少收入也就少。不怕你笑话，我在乐团的收入并不高。音乐家也要养家糊口，也要考虑买房子。钱哪里来呢？所以，我们乐团的音乐家都会利用业余时间教教学生，赚些外快。我也一样。

秦悦悦注意看了一下盛林家的房子，确实不大，显得很局促。

盛林继续说：我是以音乐为生的，音乐就是我生活的全部，凡是对音乐事业发展有益的事情，我都愿意不遗余力地去做，不讲价钱的。秦朗这孩子我看得出来，只要他坚持下去，好好学，以后一定会成才的，我们国家的音乐事业发展今后一定需要更多的人才。照理来说，我教他，收点学费并不为过。可是我刚才听你说，你们家并不富裕，又急着需要买房子，买了房子以后还要还房贷，经济负担还是挺重的。说心里话，我更愿意看到一个很有前途的孩子能够轻松愉快地好好学习，你就不要跟我客气了。

盛林的一番真诚的话语让秦悦悦感动得差点掉泪。

从此，秦朗就跟随盛林学琴，一直到高中毕业。

1997年，在秦朗12岁的时候，秦悦悦终于攒够了购房首付款，在离梦花街有点远的徐家汇按揭买了一套两室一厅的二手房。好在上海已经有了地铁，秦悦悦上班，秦朗上学还有去盛林家学琴，坐地铁都很方便。从梦花街搬走的时候，秦悦悦感慨万千，这个地方让她经历了人生的大喜大悲，让她体验了爱的汹涌澎湃和失去爱的切肤之痛。唯一值得庆幸的是有了一个健康聪明、才貌俱全的儿子。

儿子是她的骄傲，秦朗中考考上了上海中学，这是上海的重点高中。能考上万人瞩目的上海中学，秦悦悦自然很高兴。让秦悦悦感到满意的另一个原因是，学校有一个水平不低的学生乐团。秦朗一进乐团就坐上小提琴首席的位置。很快，秦朗要面临高考了。对他今后的前途，老师和家长各有看法，秦悦悦坚持儿子不要放弃小提琴，报考音乐学院；学校老师则认为秦朗学习成绩优良，物理成绩尤其突出，竭力主张他报考清华北大，至少也应该是上海的复旦，将来成为一个科学家对国家的贡献更大。盛林的意见跟秦悦悦一样，也希望秦朗能在音乐的道路上坚持走下去。

最终老师和家长都觉得应该尊重孩子自己的选择。秦朗毫不犹豫地表示自己要做一个小提琴演奏家，他说自己一开始学琴就有了这样的理想，从小到大从来没有改变过。

那报考哪所音乐学院呢？秦悦悦去征求盛林的意见。盛林认为最好的选择是报考上海的南方音乐学院。但他向秦悦悦说了一些情况，让秦悦悦自己考虑。

盛林说：南方音乐学院跟所有艺术类学校一样，都是面向全国招生。每年，南方音乐学院招生，全国各地的考生都蜂拥而至。但招生名额有限，全国各地的优秀人才很多，所以竞争异常激烈。往往在招生前的一年甚至更早的时候，各地的考生就开始用各种办法到学校找老师上课。说穿了也就是想通过这个方式跟老师建立起感情。有不少学生的父母是做生意的当官的，家里都非常有钱，家长根本就不在乎花上一大笔学费。据说，老师给学生上一堂课起码收一千块，甚至更多。不光是以学费的方式给老师好处，有的索性就直接给钱的。就说南方音乐学院的弦乐系吧，万中仙不但是著名教授，最近还被提拔当上了系主任，他就是最吃香的，因为最终决定录取谁，主要还是他说了算。

秦悦悦不禁疑惑地说：这不是变相受贿吗？再讲，靠这种办法录取的学生能保证是最优秀的吗？

盛林意味深长地一笑说：恐怕不能说受贿吧，老师上课是付出劳动的，何况是身怀绝技的知名教授，他的劳动价值很难估量，给学生上课收取学费，名正言顺，很难给他扣上帽子的。至于说到录取学生的质量，可以说，来报考的学生除非有极高的才能，这样的人其实凤毛麟角，极少的。多数都基本达到了报考条件，有一定的技能，情况都差不多。学生嘛，终究还不是成熟的艺术家，还是需要培养的。老师自己是很清楚的，他绝不会把机会给很差的学生的。最终录取谁？你想想，如果有两个基础都很扎实，都很有培养前途的考生，其中一个跟老师感情比较深，愿意付出很多，你觉得老师会把录取的机会给谁呢？人情这东西哪儿都有，什么时候都会有，永远会在人际关系中起作用的。学生录取中，究竟是钱起了作用，还是谁比谁更优秀，这就要问问老师自己的内心了。

盛林问秦悦悦：我讲了这么多，你明白我的意思了吗？

秦悦悦都听懂了，她开始考虑要不要找一下万中仙呢？找他无非两种方式，一个就是按盛林说的，找他上课，或者再表示表示；另外索性跟他挑明，秦朗其实是你的亲生儿子，你看着办。想来想去，两种方式都不可行。首先肯定自己没有足够多的钱。秦悦悦的工资除了家用，还要还房贷，儿子马上要上大学，得替他把钱准备好，哪还有多余的钱呢？如果说出真相的话，结果一定是秦悦悦一直担心的，万中仙极有可能会非常气愤，会责怪秦悦悦，哪还会有心情帮助秦朗入学呢？

见秦悦悦犹豫着，很为难的样子，盛林就主动说：那我来找他一下吧，又不是找他开后门。不过，让万教授关照一下还是需要的。秦朗诚然优秀，可是，你要知道，在全国跟秦朗一样优秀的人才也不少啊。

盛林专门为秦朗上学的事去找了一下万中仙。盛林对他说：秦朗这孩子确实是可造之才，你我都要关心他的成长。你不要忘了，秦朗最早是你带的，他也是你的学生，没错吧。

万中仙心里的矛盾依然存在。虽然跟秦悦悦再也没见过面，但她始终在他的心里。偶尔回想起跟她在一起的情景，心头总会隐隐作痛，此中的缠绵缱绻，只有他自己知道。相见不如怀念，有情何似无情。对秦悦悦是如此，对她的儿子秦朗，万中仙也是一样的心思。对他来说，见到秦朗等于就是见到了秦悦悦。更不要说，一旦将秦朗招至自己的门下，今后和秦悦悦的接近必将难免。

不过，万中仙毕竟是一个纯粹的艺术家，他跟盛林一样的惜才如命。在权衡人才和私念孰轻孰重时，万中仙最终还是选择了人才，他接受了盛林的拜托，表示到时一定会对秦朗关照的。

然而，原先的计划在北京来了一个人之后有了改变。此人名叫龚艺，北京中央艺术大学弦乐系的主任，是万中仙和盛林的大学同学。龚艺此来只为寻找优秀的生源，到了上海，他自然就先找到了曾经的同学万中仙和盛林。

龚主任把来意跟万中仙和盛林一说，万中仙立刻就想到了秦朗，如果把秦朗推荐给了龚艺，对他来说可谓两全其美。秦朗能上更好的学校，自己也能保得内心的安宁。

盛林想如果秦朗能够去北京，上中国最高的音乐学府自然更好，所以也赞同了万中仙的推荐。

龚艺让盛林把秦朗叫来，说要自己亲眼看一下，才能做决定。

秦朗到龚艺下榻的宾馆，拜见了龚艺。龚主任一看秦朗的确如两位老同学介绍的一样，相貌出众、一表人才，琴也拉得超凡脱俗，完全承袭了两位著名小提琴家技艺的真髓，非常满意，当场表示，这孩子我要了。

就这样，秦朗最终去了北京中央艺术大学上学。

第六章

　　为了让秦朗答应换店招，周曼这几天一直缠着秦朗不断唠叨，秦朗却始终下不了决心。周曼的理由是：门面很重要，"梦花琴行"四个字一定要做得大，做成立体的，并且要色彩鲜艳，特别醒目，还要配上灯箱，要让人家老远就能看到。这就像人的面孔，长得漂亮才能让人喜欢。

　　这道理秦朗不是不懂。他也讨厌现在店招的寒酸相：一块旧木板，上面用油漆随意写了"梦花琴行"几个字，字小不算，还很丑，确实丢份。犹豫，实在是因为手头太紧，问"猫头"暂借的2万元，已经用去将近一半了。需要用钱的地方还有不少，秦朗不得不精打细算。秦朗其实已经联系过广告标牌公司。对方问：你的店招是什么要求。秦朗说：简约风格，艺术性强点，醒目就行。对方说：连材料、制作带安装，无论如何也需要5 000元。秦朗就犹豫了，就始终对周曼提的要求推三阻四，迟迟不答应。

　　秦朗和周曼带着几个工人正在忙着重新装修梦花琴行。

　　秦朗对周曼这些天的工作还是很满意的。秦朗嫌原来琴行缺乏艺术氛围，让周曼在琴行内装饰上动动脑筋。周曼就指挥工人在内墙上刷上不同的颜色。不是简单的单独色块，而是不同几何图形的巧妙搭配。墙面就变成了一幅幅五彩缤纷的抽象画。周曼拽着秦朗来看她的艺术创造，她指着墙面饶有诗意地说了起来：我是想用颜色来表现音乐的感情色彩。这大红，兴奋而光彩夺目，十分活跃，充满动力；这金黄，宏伟辉煌，就像明媚的阳光，充满勃勃生机；还有那咖啡色，总能让我们想起庄严、虔诚和忏悔，那是人类难以磨灭的信念感，执着而坚定；那纯蓝色，让人联想起大海，深不可测，难以捉摸，有点惆怅有点忧伤。它时而温暖时而暴躁，是否有点像爱情呢？

墙面刷新后，周曼再让工人在墙顶装上一排排射灯，灯一亮，墙面更是光影斑斓、神幻幽妙，更吸引人了。

周曼又自己动手在墙面上画米老鼠、唐老鸭，画小猪佩奇、彼得兔，她让这些可爱的小动物弹钢琴弹吉他拉小提琴吹喇叭。周曼得意地对秦朗说，小孩子看了一定会喜欢上这里的。秦朗很赞赏周曼的创意，也很觉惊奇，对她说：光知道你会弹钢琴，想不到你还会画画，还画得不错呢。

原来，周曼小时候一开始是在少年宫学画画的，后来喜欢上了钢琴才放下画笔的。秦朗不由得暗暗感叹道：这个周曼真是聪明！

周曼装饰墙面的最后一笔，是把世界著名大音乐家巴赫、贝多芬、莫扎特、肖邦、舒曼、柴可夫斯基、李斯特的画像配上精致的镜框，统统挂上。

秦朗觉得还应该有点音乐，便让周曼去街上的音像商店买影碟机、电视荧屏，要她顺便挑一些各种器乐的光盘，特别关照要贝多芬的《命运交响曲》。

不一会儿，周曼便回来了，身后跟着音像店的郑老板。郑老板手提肩扛，送货上门，还答应负责安装。

电视荧屏挂墙上了，秦朗忙不迭地把贝多芬的《命运交响曲》光盘放进影碟机，屏幕上出现了卡拉扬指挥的柏林爱乐乐团演奏的情景，"命运的敲门声"顿时响彻琴行，在铿锵有力的弦乐声中，秦朗像是看到了蓬乱着头发的贝多芬，耳朵已经聋了，但他用根麦管一头抵着钢琴，一头插在自己的耳朵里，听着自己在钢琴上弹出的和弦，然后在五线谱表上疾书。他就是用这样的方法谱写了伟大的《第九交响曲》，为全人类唱响了展望光明前途的《欢乐颂》。

秦朗顿时感觉汲取到了力量，精神为之一振。

从音像店回来，周曼就开始朝秦朗嚷嚷必须把店招也换了。

这天，周曼看看充满了音乐感的琴行内饰，再看看门口破败不堪的店招，不胜其烦，她再也不想跟秦朗啰唆，拉着个工人到琴行门口，指着店招命令他说：你把它拆了！

工人知道秦朗是琴行新的老板，这里只有他才能说了算，就不敢贸然动手，眼睛朝着秦朗看，像是在询问：拆还是不拆？

周曼冲到秦朗面前，跳着脚喊道：你倒是说话呀！

秦朗想想周曼说得确实也有道理，手头虽紧，换店招的钱还是有的，那就换吧。秦朗咬了咬牙，从嘴里迸出一个字来：拆！

话音刚落，两个工人一人拿根撬棒上前一起动手，三下五除二，只几下，一块薄木板做的店招就轰然落地。

正好路过这里的丁家阿婆被吓了一跳。她刚从菜场买菜回来。丁家阿婆定睛一看，问一旁的工人：这琴行关门了吗？

工人朝大门上努了努嘴，意思是你自己看。

丁家阿婆凑近了看，见门上贴一张告示，上面写：琴行装修，暂停营业；不日将重新营业，敬请光临。

秦朗开始整理橱柜里的一批乐器。小提琴、吉他、二胡、笛子，有不少。秦朗仔细一看，除了二胡像样点，其他乐器的材料、做工都很差，但标的价钱却很高，心里不由得想：这种劣质乐器根本就不能用，很坑人的。

门吱呀一声，有人推开门探进脑袋来。秦朗抬头一看是毛长生，便热情地招呼他进来。

毛长生进门就问秦朗：琴行什么时候能弄好？我什么时候可以来上班呢？我的几个学生天天跑到我家里来问。

这几天，秦朗在忙着指挥工人装修琴行的同时，也在网上发出招聘启事。他急需一批专业的老师，钢琴、小提琴、吉他的都要。招聘启事要求，来应聘者必须正规音乐学院毕业、热心社会音乐教学；师范学院艺术系毕业的也可以。秦朗已经想好，对毛长生这样的"野人头"老师，琴行以后决不可再用，误人子弟的事坚决不能再做。

秦朗想毛长生既然自己跑来了，那就跟他把事情说说清楚，免得他想入非非。于是婉转地说：琴行正在招聘老师，按教育局和工商局的规定，到琴行任课的老师必须要从专业院校毕业，还要有教师证。毛老师，我正想问问你，你具备这些条件吗？

毛长生不免尴尬，吞吞吐吐地说：教师证倒是没有，我也不是音乐学院毕业的。但他很快显得自负起来，说：我嘛，虽然只是业余的，水平嘛是不算很高，但教教初学的孩子还是可以的，实际经验么还是蛮丰富的。不然我也不可能有这么多的学生。找我学琴的人还是蛮多的。

秦朗抱歉地说：不好意思，如果毛老师不具备这些条件，琴行就不能用你了。

这不就是被炒了吗？毛长生顿时就生气了。这两年，毛长生在梦花街俨然变成了一个体面人物。在到琴行之前，毛长生是给老西门一家商场做保安的，整天穿着套黑颜色的制服，头戴大盖帽，像个警察，所以人家都打趣地叫他"黑猫警长"。自从混进琴行教小孩子拉小提琴后，人家见到他都开始尊敬地称他"毛老师"。还不仅仅是面子上光鲜起来，毛长生暗自得意的是还有笔不错的收入，教学生课时费每月能挣到五六千元。此外，他还将自己做的二胡拿到琴行出售，卖得好的话一次收入千把块也是有可能的，比他做保安时拿的要高出很多很多。更重要的是，毛长生觉得自己的人生价值得到了体现，受到了社会的尊重，这对他来说似乎更重要。

这下全都泡汤了！毛长生越想越气，脸都气白了，但自知不占理，又不便发作，只好灰溜溜地走了。走过秦朗身边，他看到了一堆乐器里的二胡，便去取了来，跟秦朗说：这是我的，我自己做的。他把"我自己做的"说得很重，为总算找到了一个能表明自己才能的机会而得意起来了。

毛长生提着二胡，把头昂了起来，但实质上心里十分沮丧，于是悻悻而归。

秦朗想：二胡原来是他做的，说实话还比较像样。秦朗总算对毛长生有了一点好感。

随后，秦朗决定，所有的这些乐器都当废品卖给收破烂的。

换了个店招，琴行的门面果然蓬荜生辉，气派多了。店招换好了，周曼又对秦朗嚷嚷：你看看这几架钢琴太破了，也都换了吧。还娇嗔地说：没有一架好点的钢琴让我用，我真的连一天也待不下去了。

秦朗心里暗暗叫苦，现在哪有这么多钱买钢琴呀。琴行里的4架钢琴他都试过，确实难以正常使用，很多琴键都失去了弹性，按下去自己根本就弹不起来，并且音严重不准。听"猫头"说过，琴行开张之初因为缺钱，钢琴都是买的二手货，并且都尽量拣便宜的买。秦朗已经想好了，叫一个调音师来调调音，顺带把琴键的联动装置都修一修，让它们活络起来，先凑合着用用，以后等有钱了再换新的。

周曼的名堂还不止这些。这几天，她还不时地嚷嚷着让秦朗给她租房子。从成都到了上海以后她一直住在宾馆里，每天100元的房费让她直喊吃不消。她对秦朗摆出的理由是：我不远千里，从四川跑到上海来跟你一起创业，也算是你的员工了，你得管我住。

这让秦朗感到为难。照理说，她一个外地姑娘，在上海无亲无眷，无处借住；又是同学，在一起创业，琴行为她提供一个住处好像也应该。可是，现在秦朗实在拿不出这笔开销，于是跟她商量：你自己先去租房子，等以后琴行赚了钱，我就把租金给你报了。我说话算数，这可以吧？

不可以。周曼断然拒绝，明显是赌气。其实周曼明知道秦朗手头很紧,她并不是想要逼死他,她也并非真的连房子也租不起了,她从成都跑上海来还是准备了一点钱的。她只是想听到秦朗哄哄她,说几句体己的好听话,比如,你秦朗应该说:你去我家里住吧?你睡我房间,我睡客厅沙发。周曼知道秦朗家并不大,也就两个房间。她也并不是真的就想去他家住。只要你表示出心疼我就行。她就是喜欢在自己在意的人面前"作"一下。

其实秦朗也考虑过:要不索性就让她住家里去算了,家里虽小,挤一挤还是可以的。但这个念头一冒出来,他就很快否定了它。周曼对自己有意思,他还是能感觉到的。至于自己对周曼是否真的喜欢,他却不确定。既然还没有怦然心动的感觉,那就不能迎合。他怕对周曼太过亲近了,对她会是变相的鼓励,觉得还是保持距离比较好。再讲,现在秦朗也顾不上谈情说爱。秦朗的心思全部都在给妈妈治病上面,全部在把琴行开起来尽快赚到钱上面。妈妈的病治起来很麻烦,需要花的钱可能还不止医生说的这些。秦朗把希望都寄托在了琴行。但周曼没地方住也不能不管。怎么办呢?正当秦朗犯愁的时候,"猫头"拿着一厚叠钞票来了。

梦花琴行虽然转让给秦朗了,但"猫头"还是梦花琴行的法人代表,是秦朗老板的老板。秦朗接手琴行后觉得以前琴行生意不好,除了老师不够专业,琴行环境差也是一个原因。琴行里只有不多的几只日光灯照明,一片昏暗,毫无生气;琴房的门有的碎了玻璃,有的掉了把手。秦朗摇摇头说,这哪像艺术殿堂的琴行,倒像是一座破庙。秦朗对"猫头"说:我得重新装修一下。但又担心"猫头"借给他的2万元还不够用。"猫头"安慰他说:你先用着,不够的话我再想办法。

"猫头"把钞票甩给秦朗,说:钱不够了吧,我再给你送5万元来,你先拿着用吧,等赚到了再还给我好了。"猫头"知道自己如果不在后面添上这一句,秦朗是绝对不会要的。这几天他看到秦朗和周曼在琴行不断翻出新花头，知道那是要花不少钱的，并且后面还需要花钱，先前借给秦朗的2万元怕早就花完了，所以特地想办法弄了一笔钱来帮他。"猫头"另外的考虑是：秦朗的妈妈需要大笔的治疗费用，这笔钱兴许还能让秦朗用来周转一下。

秦朗看到钱真的是太高兴了，这就是雪中送炭啊！秦朗顾不上客气，一点也不推辞就收了下来。不过没忘了跟"猫头"说一声：放心，等我赚了连同上次的2万元一起还你。他实在是太需要钱了。

随后，秦朗就带了周曼在梦花街上到处找房子。最后在三明里看中了一间亭子间，10平方米，有合用的卫生间。小了点，但一个人住够了。房东老太提出每月租金一千二，要一年一交。房东老太不容还价地说：一万四千四，零头去掉。你要就要，不要就走吧，想租的人多了。

秦朗当即答应，开始数钱。周曼忙将秦朗拽到一边悄悄说：太小了，又脏，我要刚才在晋宏里看的那间大的。

秦朗停下手，冷冷地朝着她看，但并不作声。周曼感觉到了秦朗的不悦，也看出了他眼睛里的责怪之意，但嘴里仍然坚持着刚才的要求。她一边愤愤地想：你不高兴，我还感到委屈呢，凭什么让我住这么差的房子？秦朗忍不住了，没好气地说：晋宏里的房子我租不起，只能租这里，你要住就住，不要住你爱去哪儿就去哪儿吧。但马上就缓和了语气说：周曼呀，你就体谅体谅我好不好？我们还有好多地方需要花钱呢，大房子好房子我现在租得起吗？虽然有点钱了，我还得精打细算。你没看到吗，琴行的所有琴房现在都没装空调，这个条件太差了，谁愿意来上课呢？这是首先需要考虑的事情。还有，你不是嫌琴行的钢琴破吗？我还要考虑把钱省出来给你买新钢琴呢。

秦朗还是想留住周曼的。他觉得周曼既可以做钢琴教学，还可以帮他管理琴行，还是很有用的，所以能满足就尽量满足她吧。

听到秦朗说可以考虑为她买新钢琴，周曼立刻高兴起来，心想：这说明他心里还是有我的。这一高兴，人也变得通情达理了，豁达了。周曼决定就委屈自己一下，暂时在这个破亭子间住住算了，于是答应。

琴行的琴房都不大，装上功率一匹的空调就够用了，8个琴房才花了2万元就解决了冬天取暖和夏天吹凉的问题。秦朗得意地对周曼说：你看，这样一来，孩子们愿意来这里上课，做老师的也不会太辛苦了，多好呀。周曼听了信服地笑了。看到秦朗心情很好，周曼不失时机地又跟他说起买钢琴的事来，她扯住秦朗的胳膊晃来晃去，就像一个小孩对大人要求得到自己喜欢的玩具一样撒娇说：你可要说话算数啊。

秦朗其实心里早打算好了。为了买到既便宜又够用的空调，秦朗几乎把全市几个大的家电商场都跑遍了，他就是想把钱省下来给周曼买新钢琴的。秦朗想，既然答应了那就不能赖账的，于是爽气地说：买，买，这就给你买。

周曼高兴得跳了起来。

秦朗想起"猫头"跟他说过，他认识几个乐器商，包括钢琴厂。如果能直接找乐器商买钢琴是否可以便宜些呢？秦朗还是念念不忘精打细算。他为此特地去找了"猫头"。

"猫头"从一堆名片里找出一张"喜马拉雅"钢琴公司董事长郑大兴的名片，对秦朗说：你去找找他看。这是上海一家中德合资的钢琴企业，这个叫郑大兴的老板是浙江人，我跟他在一起吃过饭的，人蛮豪爽的。郑老板以前曾经想让我帮他推销钢琴的，后来因为我要忙别的事，没做成。现在你倒是可以跟他拉拉关系的。跟他去谈谈，争取做个代销，如果他愿意让你做，就可以先把琴拿过来用，省得你出钱买，这笔钱不就省下来了吗？

秦朗一听很高兴，直说是个好主意。秦朗当即给"喜马拉雅"钢琴公司老板郑大兴打了一个电话。郑大兴在电话里想了半天才想起梦花琴行来,说:对了对了,我是跟一个叫沈小毛的一起吃过饭的。郑大兴问清楚秦朗的身份后问他:你找我有什么事呢?

秦朗说:想跟郑老板谈谈钢琴代销的事情。

郑大兴却没有显出热情,但仍然客气地说:好的好的,你直接找我们公司的办公室主任陶雄就可以了。好吗?

秦朗只得说:好吧。

"猫头"并不知道,郑大兴已经不是3年前到处拱手作揖,求人帮着推销"喜马拉雅"钢琴的可怜样子了。如今"喜马拉雅"钢琴在国内已经打开销路,并走俏欧美市场,郑大兴身板挺了,眼界高了,不会再对小小的琴行感兴趣。

次日,秦朗就叫上周曼一起来到了位于金山的"喜马拉雅"钢琴公司,在办公室找到了陶雄主任。陶雄很年轻,和秦朗、周曼差不多的年纪,显得精明干练。他很热情地接待了秦朗和周曼,问明来意后,陶雄说:你们说对"喜马拉雅"钢琴感兴趣,我们很高兴。上海有好几百家像你们这样小规模的琴行,如果都来帮我们推销,那我相信"喜马拉雅"钢琴很快就能走进千家万户的。

接着他就开始详细介绍起"喜马拉雅"钢琴来。光说还不够,又兴致勃勃地带秦朗和周曼到总装车间去实地参观。陶雄对周曼说:你是懂钢琴的,所以一定要去体验一下,我们的钢琴无论是外观还是音色,都是最棒的。

总装车间摆满了等待出厂的各式钢琴,琳琅满目。陶雄指着一架三角钢琴说:这是我们最新的产品,德国汉堡大歌剧院已经向我们订货了。周曼老师,你试试看。陶雄热情相邀。

崭新的大三角钢琴乌黑锃亮,招人喜爱。周曼被深深吸引,一见了它就想跃跃欲试,听到陶雄请她试音,便欣然答应,坐到了琴凳上。正是夏末秋初季节,身着一袭白色连衣裙的周曼,在钢琴的衬托下显得无比纯净高雅。只见纤纤玉指在键盘上一阵轻巧的跳跃,钢琴立刻发出悦耳的叮咚声。周曼停住手赞叹道：我弹过世界上最好的"斯坦威"钢琴，"喜马拉雅"的音色和手感我认为并不比"斯坦威"差。随后饶有兴致地弹起了肖邦的《幻想即兴曲》来，大厅里立刻回响起气势磅礴、荡气回肠的钢琴音乐，似汹涌澎湃的大海，巨浪滔天，似绚丽斑斓的阳光，光彩照人……音乐进入如歌的行板，抒情、明朗的迷人旋律在清澈如流水般的音型衬托下，自然流畅地倾泻，轻灵缥缈而悠远，梦幻般地歌唱，妩媚动人……华丽而富有诗意的曲调，既有迷离、彷徨、沉醉，又似在梦幻中点燃希望与光明的火种，憧憬美好灿烂的未来……

　　人们都被美妙的琴声吸引，纷纷围拢过来。看到周曼，人们更惊愕于她的美貌，有人惊叹：仙女啊！

　　正在这时，一群参观者在厂长郑大兴的陪同下走进总装车间的大厅。参观者全是金发碧眼的洋人。郑大兴中等身材，30多岁的年纪，挺着过早发福的小肚子，走起路来像一只企鹅，一摇一摆的，他满脸堆笑，显得踌躇满志。洋人们都被周曼的琴声吸引，一起朝着她走来，纷纷叹道：Bravo!（太棒了）Excellent!（太好了）Spectacular!（简直牛逼）

　　郑大兴眼前蓦地一亮，暗暗惊叹：琴弹得好，人更漂亮！这是谁呢？

　　郑大兴见陶雄正在自己的身旁站着，便悄悄问他：这是你找来拍广告片的演员吗？

　　前几天，郑大兴曾经向陶雄交办过一件事：公司准备拍摄一部面向全球宣传"喜马拉雅"钢琴的广告片，需要找一个扮演钢琴家的演员，必须是女的，要很年轻，很漂亮。这件事交给你办。

　　郑大兴以为周曼就是陶雄找来的演员。

　　陶雄忙解释：不是的。她是梦花琴行的，是来找我们谈代销钢琴的。

郑大兴想起了昨天秦朗打给他的电话，问道：是他们老板派她来的？

陶雄忙说：他们秦老板也来了。

郑大兴思忖片刻，说道：我看这姑娘很适合做我们广告片的演员，你能不能跟她谈谈呢？转念一想马上又说：这样吧，我来跟她谈。中午你安排一下，你跟梦花琴行的秦老板和这位姑娘说，我要请他们吃饭。

从总装车间出来，已快到吃午饭的时候了。秦朗想着尽早赶回市区去，于是就急着问陶雄考虑好了没有，能否可以答应让梦花琴行做他们的钢琴代销。陶雄笑着说：这我们郑老板会告诉你们的。见秦朗和周曼露出疑惑的神情，陶雄又说：我们郑老板关照我了，说要请你们吃饭。郑老板刚才看了周老师弹琴，心情很好。我们郑老板很豪爽，还是很好说话的。既然他对你们梦花琴行有了好印象，钢琴代销的事情就好说了，所以你们就放心吧。

秦朗和周曼听了都感到很意外，但都很高兴。秦朗心想：这样的话，代销钢琴的事多数是成了。他们俩在听陶雄对"喜马拉雅"钢琴公司的介绍时，已经对公司董事长郑大兴有所了解。郑大兴主政的"喜马拉雅"钢琴公司每年向国家交税过亿，为社会提供了数千个劳动岗位，他为此获奖无数，不但被评为全国劳动模范，还被推选为市政协委员，毫无疑问，这是一个不同凡响的人物。秦朗和周曼相对一笑，得意地眨眨眼睛，这样一个有名望的老板竟然要请他们吃饭，秦朗和周曼都不免感到有点受宠若惊了。

陶雄带着秦朗和周曼来到公司员工食堂，乘电梯上到三楼。这里跟楼下嘈杂的环境大相径庭，很安静。走廊里铺着红色的地毯，一扇扇紧闭的门都是用真牛皮包裹着的，这些都在静静地显摆这里的与众不同，让人又不免要联想起一扇扇门里的奢华来。陶雄用手推开了一扇门，门里果然是一番豪华的景象。周曼失声叹道：好漂亮！

只见头顶上悬挂巨大的水晶吊灯，四面墙上挂着几幅欧美古典风格的油画，显得高雅华贵。圆台面的餐桌和座椅是正宗的明清风格，全用红木制成，古色古香，和室内装饰相映成趣。

秦朗和周曼进餐厅不多久，郑大兴就来了。郑大兴显得非常热情，主动跟秦朗、周曼握手，还把名片用双手送给他们，跟昨天电话里那种漫不经心的腔调，简直判若两人。这让秦朗疑惑面前的郑大兴是不是昨天跟他通电话的那个人。

郑大兴兴致很高，滔滔不绝地说东说西。先是慷慨地答应了梦花琴行代销"喜马拉雅"钢琴的要求，大声对秦朗说：秦老板，琴你先拿去，你也不要有什么压力，放在你那里慢慢卖，什么时候卖掉什么时候回款。你琴行刚开业，资金一定紧张，我就不给你规定期限了。年轻人创业多不容易，我们就支持一下吧。你呢，主要是给我们"喜马拉雅"钢琴做做宣传。这事就这么定了，明天我就让陶主任安排人把琴给你们送过去。

一番慷慨的表态，让秦朗大喜过望，激动得连声说"谢谢"。秦朗端起酒杯，跟周曼说：我们一起敬敬郑老板。说着恭敬地起身。

周曼忙随秦朗起身，两人一起举杯向郑大兴敬酒。

郑大兴只是跟秦朗敷衍地碰了一下杯，转而去对周曼殷勤地笑着说：非常荣幸才华非凡、美丽的周曼小姐光临本公司。我今天来，除了刚才说的那件事，还有更重要的一件事要有求于周小姐。

周曼感到意外，小心翼翼地问：什么事呀？

郑大兴于是便把公司准备拍广告片，正在寻找演员的事跟周曼说了。郑大兴十分肯定地说：刚才我有幸听到了周小姐的演奏，欣赏到了你完全与众不同的风采，不瞒你说，你真是把我惊到了。会弹钢琴的我见得多了，但像周小姐这样既技艺非凡，又有着羞花闭月美貌的，我还是第一次见到。我们到许多地方去找过演员，但都没有见到满意的，现在你周小姐突然出现了，那真是踏破铁鞋无觅处，得来全不费工夫啊。这不是缘分是什么呢？我决定了，我们这部广告片的女主角非你莫属，就是你了。

这真是喜从天降！周曼听了又惊又喜，幸福来得太突然，以致周曼怀疑自己是不是在梦里。她悄悄掐一下大腿，很疼。哦，这是真的！周曼顿时心花怒放，但还是忍不住问道：这是真的？

郑大兴派头十足地说：当然是真的。你就说愿意不愿意吧。

周曼忙十分乐意地说：愿意愿意。

郑大兴看出了周曼的欣喜，暗暗得意。郑大兴兴致更高了，盯着周曼看的眼光也更肆无忌惮。他讨好地问道：你刚才弹奏的是什么曲子呢？非常好听。

周曼说：是肖邦的《幻想即兴曲》。世界名曲。

郑大兴立即赞赏地说：好！你在广告片里就弹这首曲子。一个中国美丽的小姑娘演奏欧洲音乐家的世界名曲，效果一定不错。啊，中西结合，洋为中用，奇妙无比，肯定能吸引外国人的。郑大兴搜索枯肠，竭力想表现自己的不凡见地。

旁人都出于礼貌地说对，但并没有热烈的反应。

郑大兴见自己的目的已经达到，便得意地一笑，起身告辞：我还要去应酬一下那帮外国客户，我先走了，失陪失陪。然后一摇一摆地走了。走出没几步，又回头关照陶雄：陶主任，吃好了饭，你开车把他们送回去。

郑大兴走后，陶雄跟周曼谈起拍广告片的具体事情来。

陶雄跟周曼说：片子不长，2分钟，所以不会占用周老师太多时间的。

周曼迫不及待地问：报酬呢，我会拿到多少报酬？

秦朗看到周曼急吼吼的样子，真想悄悄提醒一下她保持矜持。怕周曼听了不高兴，秦朗还是忍住了。

陶雄说：如果周小姐想好了，愿意做，我们就先支付1万元定金，等片子拍完审查通过，再支付全部报酬共5万元，这是我们郑老板特地关照的。他说"喜马拉雅"公司对周小姐将按最高标准支付。

周曼听了心里又是一阵欣喜，毫不犹豫地说：愿意，当然愿意。

吃好饭，秦朗对陶雄说：我们自己走吧，不劳你开车送我们了。

陶雄说：那怎么行，老板交办的事情我必须要做好的。你们稍等。

过了一会儿，陶雄开了一辆香槟色的"宾利飞驰"过来。

在回上海市区的路上，三个年轻人开心地聊天，就好像是交往很久的老朋友一样。

陶雄炫耀地告诉秦朗：我这个办公室主任相当于公司的管家，什么事都要管，我还是老板和老板娘的私人司机。

秦朗说：那看来老板很信任你。

陶雄得意起来，说：我跟他们是一家的，当然信任我。"喜马拉雅"钢琴公司是个家族企业，老板娘陶慧是我的堂姑妈。

秦朗恍然道：原来如此。

2007年初冬的一天，装修一新的梦花琴行重新开业。从网上招聘的老师都来了。秦朗特意关照他们：除了钢琴，要把自己的乐器都带来，开业那天要好好展示一下你们个人的才艺，老师水平高，才能吸引学生来学。来应聘的人倒不少，几乎都是从外地来上海寻找就业机会的年轻人。秦朗精心挑选，最终招了1名钢琴老师、1名小提琴老师、2名吉他老师，还有2名架子鼓老师。对老师的收入，全部采用跟琴行分成的兼职方式。"猫头"认为，琴行目前的底子很薄，养人的话琴行经济负担太重，风险也太大，万一老师不合格，想辞退会有合同纠纷，还不如都兼职，上一堂课拿一份收入，老师来去自由，琴行管理的压力也小。秦朗起初担心这样会造成老师不稳定，会影响教学。"猫头"说：你放心，大上海人才济济，不会找不到老师的，找一个老师是分分钟的事情。

本来秦朗还想打算招一个前台教务。学生家长的接待、老师的排课、老师工资的结算发放……好多啰唆的日常事情，都需要专门有人来管。前台教务是需要发放固定工资的。秦朗和"猫头"商量下来，觉得每月给教务开3 000元工资还是比较合适的。秦朗突然想到，教务这摊事情不如让周曼来兼一下，这样她除了上课有课时费，还能增加3 000元的收入，肥水不外流这多好。于是，秦朗去征求周曼的意见。

周曼起初听说可以有另外的3 000元收入很高兴，想也没想就答应了下来。过后又反悔：人家"喜马拉雅"钢琴公司多阔气，拍2分钟广告就给5万元，相比之下，我干一个月你秦朗才给3 000元，也太小气了吧。

在琴行开业之前，秦朗想跟周曼再确定一下前台教务的事情，周曼却说：秦朗啊秦朗，你当真以为我是你的打工仔了。你让我做前台教务可以，但不能只拿这点工资吧？说实话，我才不稀罕你这点钱呢。我最终想做什么，你是知道的，如果进不了好的文艺单位，我还是想考研究生的，国内不行，我就考国外的，我是不可能老在你这里做的。所以有空，我还不如练练琴呢。前台教务的事情你还是另外找人吧。周曼摆出完全不屑一顾的架势，也不等秦朗回话，就走开了，径直走向陶雄送来的"喜马拉雅"钢琴，她最喜欢做的事情还是弹琴。

秦朗当然知道周曼对自己前途的打算。两人闲时聊天总离不开今后打算的话题。秦朗也对周曼说过自己：我跟你一样，是不会放弃做一个小提琴演奏家的。

"猫头"带着一帮小伙子，抬来了十来个花篮。花篮绶带上祝贺单位的落款写着"巴西雀屎咖啡梦花分公司""梦花水果行""梦花水产行""梦花古玩店""梦花发廊",等,五花八门。这些都是"猫头"动员梦花街上一些做生意的小老板来捧场的。

一阵爆竹震响过后,秦朗拿着把小提琴出场了。秦朗今天特意换了一副行头,西装革履,装扮一新。本就身材高挑、英俊潇洒的他更显玉树临风、气宇不凡。秦朗走到钢琴旁,坐在钢琴前的人正是周曼。秦朗对着一双双期盼的眼睛说:下面我和周曼老师给大家演奏贝多芬的《春天奏鸣曲》。随后优美的音乐便从秦朗和周曼的手里流淌出来,两人四目相接,激情交融,开始合作描绘起春天的图画来:阳光明媚,和风照拂,草木葳蕤,鸟语花香,万物生机勃勃;少男少女爱情也萌发了,他们来到原野上,追逐着,拥抱亲吻尽享爱情的甜蜜……

路过此地的田妮起初并没被琴行门口的热闹所吸引。她心事重重,正烦着呢,任何事情都难以引起她的兴趣,她看都不想看一眼,只想匆匆而过。突然,小提琴优美的歌唱如温暖的春风徐徐而来,是亲切的问候,是沁入心灵的抚慰,田妮顿感皮肤发毛,浑身起了鸡皮疙瘩。天籁啊!她不由得就站住了,一动不动地倾听起来,原本脸上的忧悒立时被扫除干净,她很难得地微笑了。她很想看一看究竟是谁拉出了这么优美的琴声,她看到了秦朗,心中感叹:好帅!

一曲终了,大家都热烈鼓掌,田妮也兴奋地使劲拍手。她再没想离开。

一名清秀文雅的年轻男子抱着把吉他出场了,他是新来的吉他老师。吉他手自我介绍说:我叫钟光,是吉他老师,我给大家演奏一首《爱的罗曼史》。说着便左手按好和弦,右手扫弦,奏出了一段梦幻神秘、如痴如醉的旋律来……

对面发廊里的阿香奔过来了,她一手握着一把瓜子,一手捏着粒瓜子往嘴里送,边跑边嗑。在纯净优美的吉他音乐面前,她放慢了脚步，由匆匆而轻盈起来。她停住了嗑瓜子，两手乖乖放下，神情由先前的轻浮变得虔诚，音乐共鸣起她内心深处少年的回忆。她也曾拨弄琴弦，恣情沉醉过，然而，如今她却落入风尘，身不由己。一时间，音乐将她灵魂上的尘埃洗去，阿香瞬间变得纯净起来了。

阿香使劲将这个可爱的吉他老师记在了心里。

琴行老师的纷纷献艺吸引了更多的人前来报名，要求学习乐器。热闹的场面持续了差不多一个下午。

有人在秦朗背后拍了一下他的肩膀。秦朗回头看，一下子就认出来了，兴奋地喊道："故事大王"钱进！

"故事大王"就住梦花街。钱进也是秦朗的小学同学。

秦朗问钱进在哪儿高就。

钱进得意地从公文包里拿出一张名片递上，也不说话。

秦朗一看，立即显出敬佩来，说：无冕之王啊，你当上《魔都晚报》记者了，真了不起。

钱进告诉秦朗，自己从复旦大学新闻系毕业，应聘进了报社。今天听说昔日小学同学从中央艺术大学毕业后，自谋出路开起了琴行，特意前来采访。

钱进问秦朗：我来给你们琴行做个软广告，写个报道登在《魔都晚报》上可好？

秦朗说：那当然好。

钱进诡谲地一笑，说：那秦老板你得表示表示，给个红包吧。

秦朗一愣，问：这是什么规矩？

钱进解释说：说实话，像这种开业的新闻现在社会上比比皆是，每天不知道有多少，并不稀奇的。如果想见报，还得要我们主任和版面编辑同意才行，那我总要打点打点吧。明白了吗？我可不是敲诈你。

秦朗点点头表示理解，随后从衣袋里掏出两张百元钞票给钱进说：可以了吗？

钱进说：可以了可以了。不好意思。明天见报。

人都散尽了。秦朗让几个小老师都快回家休息，准备明天的第一次上课。每个老师都收下了好几名学生。

老师们走后，琴行只剩下秦朗和周曼了。秦朗要把今天收的学费核对记账，要把报名的学生登记造册，还要给所有学生排课，安排好上课时间，一堆事情很繁杂，得要花些时间去做，还要在琴行留一会儿。原来他打算这些事让周曼来做的，周曼不愿意，那只好自己来做了。秦朗对周曼说：你回去休息吧，我还要记账、排课。

周曼看秦朗拿个计算器在计算今天所收的学费，酸不啦唧地说：秦老板，开门大吉啊，这么多学生报名，恭喜发财。

秦朗只顾着自己忙，没顾得上搭理周曼。周曼没趣地走开，去练琴了。

算着算着，秦朗心情变得越来越好。这开门第一天就有70多个学生报名，按琴行学费半年一交的规定，这一天就收到将近30万元。市政府对大学生创业有免交一年营业税的政策，这样除去该付给老师的六成，再除去租金和水电费，还有十几万元，这就能把借"猫头"和借舅舅的钱还掉了，还可以剩下好几万元给妈妈治病。只要琴行开着，好好做，还会不断有进账。也就是说，妈妈以后的治疗费也不用愁了。

秦朗舒了一口气，脸上有了笑容。

第七章

　　电脑前的田妮甩掉了手里的鼠标，她打了一天的电子游戏，厌烦了。她打开电视，不断换着频道。不是说大话的新闻，就是假得不能再假的男欢女爱故事，全索然无味。田妮关掉了电视，生气地把遥控器甩在沙发上。还做什么呢？田妮只觉得好无聊。那就还是吸吸大麻烟吧，毕竟还能给我带来一点虚幻的快乐。田妮从烟盒里抽出一根烟来，打着了打火机，火苗蹿得很高，可是，田妮只是看着跳跃着的火苗，却迟迟不让它接近叼在嘴里的烟。她想起了什么了？不，她是仿佛又听到了那优美的小提琴的声音，随后，眼前就浮现出秦朗拉小提琴的身影。耳畔的音乐越来越清晰了，就是那首贝多芬的《春天奏鸣曲》，她的眼前浮现出更热闹的场面。这是那天田妮路过梦花琴行看到的琴行开张的情景。正好是秦朗和周曼在合作演奏《春天奏鸣曲》，田妮不禁被小提琴优美的声音给吸引住了。音乐美，人也帅，田妮一下子就喜欢上了拉琴的秦朗：他那沉醉在音乐里的模样真迷人。那天，田妮在梦花琴行门口徘徊了很久。

　　田妮放下了打火机，把嘴里的烟也扔了，扔了还不解气，又用脚去踩住碾了几下，她开始恨起大麻烟来。她吸食大麻只是想麻醉自己，逃避生活给她带来的巨大痛苦，但反而是抽刀断水，短暂的快乐后，随后带来的是更加沉重的精神压抑。音乐真是太奇妙了，在音乐的感化下，她欣喜地感到空虚的灵魂瞬间就充满了尊严，麻木的躯壳也跳跃起生命的脉搏，死而复生了。与其说她开始讨厌大麻，还不如说是她对甘于堕落的自己有了深恶痛绝的讨厌。

　　田妮本不是个喜欢醉生梦死的人。她热爱生活，好学上进。从上海财经大学毕业后，她很顺利地进入银行成了一名精算师。然而那美好的一切都因为父母的离婚、家庭发生突然变故而被她轻易放弃了。田妮的父母都是一家民营国际贸易公司的董事，国家对外开放的大门打开后，这几年跟世界各国的生意来往越来越多，这让他们赚了好多好多的钱。田妮万万没有想到的是，忽然有一天，她的父母告诉她，他们要准备离婚了。原因是田妮后来知道的，他们都各自有了自己更加喜欢的情人，要准备重组家庭。父亲和母亲都问田妮：你愿意跟谁？他们都很爱自己的女儿，都愿意带着她一起生活。

可她难以接受父母离婚的现实，哭了闹过，但都无济于事，父母的离异都是铁了心的。当田妮确信这一切已经无法改变时，她也铁了心地做出决定：我谁也不跟，我只想自己一个人过。她只能以这种方式表达自己对父母的不满和惩罚。

她的父母觉得这样也好，于是把他们家在老西门的一套豪华公寓——金门花苑4室2厅2卫的大房子留给了她，还给了她一笔一辈子也用不完的钱。她的父母都抱着她，真诚地跟她说对不起，向她表达了内心的愧疚。

她辞职了，什么也不想做，只想麻醉自己。尽管吸食大麻会有短暂的如腾云驾雾一般的轻松愉悦，但事后想想，她明白这其实是在堕落，是在朝罪恶的泥潭里陷进去。她其实一直在挣扎，但总也走不出迷惘，找不到出路。直到她看到了秦朗，还有周曼以及其他几个老师那天表演时神采飞扬的样子，听着优美的音乐从他们的手指间流淌出来，方豁然开朗，眼前出现了一片繁花似锦的春天景象。这些传播着美和力量的年轻人，跟自己年纪相仿，然而他们却是那么阳光，那么热情洋溢，不由得让田妮对他们心生敬意，羡慕之情也油然而生。田妮想：我要是也能跟他们一样，那该多好。

从此，这个念头不断地从她心底冒出来。她越来越感觉到音乐就像一道阳光照进了她的心里，她断定只有音乐才能使自己亮堂起来，只有音乐才能拯救自己。

她决定了,去梦花琴行,去请求那个才华非凡又俊朗帅气的小哥哥:你教我拉琴吧,请你把音乐的力量带给我吧。

田妮去的那天,正是秦朗给金小阳上课的日子。

尤梨花在琴行重新开张的第二天,就带着金小阳来到了琴行,跟秦朗说:我们回来了。我要报名,替我儿子金小阳重新报名。

秦朗见那天吵着闹着要退学的家长又回来了,很惊喜,高兴地说:欢迎欢迎!还是学小提琴对吗?秦朗把小提琴老师张勤喊了过来,对尤梨花说:这是我们的小提琴老师,沈阳音乐学院毕业的,很不错,以后金小阳就跟她学吧。

尤梨花急了,连连摇手,大声对秦朗说:不不不,我谁都不要,我儿子就要你教。

金小阳也抬起头,恳求秦朗说:我要秦老师教。

秦朗答应了,他觉得作为教师,应该尽量满足学生家长希望获取优质教育的愿望,更何况这是一个曾经被琴行误导过的学生,更应该尽量满足他。

课上完了,秦朗坐下来想休息一会儿。用心上课还是很累人的。秦朗欣慰总算找到了纠正金小阳音不准的方法,他选了一本《赫利美利音阶练习》,让金小阳跟着他一个调一个调地拉音阶和琶音。一个月的课上下来,金小阳的音准有了很大的改善。秦朗发现金小阳其实悟性很高,很容易调教的。他不免感叹:毛长生真是误人子弟啊,一块好材料差点就被毁了。

不过,只要想起了毛长生,秦朗总觉得有点对不起他。毛长生以前在琴行每月应该有不错的收入,却被自己"搅黄"了。

田妮开着辆白色的玛莎拉蒂跑车来到了梦花琴行门口。教小提琴的张勤老师隔着玻璃门看到了，大惊小怪地把周曼拉过来一起看，惊叹：好拉风的车子，真漂亮！这是什么牌子的车呀？

周曼倒是知道的，她认识玛莎拉蒂"三叉戟"的车标。她还知道这辆女款跑车将近200万元。她不免在心里叹道：好阔气啊！也对车主是谁、为什么要把车开来琴行充满了好奇。

田妮下车来了。已是初冬季节，田妮只穿一件套裙，典型的夏奈尔素色简约的款式，脚蹬一双长筒带绒的软靴，整个装束跟她清秀的面容和直溜的短长发一样，显得云淡风轻却高雅俏丽。这样上档次的派头和装束让周曼感到十分眼热，内心不免就有了一点妒忌。

田妮在琴行门口停了一下，她有点激动的，这里面的老师都是自己崇敬的人，特别是那个拉小提琴的小帅哥更让她喜欢。琴行是他们喜欢待的地方，也是令自己十分向往的。那么里面会是什么样的情景呢？又有什么样的特别之处呢？她就这样怀着崇敬、喜欢向往和好奇轻轻地推开了门，哦，果然是别有洞天，真是一个新世界！满目巨幅彩图，各种色彩的几何图形巧妙搭配，高低起伏，充满了能引起人们丰富联想的音乐感。田妮并不懂画，但她切实感受到了这都是一面面会唱歌的墙壁。

每个琴房里都有老师在给学生上课，不时有钢琴声、小提琴声或吉他的声音从琴房里飘出来。有稚嫩的也有淋漓酣畅的，那稚嫩的一定是学生的牙牙学语，那淋漓酣畅的无疑是老师在给学生做示范。奇妙的是，这些由不同的乐器发出来的无序的、杂乱的、有时幼稚，有时成熟的声响，并不让人感到厌烦，反而让田妮听来觉得这真是一首充满了探索、充满了奋发向上精神的交响曲，十分悦耳。她喜欢。

田妮在一块介绍老师的展板前站定，看了起来。张勤老师一直在注意着田妮，见田妮似乎有学习的意愿，便走上前去热情地问：请问你有什么需要了解的吗？

田妮说：我想学小提琴。

张勤老师很开心，立即说：好啊好啊，我就是小提琴老师，你看，那就是我。张勤老师指着展板上自己的相片说。

田妮抱歉地一笑，却指着秦朗的相片说：我想要他教。秦朗老师他在吗？

张勤老师不免有点失落，但仍然不失热情地说：你问的是我们秦老板啊，在的在的，你跟我来。张勤将田妮带到了秦朗正在休息的琴房里。

老板？琴行是他开的？田妮感到有点意外，她觉得秦朗更像是一个老师，而不像是什么老板。这么年轻就做了老板，田妮对秦朗充满好奇。

秦朗亲切地对着新来的求学者微笑。田妮却有点紧张了，是因为害羞。自己喜欢又崇拜的人就在眼前了，田妮有点手足无措了，她结结巴巴地对秦朗表达了自己的学琴愿望。

秦朗照例要对学生的情况做一番了解，于是问她是在上学还是已经有了工作。他还想知道这个学生是从事什么职业的。

田妮简单答道：我无业。又无所谓地加一句：有过工作，辞了，不想做。

秦朗不禁想：她很年轻，目前无业也正常。不过她好像不喜欢工作，显露出的是一种玩世不恭的态度，这就有点欠妥。从她的衣着和仪表谈吐来看，这姑娘一定生长在一个经济条件优裕的家庭。坐享其成可不好。不过，秦朗没有再问。做老师的不该对跟教学无关的事情产生兴趣。但是，他必须了解一下学生对学琴的想法，以便老师能有针对性地给学生安排合适的教材，编制合适的教案。于是，秦朗又问：那你为什么想学琴呢？

田妮就像对一个自己很熟悉又非常信任的朋友那样坦率地说道：我很孤单，想让音乐来陪伴我；我也很消极，想让音乐给我一点力量。我并不是想强大到能够战胜谁，我只是不想让自己堕落下去。这可以做到吗？

秦朗明白了这是一个想寻求精神慰藉的学生，于是肯定地说：当然可以。不过，你必须要持之以恒，坚持下去，不然的话就很难说。

田妮有了一点担心，问道：都说小提琴很难学，我能学会吗？

秦朗鼓励地说：一定能的。我说过了，只要持之以恒就能学会。

田妮开心了。接下来，田妮想让秦朗帮她买把琴。

秦朗于是把她带到柜台，指着橱柜里的一排待售的小提琴介绍说：我们这里各种档次的琴都有，就看你喜欢哪一种。我建议，你先买把一般的，等以后学好了再换好点的。

田妮不假思索地说：你帮我挑把最好的吧。

秦朗提醒说：我们这里最好的琴要1万元呢，你自己考虑好。一般的1000元就可以了，也不错的。

田妮执拗地说：我就要最好的。

挑好琴，田妮把琴款和学费一起付了，以此表明跟秦朗学琴的决心。

田妮和秦朗约好了上课的时间，就告辞走了。玛莎拉蒂开出很远了，张勤和周曼还站在琴行门口，羡慕地看着车子渐渐远去。

田妮刚走，教吉他的钟光老师和教钢琴的詹新老师就跑到秦朗跟前，争着问这漂亮的姑娘叫什么名字，是做什么工作的。倾慕之情溢于言表。

钟光来自杭州，詹新来自西安，两人都20岁出头，都还没有女朋友，见到喜欢的女孩子免不了就春心荡漾，跃跃欲试。当初刚到琴行，周曼和张勤老师都曾经是他俩追求的目标。后来知道张勤老师已经名花有主。周曼则明确告诉过他们：你们都不是我的菜，抱歉。于是他们只好作罢。田妮的出现，难免又让他俩兴奋起来。钟光不无遗憾地说：看她开的车子和她一身打扮，出手那么大方，买1万元的琴眼睛都不眨，富二代无疑，关键是人还这么漂亮，她怎么不找我学吉他呢？

詹新也遗憾地说：多么希望她是来找我学钢琴的啊，可惜不是。

张勤插嘴说：人家明显是冲着我们秦老师来的。说实话，我也蛮喜欢这个姑娘的，我都跟她说了，我就是教小提琴的，可她对我没有一点兴趣。你俩就不要想入非非了。

这一阵议论，周曼听了却不舒服。她也看出田妮就是冲着秦朗来的。周曼来上海也是冲着秦朗来的。如果上海没有一个秦朗，她可能会去北京或者索性就出国寻找求学或工作的机会了。令周曼感到失望的是，她觉得自己在秦朗的心里根本就没有位置。按她自己的认为，自己算是跟秦朗一起白手起家，共同创业的，至少该是一个合伙人吧。可是，秦朗似乎从来没有这样想过，只把她当作是打工的。这点让周曼心里很不高兴：看人家"喜马拉雅"钢琴公司多看得起我，拍了一部广告片就给了5万元，这才是我的身价。你秦朗凭什么只把我当一个打工的看呢？校友、演奏的搭档，还有自己在北京时那次隐约的表白，所有这些，在你秦朗眼里都分文不值？想到这些，周曼就对秦朗很不满，哪还有心思跟他扯什么儿女私情呢？尽管这样，周曼对秦朗还是喜欢的，看到有别的姑娘有意于他，心里不免就会产生嫉妒。

一星期后，田妮如约而至，开始了她跟随秦老师的第一堂课。秦朗从最基本的持弓和持琴教起，费了好大的劲，终于让田妮按正确的方法把弓拿稳了。随后，田妮再跟老师学着把琴架在了肩上。秦朗教她将颚骨贴住小提琴的腮托。田妮用劲一夹，顿时痛得叫出声来。秦朗便叮嘱她不需用劲的，轻轻夹住就可以了。田妮叹道：想不到光学个持弓持琴就这么难！她让秦朗看她头颈和颚骨部位。秦朗看到她雪白娇嫩的肌肤磨出了一片红印，于是关切地说：你休息一会儿，我来拉一首曲子给你听听。随后秦朗拉起了马斯涅的《沉思》。琴声响起，优美中带着哀婉，如涓涓溪流，静静流淌，流得很远很远。小提琴在结尾处滑向高音区，仿佛被净化的灵魂飞向天际……

哦，太美了！田妮在心里暗暗赞叹。音乐从她心上流过，似电流碰击，她的心颤抖起来。一曲拉毕，田妮不禁问：老师，你拉的是什么曲子啊？

秦朗答：这是法国作曲家马思涅为歌剧《泰伊思》作的一首曲子，说的是一个叫泰伊思的美丽姑娘误入歧途，整天沉迷于纸醉金迷的荒唐生活。一名圣僧规劝姑娘离开花天酒地的生活，皈依宗教。乐曲表现的是美丽姑娘泰伊斯厌倦了世俗，虔诚地请求上帝饶恕，最终被净化的灵魂飞向安宁纯净的天国。

田妮一惊，暗想：这简直就是在说我。她于是感叹不已。

下课了。天色已晚。琴行除周曼还在练琴，其余老师都已结束上课，陆续离去。

秦朗放下琴，赶快又坐到柜台前开始去忙教务的事情，到月底了，他要核实计算这个月每个老师的课时，计算老师该得的工资，然后把钱发给老师。秦朗顺手把影碟机打开，琴行里又响起了贝多芬的《命运交响曲》。《命运交响曲》并不全是排山倒海的高歌猛进，第二乐章犹如赞美诗一般温柔优美，贝多芬这是在尽情抒发对人类追寻幸福生活的赞美。它和强有力的主题以及末乐章欢乐明亮的凯旋曲交织在一起，构成了绚烂多彩的辉煌景象。秦朗已经习惯了在做教务的杂事时，放上一曲《命运交响曲》，这非但不会影响他的工作，反而会觉得兴奋，让他不再会为穷困而烦恼不已。

田妮该回家了，但她却毫无离意。她很想知道这个秦老师又在忙什么，她只对秦老师有兴趣，于是靠近了秦朗问：老师，你又在忙什么呢？不下班吗？

秦朗头也不抬，只是说：你快回家吧。我要忙好这摊子事才能下班。

田妮感到好奇，问道：你不是老板吗？怎么什么事情都要你自己做呢？

秦朗看了一眼田妮，心想：这姑娘管得真宽。不过，他还是有礼貌地回答道：我们这里还没有找到一个做前台教务的人。好多事情呢，我不做谁做呢？说完，他又埋头忙了起来。

田妮眼睛一转，突然有了一个想法：他说这里缺一个做前台教务的人，那就我来做。我可不是对做这种乱七八糟的事情有兴趣，而是喜欢待在这里，喜欢每天能看到他，可以听到他美妙的琴声。这真是一个好主意！田妞很得意地笑了，随后用手郑重其事地拍了拍柜台的台面，她是想让秦朗抬起头来看她，她有要紧的话想跟他说。

秦朗果然就抬头看她了，眼睛里在问：什么事？

田妮自告奋勇地大声说：你不是说琴行需要一个前台教务吗？我来做吧。我财大毕业，做过银行精算师，可以了吧？

秦朗觉得很意外，他不相信地再看一眼田妮，怎么看都觉得她好像是在跟他开玩笑。所以他摇了摇头，又低头去忙他的事情了。

田妮急了，又重重拍一下柜台，说话的声音更大了，说：我是真的！这也等于是在催促秦朗一定要答应她。

秦朗重又抬头，他很疑惑，田妮明明刚才还表示并不喜欢工作的，怎么突然对琴行的前台教务感兴趣了呢？这能跟银行的精算师比吗？于是问道，银行精算师这么好的工作你都不愿意做，怎么愿意到这里来做教务呢？教务的收入很低的，你反而愿意，我不明白。

田妮盯着秦朗一字一顿地说：我喜欢，明白吗？喜欢需要理由吗？只要喜欢了，我才不管钱多钱少，我才不管高贵还是低贱，喜欢了就愿意。我跟你说，我偏偏就喜欢上梦花琴行了。明白了吗？

秦朗看田妮很认真的样子，心想：她看样子不像是在开玩笑，就当她是真的吧，反正这里需要一个前台教务，她既然愿意做，就让她试试吧。虽然这样想了，秦朗还是保险地追问了一句：你是认真的吗？

田妮举起右手，做出发誓的样子说：我是认真的，绝对。

秦朗这才表示了同意，接着就跟田妮交代起教务的具体工作来。

正在秦朗跟田妮谈得起劲时，周曼手里捧着一个装满饭菜的食盒从外面进来了。周曼走近秦朗，把食盒放在了他的面前，温柔地说：吃饭了。

秦朗觉得奇怪：周曼今天是怎么了？这样的事以前从没发生过。秦朗没有工夫去细想，他要抓紧时间把前台教务的工作跟田妮交代清楚了。

周曼见秦朗没有什么反应，就再说一句：吃饭。语气更温柔。她一定要让田妮看到自己是在无微不至地关心照顾着秦朗。周曼是有意做给田妮看的。刚才秦朗跟田妮的对话她都听见了。周曼就是觉得不爽。她可真会钻空子，竟然主动要求来琴行做前台教务，不明摆着是为了接近秦朗吗？这女孩很有心计，得提醒她一下，不要旁若无人地随心所欲——周曼愤愤地想着，随即有了一个主意，于是便到琴行隔壁的快餐店买了一份快餐，特意给秦朗送去。她是想以此提醒田妮：秦老师已经有人喜欢了，你不要打他的主意。

秦朗给田妮交代好工作后关照她说：不早了，你该回家吃饭了，明天早点来上班。说完就打开食盒，准备吃饭，他突然想起应该谢谢周曼，于是对她说：周曼，谢谢了，多少钱？

周曼大度地说：不要钱。见田妮还没有离开的意思，周曼没好气地问她：你怎么还不回家呢？

田妮何等聪明，一下就看透了周曼这套小伎俩，于是毫不示弱地说：我等秦老师，等他吃好饭开车送他回家。她就是想气气周曼。

周曼看到田妮根本不把自己的"警告"放在眼里，还要气自己，顿时火冒三丈，但又不便发作，只好到钢琴上去发泄，两手在琴上一阵乱砸，声音出奇地响，惊天动地。

秦朗和田妮都看出了周曼的不悦，田妮用两手捂住耳朵，轻声对秦朗说：秦老师，周老师好像不喜欢我欸，我以后怎么跟她相处呢？怎么办呀？

秦朗看出了这两个女孩的小心思，他的想法最好是息事宁人，于是催田妮赶快回家，说：你不必等我的，我不用你送。

田妮见秦朗坚持不要跟她的车走，只好先走了。走之前，她眼珠一转，特意摆出一副笑脸，走到周曼跟前说：周老师再见！说完便像一只快乐的小鸟飞出门去。

周曼气愤地走到秦朗跟前说：告诉你，我不喜欢她，你要是让她来做前台教务，我就走。

秦朗觉得很好笑，想：哪来这么大仇恨呢？于是就打个哈哈说：何必呢何必呢。

田妮第二天一早就来上班。她来到琴行做的第一件事情是先到琴房里找到了周曼，没开口先送上一件礼物——一只精巧漂亮的LV手袋，然后说：周老师，送给你的。昨天，她已经看出了周曼对她的敌意，她可不想刚到一个新地方就结一个冤家。她觉得大家在一起和睦相处才好。田妮想好了：我是新来的，理应尊重前辈，就主动求和吧。其实本来也没有多大的矛盾，就算是主动跟一个会弹钢琴的漂亮姐姐交一个朋友吧——田妮非常乐意这样做。

周曼吓了一跳。她认识LV包，也知道它的价格，像这样小巧的手袋绝对要超过1万元的。在北京上学时，她最喜欢到奢侈品商店看这种品牌的包包，可惜买不起，只能是过过眼瘾。初次见面，田妮怎么可以送这么贵重的礼品？再讲，自己对她挺排斥的，根本就不愿意收她的礼品，于是说：这怎么可以？不能要。

田妮一点也不生气，还笑着问：是不喜欢吗？

周曼突然觉得田妮其实蛮可爱的，她真诚地笑着，漂亮的大眼睛里闪烁的全是想要得到友情的期盼。周曼感受到了田妮的真诚和善意，也就不忍拂了田妮的一片好意，于是真诚地说：喜欢的。

见周曼接受了，田妮非常高兴，嗲嗲地说：我是觉得这包包配你正合适，才想到要送给你的。周老师，你真的好漂亮。你也不用担心我破费了，包包是爸爸买了送我的，我有好多呢。说到这里，田妮突然伤心起来，眼睛里瞬间就有泪水滚动。

周曼慌了，忙问：你怎么了，为什么突然难过了呢？她真想去抱抱田妮，给她一点安慰。

田妮转而又平静了，说：不好意思，不想说。她把包放下就出去了。

周曼看着包包，想想这个调皮可爱的姑娘竟也有跟自己一样爽直的脾性，觉得跟她还蛮有缘分的。周曼开始不讨厌田妮了。

中午吃饭时，周曼主动叫了田妮一起到隔壁的快餐店去吃午饭，说：我请你。田妮很开心，欣然答应。

两人边吃饭边天南海北地聊天，热络得就像已经交往了多年的老朋友一样。当知道周曼跟自己是同年出生，比自己大两个月时，田妮甜蜜地叫了她一声"姐姐"。周曼开心得直笑。

吃好饭回到琴行，田妮缠着"姐姐"弹琴给她听。周曼嘴里假装说着"你这个丫头真烦"边就弹起琴来，钢琴小品《梦幻曲》《圣母颂》《致爱丽丝》一个个从周曼的十指间优美地流淌出来，把田妮钦佩得五体投地，赞叹不已，还诚心诚意地说：我第一次见到你的时候，是琴行开张那天，你跟秦老师一个拉小提琴，一个弹钢琴。演奏的是什么我不懂，可真是太好听了，我都呆住了。我当时就想：真是绝配啊，俊男靓女，并且才艺超群，在这世界上恐怕再也找不出比你们俩更美好的一对男女了。

周曼听了很是开心，她假装虎起脸"警告"田妮说：知道就好。那你就离他远点。你这个小丫头鬼得很，我还不知道你的心思？

田妮一瞪眼睛，撒娇地说：就不，就不。

周曼假装生气了，举手佯作想打田妮的样子。一个假装要打，一个想躲，两人就打闹起来了。

正在这时，秦朗进来找田妮要跟她说排课的事。田妮喊叫起来：秦老师你来得正好。她边说边把秦朗拉到身边，逼着他问：我跟周老师，你更喜欢谁？说！

周曼也起劲了，抱着秦朗的膀子问道：你说你说，我跟她，你更喜欢谁？

秦朗感到莫名其妙，哭笑不得地轻轻说了一句"两个疯子"，转身就走。

田妮的到来，给大家带来了欢乐。田妮漂亮的外貌、大方的言行举止和爽直调皮的性格，赢得了大家对她的喜欢。田妮也过得很开心，跟所有人都成了好朋友，尤其跟周曼关系密切，最为投机。当然，她感到最开心的是能每天见到秦朗，不但能听他拉琴，还能跟他学琴，她觉得好幸福。

半个月后的一天，大家发现田妮没像往常那样一早就出现在琴行，直到中午也不见她的身影，于是都去问秦朗：田妮今天怎么没来？

秦朗也觉得奇怪，今天还是田妮上课的日子，怎么也没打个招呼就不来上班呢？秦朗决定给田妮打个电话问问情况。可电话老是打不通，语音提示总是说：您拨打的电话正在通话中。

被大家挂念的田妮，此刻正一脸恐惧地蜷缩在家里的沙发上，听着电话那头的光头对她厉声说话。光头跟田妮说：不许挂电话！你以为不接我电话，我就找不到你了吗？你住老西门金门花苑 1701 没错吧！

……

　　光头就是给田妮提供大麻烟的毒贩子。田妮跟光头是在威尼斯酒吧认识的。就在田妮最为苦闷的那些天里，她的昔日同窗好友甘婷婷找上门来了。大学毕业的时候，田妮只知道甘婷婷嫁给了一个台湾商人，去台湾生活了。也不知道甘婷婷从哪里知道了田妮家里的变故，特意上门来安慰她。甘婷婷劝慰田妮说：想开点，父母离婚再婚是大人之间的事，你已经是成人了，你应该有你自己的生活，完全没有必要为他们伤心难过。再说，当今社会离婚是平常事，你知道吗，我跟那个"台巴子"也离了。

　　随后，甘婷婷就硬把田妮拖到威尼斯酒吧，说：我请你喝酒，让我们喝喝美酒，跳跳舞，享受享受人生吧。

　　田妮正陷于极度的苦闷中，她需要麻醉自己，极想从痛苦的现实生活逃开去。甘婷婷的邀请正合她意，于是就跟甘婷婷去了。田妮哪里知道，甘婷婷在台湾就染上了吸食大麻的恶习。她不但吸食，还以贩养吸，做起了帮人贩卖大麻烟的勾当。田妮是她新瞄上的一个目标。

第八章

　　田妮很讨厌威尼斯酒吧这个地方，重金属音乐声震耳欲聋，一刻不停。田妮很不喜欢这种节奏强烈、歇斯底里的音乐。舞池里的人全在疯狂地摇头晃脑。田妮喝了一会儿酒，非但没能纾解苦闷，反而更烦躁了。她跟甘婷婷说：太吵了，好无聊，我想回家。甘婷婷将欲起身的田妮压在座位上，甩了一根烟给她，还帮她点上，说：抽一支，保证能帮你解闷。

　　田妮哪里知道，甘婷婷给她的并不是普通的香烟，而是大麻烟，并且是大麻含量很高的一种。

　　一根烟抽完后，倒是真如甘婷婷所说，田妮没了烦恼，也不觉忧愁了。奇妙的感觉出现了，田妮觉得浑身轻松了起来，晕乎乎的，好像在云朵里飘着，很惬意。过一会儿，她又觉得突然亢奋起来，好想大声叫喊，好想冲到舞池里去。

　　更多的年轻人离开酒桌，进到舞池里随着激烈的音乐跳起了疯狂的舞蹈。田妮看了再也没觉得厌烦，反而也很想跟着他们一起去疯去狂。甘婷婷看出了田妮的心思，于是便拽起她，将她带到了舞池里。田妮只想发泄，身体便疯狂地扭动起来。

　　一曲舞罢，田妮一回到座位便问甘婷婷要烟抽。她切实感到了大麻烟给她带来的巨大快乐。

　　田妮深深地吸了一口烟，心满意足地说：没想到香烟这东西还真的挺灵的，明天我也去买几包放着，不开心了，就抽一支。

　　甘婷婷说：你买不到的。

　　不就是香烟吗，怎么会买不到呢？田妮觉得奇怪。

甘婷婷把嘴附在田妮的耳朵上轻声说：这是大麻烟，市面上哪有卖呢？

田妮一惊，说：大麻？大麻不是毒品吗？

甘婷婷轻描淡写地说：正确地说是娱乐性产品，只是含有大麻的香烟而已，跟海洛因完全是两码事，你不必太紧张的。海洛因吸了会上瘾，大麻不会。大麻对身体无害，能快乐心情，你放心抽，它不是个坏东西。你看人家美国的有些州，年轻人都吸食大麻，人家是法律允许的。你看着吧，我们国家早晚也会像他们一样。那叫时尚，懂吗？

就在这时，一个头上没毛的年轻男子走来了，这就是后来甘婷婷介绍给田妮的毒贩子。甘婷婷叫他"光头"。

光头故意对甘婷婷说：走，到那里说话。

甘婷婷却让光头坐下，指着田妮对他说：我的好朋友，自己人，没关系的，货带来了没有？

光头从背包里拿出一条大麻烟塞到甘婷婷手里，轻声说：意大利的，绝对有劲。

甘婷婷拿出一叠人民币甩给光头，说：好了，你走吧。

甘婷婷拆开烟的包装，取一盒塞给田妮说：你拿一盒去抽吧，以后如果需要，就跟我说。

田妮想还给甘婷婷，却做不出还的动作，她对大麻烟已经有了喜欢。

甘婷婷起身告辞，临分别时轻声叮嘱田妮道：千万小心，不要让人知道。说完就走了。

一包大麻烟很快就被田妮吸完了。田妮的生活依旧是百无聊赖，她只能仍旧依靠大麻来填补空虚的灵魂，寻求生活的乐趣。田妮给甘婷婷打去电话，说想买烟。甘婷婷说：我这几天跟几个美国人在谈一个海边娱乐城的项目，真的忙死了。你要烟没问题，不过自己要到威尼斯酒吧去跑一趟，我让光头拿给你。你先要一条吧，带5 000元去。正宗意大利货，包你满意。

田妮带着钱去了威尼斯酒吧，等了好久才等来光头。光头把烟塞给田妮，拿到钱数也不数就装进衣袋。临走时给了田妮一个手机号码，说：以后需要烟就打这个电话直接找我。

其实田妮始终是纠结的。她多次想就此作罢却欲罢不能。想作罢是因为害怕，她很清楚中国不像美国，吸食大麻是犯法的，是要被公安抓的，田妮害怕坐牢。可是，她已经依赖上了大麻。不然，她还到哪儿去寻找乐趣呢？她不愁吃不愁穿，也不愁没房住，完全用不着为了面包到处奔波，去看老板的脸色。可是，满足了锦衣玉食就幸福了吗？田妮感受不到，她反而觉得自己就是行尸走肉，毫无做人的趣味。对她来说，精神空虚是最大的敌人。可悲的是，大麻给她带来了错觉，虚幻的快乐背后，却隐藏着更大的痛苦。每当一阵疯狂过后，审视自己被贪欲扭曲的灵魂，她就感到悲哀，极其鄙视自己，极其痛恨自己。自从优美的小提琴声音像股清泉流淌进她的心田，灵魂被涤荡一新，她才知道这才是自己真正喜欢的。她多么羡慕在阳光下纵情歌唱春天的俊男靓女，多么希望能跟他们过一样的生活。她恨透了大麻，再也不愿意躲在阴暗角落里放纵自己。她下决心再也不碰大麻，再也不想跟光头和甘婷婷有来往了。没想到，光头自己找上门来了。就在昨天，田妮突然接到了光头的电话。田妮猜想自己的电话号码一定是甘婷婷告诉光头的。

田妮怯声问：找我什么事？

光头说：想请你照顾照顾我的生意。我算算时间，你上次要的烟该抽完了吧。

田妮忙说：我不需要了。说完就把电话挂了。

光头再打，田妮再挂。光头还是不断地打，不厌其烦。田妮很生气，接了电话问光头：我说过不要了，你究竟想干什么？

光头也火了，言语里充满了威胁：你不要忘记在你有需求的时候我帮过你的。现在你不需要我了就想一脚把我踢开，哪有这么容易的事情呢？我希望我们还是好好合作下去，如果你一定要过河拆桥，那你就不要怪我无情无义了。你相信吗，我会让全上海的人都知道你田妮吸大麻的事。到时候派出所会请你去的，你会被关起来的。你是想尝尝坐牢的滋味吗？

突如其来的骚扰和威胁使得田妮害怕极了。她打电话找甘婷婷，想让她跟光头说说不要再来骚扰，但甘婷婷的电话怎么也打不通，总是那句语音提示：你拨打的电话是空号。

怎么摆脱光头的纠缠呢？田妮烦恼至极，哪还有心思去琴行上班。

秦朗的电话终于打通了。电话里传来田妮带着哭腔的乞求：秦老师，你能到我家来一下吗？我好害怕好害怕！

秦朗大吃一惊，忙问她究竟出什么事了？可田妮什么也不说，只是求秦朗赶紧去她家。

秦朗按田妮给的地址找到了她家，按了门铃。听到门铃响，屋里的田妮顿时紧张起来，她怕是光头来上门找她了。直到接到秦朗的电话，她才敢去开门。

看到田妮，秦朗吃了一惊，田妮就像一只受惊的小鸟，瑟瑟发抖，完全没了往常那活泼可爱的样子。在秦朗的追问下，田妮将自己家里的变故以及后来遭遇的一切都一五一十地告诉了秦朗。她惊魂未定地问秦朗：我该怎么办？

秦朗没想到这个整天嘻嘻哈哈的姑娘竟有着这么坎坷的遭际，他觉得自己作为她的老师应该帮帮她。她是那么无助、那么可怜。

秦朗的意见很明确，田妮首先要彻底地跟吸食大麻绝缘，改过自新。他认为田妮应该马上到派出所自首,把受人引诱吸食大麻的经过说说清楚,争取宽大处理。至于光头的纠缠威胁,秦朗相信这个问题依靠政府可以解决。

田妮同意秦朗说的,但还是感到害怕,担心会被关进监狱。秦朗劝她要面对现实,事情已经做下,承认错误,争取宽大处理是唯一的出路。逃避不是办法,逃避只会越陷越深,最终不可收拾,到那时就悔之晚矣。秦朗问:难道你愿意继续过这种人不人鬼不鬼的日子吗?难道你还愿意容忍被光头这样的魔鬼纠缠不休吗?

田妮嗖的一下从沙发上跳起来,坚决地说:不!

田妮愿意去派出所了,但一定要秦朗陪着她去。

田妮在秦朗的陪同下,带着剩余的大麻烟,到派出所坦白自首。派出所给她做了尿检,倒是没有检出大麻成分。姜所长解释说:一般来说,吸食大麻一周后,代谢产物就会随排泄物排泄干净。看来田妮说自己已经半个多月没有吸食大麻是可信的。

田妮害怕地询问姜所长:你们会关我吗?

姜所长说:按照法律,像你这样的初犯,情节又比较轻微的需要拘留5天,还要罚款。可是你检举毒贩可算是立功,所以我们决定不拘留你了,将功赎罪嘛,但要交罚款。

田妮放心了,连连道谢。

姜所长说:你检举的毒贩情况很重要。对吸毒贩毒我们公安局都要坚决严厉打击,像光头和甘婷婷这样的毒贩我们一定要将他们抓捕归案,绳之以法。回去以后,光头如果再来找你,你要稳住他,不要惊动他,并且及时报告派出所。你要协助派出所。

田妮连声答应,她恨透了甘婷婷和光头,真恨不得立刻帮着警察将这两个害人精关进监狱去。

从派出所出来,秦朗要田妮跟他一起回琴行。田妮不肯,说:很丢人的,我怕大家会笑话我,我再也不想去琴行了。

秦朗也不强求，把她送到家门口就准备离去。

田妮却不让他走，说：我害怕，我要你陪着我。

秦朗说：那怎么行？我有很多事情要做呢，给学生上课，你教务上的一大摊事情，还要练琴、排练，怎么可能陪你呢？

田妮任性地把住门，坚决不让秦朗离开，说：我不管，我就不让你走，我害怕，晚上更害怕。光头说过，他随时都会来找我的。我就要你陪着我。她说着说着就哭了起来。

秦朗看她一副可怜兮兮的样子，也不忍心弃她而去。他想了想说：你如果觉得一个人待着害怕，那你就跟我回家吧。我妈妈一个人在家很寂寞的，我真想有人陪陪她。等派出所把光头、甘婷婷逮住了，你再回自己的家吧。

田妮破涕为笑了，说：好的好的。

秦悦悦自从开过刀后一直在家静养。她的手术做得很成功，胃被切除了大半，医生怕癌细胞转移，又把胃部周围的淋巴扫除干净。魏医生小心地问秦朗：术后还需要做一段时间的化疗，我跟你们讲过，有一部分费用是需要你们自己掏腰包的，并且算起来这笔费用还不小，你们考虑好了没有？医生还在担心病人家属支付不了治疗费用。

没料到秦朗底气十足地说：那你就给我妈妈安排做化疗吧，费用没问题。这时，秦朗已经答应"猫头"做琴行了。秦朗的打算是：家里还有点钱先用着，等琴行开起来赚了钱，再用于妈妈后续的治疗。在最近的一个疗程里，秦朗还主动跟魏医生提出希望给妈妈用更好的进口药。

魏医生提醒说：进口药要贵好多呢。

秦朗轻松地回答：你尽管用，费用没问题。我就是想让妈妈快点好起来。

魏医生不禁看了一眼秦朗，想：怎么才过了几个月，这孩子就像变了一个人一样，变得财大气粗了，这是怎么回事呢？

田妮把玛莎拉蒂跑车开到秦朗家楼下时，秦悦悦正好下楼想去超市买菜。秦悦悦见到一辆漂亮的豪车开来，从车上下来的竟然是儿子和一个貌美如花的年轻姑娘，这让她又惊又喜。秦悦悦把儿子拉到一边，悄悄问道：交女朋友了？

秦朗说：哪里是。她是我的学生。他随后便将田妮的情况简单跟妈妈说了一下，他问妈妈：我想让她在我们家住几天，可以吗？

秦悦悦问：那晚上怎么睡？我们家就两个房间。

秦朗早就想好了，说：让她睡我的房间，我在客厅沙发上睡就可以了。

秦悦悦听了儿子对田妮的介绍，心里充满了对田妮的同情，不禁怜爱地将她拉到自己的怀里。秦悦悦问：田妮你喜欢吃什么菜，阿姨给你去买，我正要去超市。

秦悦悦的亲切和慈爱，让田妮不由得想起了妈妈，想起以前常会挽着妈妈去超市的情景，如今一切都已随风逝去，只留记忆让她怀念、让她向往。田妮不由得亲切地挽起了秦悦悦，说：我陪你去。

秦朗望着她俩的背影，看着她们如母女一般的亲切，心中无比欣慰，也无比感慨。

当晚，秦悦悦早早就进房间去睡了。秦朗开始练琴，明天又是他们"魔力"弦乐四重奏组合练的日子。他们这次练的是莫扎特C大调第19号弦乐四重奏。这是法国帕格尼尼国际弦乐四重奏比赛的指定曲目。他们准备练好后先在国内巡演几场，然后报名参赛。首场在北京的演出已经跟北京大剧院签好合同，演出时间安排在明年3月份。上次合练时，盛林对秦朗的表现提出了批评，说他练得太少，作为第一小提琴，跟其他声部配合不好，情绪把握和引领也不到位。盛林希望秦朗要花更多的时间在练琴上。

秦朗忙着给学生上课，白天在琴行几乎没有大块的练琴时间，所以晚上回家他总要抓紧练个几小时。为了不影响妈妈睡觉，秦朗特意在琴上装了弱音器，他觉得自己能听清就行。田妮一直坐在一旁静静地听。秦朗的每个动作，脸上的每个表情都让她着迷，从他手指间流出来的美妙音乐更让她对秦朗充满了崇拜。

秦朗持续了两个多小时的练琴终于告一段落，他觉得有点累了，需要休息，便坐到了沙发上。田妮挨近了他，递上了一张银行卡，说：里面有10万元，这是我对你妈妈表示的一点心意，给你妈妈治病用。

中午在来秦朗家的路上，秦朗大致跟田妮讲了自己家里的情况，说了妈妈的病情，也说了自己为什么会当梦花琴行老板的原因。田妮对秦朗的好感又增加了许多。他不光帅气、有才华，并且很有担当，面对生活的难题，不回避不畏惧，勇敢地承担起了一个做儿子的责任，这才是一个真正的男子汉！田妮从心里对秦朗佩服得五体投地。她在车上就想好了，一定要帮帮秦朗，要对他的妈妈表示一点心意。

秦朗却是坚决地把田妮的手推开，说：请你把它收回去，不需要你这样。

田妮没有再坚持，她从秦朗严厉的表情里，读懂了他纯净的善良和至高的自尊，于是小声说了句"对不起"。田妮好想抱一抱秦朗，她知道自己已经深深喜欢上了秦朗，但她最终阻止了自己。倒不是不敢，而是感到了自卑，她觉得自己是配不上去爱他的。这样的自卑倒反而激起了田妮励志的冲动，她鼓励自己说：田妮呀，你要变得更好。又坚定地自答：我会的！

次日晚上，田妮在陪着秦朗练琴的时候，手机突然响了起来。秦朗听到了立即停住拉琴，见田妮看着手机不动，脸上露出怯色，就问她：是他吗？

田妮点点头，仍犹豫着不敢接听。

秦朗鼓励地说：别怕，接。就按姜所长关照的跟他说。

田妮这才接通了电话。正是光头。光头的态度变得非常和蔼了，说：昨天我得罪田小姐了，为这我都被甘婷婷骂死了，真不应该，对不起啊！

田妮忙说：没事没事。你要没别的事，我就挂了。田妮心想：这光头真狡猾，他准是欲擒故纵。那我也装作无所谓的样子，让他放松警惕吧。

果然，光头话锋一转，装得可怜兮兮地说：你别挂。不过，也请你要体谅，我最近一段时间生意太差了，没饭吃了我不着急吗？所以，真希望田小姐能可怜可怜我，照顾照顾我的生意，可以吗？

田妮故意说：说实话，你的烟也太贵了。我在别的老板手里拿烟，价钱比你的便宜多了。你要是肯便宜点，我就从你这里拿点吧。

光头立即说：价钱好说，价钱好说。这样，你也是老主顾了，我就每包给你便宜50吧。说实话，我也是从别人手里拿货，赚个差价而已，赚不了多少的。

田妮故意犹豫了一会儿，才慢悠悠地说：行了行了，就这样吧。你看你什么时候方便，说好时间，我过来一趟。

光头迫不及待地说：明天晚上吧，老时间，我老地方等你。

田妮挂上电话，手按着怦怦乱跳的心脏对秦朗说：我都紧张死了，要不是你在旁边，我真不知道该怎么说。

秦朗让田妮赶快给姜所长打电话。姜所长让田妮明天一早去派出所。

第二天早上，秦朗陪田妮一起去了派出所。

姜所长让田妮就按跟光头约好的去做，只要跟他"交易"了，警察就会出现。姜所长叮嘱田妮不要害怕,警察就埋伏在她身边,会保护好她的。

田妮提出让秦朗陪着去,姜所长说不行,这样会引起光头怀疑,行动可能就失败了。田妮坚持说:那秦老师不跟我在一起可以吗?他必须去酒吧,我要知道他在我身边我才敢去。

姜所长想了想,说:可以。不过你们一定要装作不认识,千万不可以有任何的接触交流。

当晚,秦朗悄悄随田妮进了威尼斯酒吧。秦朗从来没有看到过毒贩,更没有见过警察抓犯罪分子,心里既好奇又紧张。田妮更紧张,但是因为知道秦朗就在自己身边,胆子壮了好多。

田妮找了个空座位坐下。秦朗也特意找了个能让田妮眼睛余光看得到的空座位落座。

过不多久,光头鬼鬼祟祟地出现了,他悄悄来到田妮身边坐下。光头的眼睛迅速扫视了一下四周,在确定不会有危险后,悄声对田妮说:我货带来了,你给钱吧。

田妮说:好。说完便把一叠钞票塞给光头,光头放好钱,迅速地从随身携带的小包里取出一条烟塞给田妮。就在这时,犹如神兵天降,周围突然出现了一群便衣警察,将光头逮个正着。光头一下傻眼,狠狠地瞪了田妮一眼,只能无奈地叹息,乖乖伸手让警察上铐。

田妮迅速跑向秦朗,紧紧靠在他身上,说:我好害怕。

田妮后来知道,光头被抓后,为了减轻处罚,把什么都交代了,警察随后顺藤摸瓜,一举摧毁了从大麻种植到制烟、贩卖的整个犯罪团伙,把除甘婷婷之外的犯罪分子全部抓获。甘婷婷被公安局列入网上追逃全国通缉。所谓的意大利原装进口大麻烟,原来全为假冒货;并且粗制滥造,大麻含量极高,还胡乱添加有害物质,吸了不但容易上瘾,而且对身体极其有害。

甘婷婷的在逃，让田妮心有余悸，她真怕哪天会受到甘婷婷报复。甘婷婷果然来威胁田妮了，田妮突然在手机里发现了一条甘婷婷发来的短信："……你这人真是心狠手辣，你把我害得好苦，我不会放过你的，你给我等着！"田妮看了冒一身冷汗，害怕极了。恰在这时，田妮的妈妈给她来电话了。妈妈跟她说：我跟你的爸爸都移民去法国了。妮妮，妈妈就是不放心你啊。我跟你爸爸的意见都是希望你也能来法国，妈妈会给你安排好一切，无论你是想继续上学还是想工作做事业，妈妈都支持你。妮妮，你能否考虑一下？

田妮一听就哭了，说：好的好的。妈妈，你快来接我，马上就来。

田妮走的那天，琴行的老师都到机场去送她。

田妮依依不舍地跟每个老师拥抱。周曼对田妮说：我会想你的。田妮说：我也是。

田妮把自己最后一个拥抱给了秦朗。田妮抱紧了秦朗久久不肯松开，不停地说：不要忘了我！

秦朗真诚地说：我会记住你的。

田妮流泪，终于控制不住地大哭了。

在场所有人都感动落泪。

第九章

今天的毛长生好像换了一个人，变样了，特别清爽，头发是新剪的，短了很多却更精神了，衣裳穿得山青水绿，一件羽绒衫还是簇新的，第一次穿在身上。他手里提着一把二胡走出门来，有意在门口站了一会儿。他最想有人来问他：毛老师，你拿着二胡去哪儿呢？他将骄傲地回答人家：去梦花琴行上班。果真有人问他了，住他家楼上的丁家阿婆买菜回来，见到毛长生穿戴一新，便问他：毛老师这是要去哪里呢？

毛长生大声说：我去梦花琴行上班！然后就大摇大摆地向弄堂外走去。

隔壁的汪家姆妈凑到丁家阿婆跟前说：毛老师难道又到琴行去教人家小孩拉琴了？不是说被人家琴行炒鱿鱼了吗？

毛长生精神抖擞地一直走到梦花琴行门口，看到"骚粒子"、钱永明、谭老三又在槐树下围着石桌在打牌，便故意放慢了脚步。

牌桌上散乱地放着几张小钞票和一堆堆硬币。三个人都专心于牌上，并没有看见毛长生走过来。毛长生便故意咳了几声，引得打牌人都来看他。钱永明拍拍一只空着的石凳，招呼毛长生：来来来，正好三缺一。

毛长生走近了石凳，却不坐下，做出随时要离开的样子说：不好意思，没空，琴行上班。

"骚粒子"不相信地看着毛长生说：你上趟洋相还没出够吗？我看侬还是省点吧。

毛长生一本正经地说：不教琴了，这趟是做总管。总管懂吗？就是总负责，相当于总经理。昨天夜里秦老板亲自到我家里来请我出山的。我这个人呢，就是好讲话，人家是诚心诚意的，我也不能无情无义吧。

昨晚，秦朗的确去了毛长生家，不过并不是特意去的。秦朗练完琴，处理了一堆教务的事情，准备去老西门乘地铁回家。路过晋宏里，听到有熟悉的二胡声从弄堂里传出来，还是那首"江河水"，还是音不准节奏不准，但还是蛮投入的，揉弦很重，宣泄出来的苦难情绪比以前秦朗小时候听到的更甚了。他好像看到了毛长生怨天怨地的痛苦样子，想起他在遭受自认为诸多不平中一定也包含了秦朗对他的"冷酷无情"，于是油然生出想当面跟他说声抱歉的念头。毛栗子怎样了呢？多年不见，自己也真想去看看他。

秦朗熟门熟路地从晋宏里4号的大门走进天井。毛栗子的家不大，就是客堂间连天井这点地方。如今的天井安装了天花板，变成像房间一样了。天井的一端有一只长条桌，桌上凌乱地放着各种工具、木料，还有几把做到一半的二胡。墙上挂着几把已经做好的二胡。天井像个工场间。毛长生正坐在天井里拉二胡。一个女人端坐一旁，眼睛朝天，一动不动，像是在倾听，又像是在遐想。

毛长生看到秦朗突然出现感到很意外，于是停下拉琴，愣了半天才发问：你是找我还是找我家毛栗子呢？

秦朗朝屋里看了一眼，并没有见到毛栗子。秦朗认出了端坐一旁的女人正是毛栗子的妈妈阿花。阿花对家里来人一点反应也没有。顿时，过去她在弄堂里到处走来走去，苦苦寻找"哥哥"的情景浮现在秦朗眼前。看样子阿花的病还没好，秦朗心里充满了同情。

毛栗子他不在吗？秦朗没有正面回答毛长生的问话。

毛长生搬了一只凳子让秦朗坐，长吁短叹地说：毛栗子结婚后就搬出去了，住得蛮远的。他老婆是松江农村的，家里有房子，我们家没钱买房子，只好同意让他做了人家乡下人的上门女婿。唉，没办法啊。他不常回家,有这样的娘他也觉得蛮坍台的,他的老婆好像也看不起她的。毛长生噘起嘴朝阿花努了努。

毛长生继续说毛栗子:毛栗子读书不好,连高中也没考上,更谈不上读大学了。读了一个公交技校,还好学会了驾驶,中专毕业就工作了,他应聘到松江郊区开公交车,他的老婆是卖票员,两人整天在一起,渐渐就好上了。一天毛栗子回家说,女朋友肚皮大了,问我怎么办?我问他小姑娘人怎么样?他说蛮好的。那我说,蛮好么就结婚算了,反正总要讨老婆的。

秦朗想这样倒也不错,从心里为毛栗子高兴。秦朗本想跟毛长生说句抱歉的客气话的,但总也说不出口,其实自己也并没有做错什么。于是他没话找话地关心了一下毛栗子的妈妈:他妈妈身体好点了吗?

这一问引得毛长生大叹起苦经来:我真是苦透苦透,千方百计想办法赚点钞票,全给她看病了。她以前是在街道里扫地的,连小集体都不是,做一天一块钱,不做就喝西北风,生病以后就不做了,我赚点钞票,除了家里开销还要给她交社保。要不是看病还能报销一点,我真的只好去跳黄浦江了。

听了毛长生一番诉苦,秦朗内心的内疚又强烈了起来。他突然想到,琴行正缺一个前台教务,何不让他回到琴行来做呢?这样既帮毛长生解决了困难,也能了却自己的一桩心事。于是问道:琴行需要一个前台教务,我想你应该是合适的,你有兴趣做吗?

毛长生一听喜出望外,说:好呀。

这段时间他身背被琴行辞退的"耻辱",见人就想躲,被人赶出来,多难为情。现在琴行老板亲自来请我了,虽然不是当老师,但也算是琴行员工,这面子真是够大,也算是雪洗了耻辱。毛长生当然要一口答应的。

秦朗有点抱歉地说:但是工资开不高,只能给3 000元。等以后琴行赚到钱了可以考虑给你加点,现在只能这样。行不行,你自己考虑清楚。

毛长生不假思索地说:3 000元就3 000元,不用考虑的。

秦朗说:那你明天就来上班吧。

毛长生很高兴,千谢万谢。

毛长生前脚进琴行,后面就有人跟进来,喊了一声"毛老师"。毛长生回头一看,是熟悉的制琴师傅朱墨。朱墨是松江一家私人制琴社的老板。毛长生以前在琴行做的时候,小提琴就是进他家的货。毛长生总是要求越便宜越好,质量嘛能拉就行,反正小孩子的琴过一两年就要换的。可是,毛长生拿到琴行往外卖的时候,价钱却总要比进价翻个两三倍,除去极少的交一点给"猫头",其余都装自己口袋了。那段时间,毛长生吞了不少钱。

朱墨问毛长生:怎么好长时间不来我这里拿琴了呢?

毛长生只说了句"琴行换老板了",意思是如今由不得我做主了。

朱墨看一眼橱柜里挂着的小提琴,说:帕格尼尼,品牌啊,这琴不错。他好像不太在意梦花琴行到不到他家进货。

毛长生问:今天怎么有空来?

朱墨一笑说:请你吃饭呀。

毛长生颇觉意外地说:太阳从西边出来了,平白无故请我吃什么饭?

朱墨也不做什么解释,凑近毛长生,轻声问:想赚钱吗?

毛长生眼睛顿时就绿了,说:当然想。你有什么生意呢?

朱墨说:那好,等会儿吃饭时跟你详细讲。大富贵楼上包间,你11点钟过去,我等你,一定要来啊。说完就走了,留下个神秘的微笑。

朱墨在上海滩做琴还是有点名气的,手艺也不错,曾经自费专门到意大利克雷蒙纳去学过一段时间。克雷蒙纳是小提琴发源地，当今世界上最出色的小提琴制作家都聚集在那个小镇上。让他感到不平的是，他的琴做得再好，也难卖出好价钱。国人尤其是专业拉琴的更加迷信意大利小提琴，有一定年份的意大利手工琴更加受欢迎，动辄5万元、10万元的价钱，要起来眼睛都不眨。朱墨心里很清楚，即使是斯特拉迪瓦里、阿玛蒂、瓜内里这样的世界名琴也不是把把都有非凡的音色。他曾经做过一个试验，把自己做的琴跟价值100多万欧元的意大利古琴放在一起，一把把拉，请几个小提琴家仅凭声音来比出高低。结果谁都难以说出谁高谁低，甚至有人把意大利古琴说成是音色比较差的。而朱墨的这把琴在市场上，即使便宜到1万元人民币也难以卖出。这对朱墨的打击很大。

强烈的自尊心和急于赚钱的念头交织在一起，使得朱墨有了一个大胆的想法：仿造意大利名琴，以假充真，抛到市场上去兜售。

他对自己的造假技艺很有把握，甚至狂妄到觉得连最名贵的斯特拉迪瓦里古琴他也能仿得以假乱真。可是，他清楚仿造的古琴如果名贵到价值上百万欧元，甚至更多，出手是极难的，也容易被识破，还不如瞄准近代意大利制琴师的作品，不求显贵，但求有名，市场价格不需太高，太高不易出手，能有个几十万元人民币就够了。他想到了意大利著名的瓜达尼尼制琴家族的最后一位制琴师保罗·瓜达尼尼。他的作品虽远不及他的祖先伟大的乔瓦尼·巴蒂斯塔·瓜达尼尼，但终究是名家后代，还是有一定的市场认可度的。他在意大利学习时用心收集了一批意大利名琴的图纸，其中就有保罗·瓜达尼尼的作品。

经过几个月的精心打造，一把产于意大利1930年的名琴在一个中国制琴师的手里复活了。朱墨非常满意自己的这个杰作。形状完全可以乱真，更绝的是音色不但优美绝伦，并且古韵十足。

琴做好了，怎么吸引有兴趣的人来买呢？朱墨能做琴，但不擅长推销。他想：得有人来帮我，大不了给他一点好处吧。朱墨想来想去想到了毛长生，想到了梦花琴行。

毛长生如约而至。朱墨一口气点了三个硬菜，毛长生受宠若惊，忙问：什么事你就说吧。

朱墨这才把自己想做的事如实相告，最后说：想叫兄弟你帮我一把，事成有你一份。有钱大家赚。

毛长生说：让我想想。两人便你一句我一句地商议起来。

毛长生说：你要想把东西卖出去，就得做广告。你得让大家知道你有这个宝贝，并且要让人家相信这就是真的才行。说实话我没这个本事，我倒想起一个人，我们这里有个开水果店的老板，这人特别聪明，特别会讲故事，简直能把死的讲成活的，而且他家儿子是《魔都晚报》的记者，特别会写，还特别喜欢写梦花琴行的新闻。梦花琴行重新开张的时候，他就帮我们秦老板吹过，广告效应不要太大，一篇报道引来学生无数。我来帮你把他们都找来，让他们帮你编个故事，在报纸上一登，我保证会有人感兴趣。不过，你要出点血的。

朱墨一听大喜，连连说好。

过几天，朱墨又在大富贵请客，这次除了毛长生，还多了钱永明父子。

朱墨给水果店老板钱永明和"故事大王"钱进看了一份有关保罗·瓜达尼尼的资料，还有伪造的英国著名小提琴鉴定家詹姆斯的一份鉴定证书，对钱永明父子说：其他的你们就编吧。

钱永明看过所有材料，侧着脑袋想了一会儿，一拍桌子，大叫一声：有了。

朱墨开心了，说：你怎么像说书先生啊，快说来听听。

钱永明说来就来，又一拍桌子说：话说20世纪40年代，上海滩老西门有爿寄卖商店，老板姓钱名大广。一天他接待了一位犹太音乐家，这位犹太音乐家手里拿的不是别的，却是一把意大利的小提琴……

朱墨惊喜，禁不住拍起手来，说：灵的灵的！

钱永明对钱进说：就照老爸说的去写吧。不过我要告诉你，钱大广确有其人，他就是你的爷爷，他以前在老西门开寄卖商店倒是真的。

钱进有点担心地说：写对我来说倒不难的。我怕这事涉嫌诈骗，有点怕的。

朱墨毫不在意地说：我的琴货真价实，料是最好的欧料，做工是绝对棒的，只不过用了别人的名义。想买我琴的人又不是傻瓜，喜欢了才会买，东西不好他怎么可能愿意掏钱呢？以次充好，才叫诈骗呢。再说，这个保罗·瓜达尼尼和那个英国鉴定家早就死了，死无对证。你说是假的，有什么证据？

钱进想想也有道理，他同意朱墨说的——关键是琴本身做工要漂亮，音色要优美。朱墨刚才跟钱永明父子许诺了，琴如果卖掉会给他们一人1万元。这对钱进来说是不小的诱惑。钱进想了想说：我就给你写个传说吧。讲故事，对，讲个故事。

过了几天，钱永明抱着一个破破烂烂的小提琴盒子走进梦花琴行，身后还跟着一个外国男子，年纪与钱永明相仿，也是五十来岁的样子。

毛长生和钱永明使了一个眼色，然后大声发问：钱老板怎么也玩起小提琴了？他是叫给秦朗听的。

钱永明也大声说：我哪会玩这么高雅的玩意儿。我是想请你们这里的小提琴老师看看我家这把祖传的意大利老小提琴，拉了给我听听。我这位德国朋友说这把小提琴至少值几十万元，我有点不大相信。

祖传的意大利老琴！钱永明的话引起了秦朗和小提琴张勤老师的极大兴趣，立即被这个破旧的提琴盒吸引了过来。秦朗迫不及待地对钱永明说：快打开给我们看看。

琴盒打开了，掀起一块陈旧的绿色天鹅绒，底下躺着一把只有一根老弦的酒红色旧小提琴。秦朗细细端详一番，惊叫起来：瓜达尼尼，一定是瓜达尼尼，瓜达尼尼就是这种酒红色的，看琴的形状也像！说着话时他已经飞速地从橱柜里取出一副琴弦，又以飞快的速度将弦装到琴上，然后调好音，拉起了布鲁赫的《柔板》，尽情抒怀，琴声温暖如春，高音区发出犹如管乐器的金属质感，清纯亮丽，中音和低音区又恍如天鹅绒一般温馨柔媚。秦朗不禁赞叹：果然是把好琴！

……

也就在当天，一篇题为《瓜达尼尼绝响的前世今生——意大利老琴上海露面记》的报道在《魔都晚报》上登了出来。

最近，一位名叫丹尼尔的德国籍犹太人，带着一份意大利保罗·瓜达尼尼老琴的鉴定书找到了家住梦花街的水果店老板钱永明，从这两名不同国籍的中年男人身上引出了一段跟一把意大利瓜达尼尼老小提琴有关的传奇故事。

故事要追述到1941年的意大利克雷蒙纳，当时年仅33岁的制琴师保罗·瓜达尼尼一共制作了三把小提琴，并在意大利小提琴展览上获得好评。英国著名的小提琴鉴定家詹姆斯看后赞赏不已，特地为这三把琴开出了鉴定证书。詹姆斯亲笔写道：绝佳的制作，此实为意大利制琴师保罗·瓜达尼尼所亲手制作。

保罗·瓜达尼尼是18世纪意大利伟大的制琴师乔瓦尼·巴蒂斯塔·瓜达尼尼的后代，他是瓜达尼尼家族最后一位制琴师。当时正是二战期间，保罗·瓜达尼尼做完这三把小提琴就走上了意大利和希腊开战的海上战场，不幸战死。

此后，保罗制作的小提琴被很多收藏家和小提琴家拥有过，其中的一把被犹太小提琴家大卫购得带回德国。此时正是希特勒疯狂迫害犹太人的时候，为避杀戮，大卫一家从德国逃到被称为东方诺亚方舟的中国上海。战时物价飞涨，大卫为了养活一家三口，忍痛将心爱的小提琴送到紧邻法租界的老西门一家寄售商店，换得了200元。这家寄售商店的老板，正是如今在梦花街开水果店的钱永明的父亲钱大广。

大卫对这把小提琴恋恋不舍的神情给钱大广留下深刻印象。大卫对钱大广老板说，这把琴是意大利一个著名家族的后代做的，相当不错，希望以后它能被用在一个真正的音乐家手里。

钱老板不是音乐家，但他非常喜欢西方音乐，对西方乐器的小提琴更是情有独钟，于是就将这把小提琴珍藏了起来。钱大广临终时，将小提琴交到他的儿子也就是钱永明的手里，叮嘱他要好好保存，希望以后它能落到一个像大卫一样爱它的音乐家的手里。

这个手持小提琴鉴定书的犹太人丹尼尔便是大卫的儿子。大卫战后一家三口回到了德国。大卫直到临死都念念不忘这把被自己变卖的小提琴，他嘱咐儿子丹尼尔有机会一定要带着这张鉴定证书，去中国上海的老西门找到这家寄售商店，找到这个老板的后人，他希望小提琴还在人世，希望儿子替他再看它一眼，抚摸它一下。

这次，丹尼尔历经千辛万苦终于来到上海，找到了老西门，还在派出所民警的帮助下找到了寄售商店老板的后人钱永明。当他知道这把小提琴还被钱家好好保存着时，激动得泪流满面。

最近，钱永明将这把小提琴送到梦花琴行。琴行从事小提琴教学工作的老师们争相试琴，都被这把小提琴的传奇经历深深感动，也被它的优美的音色所折服。

钱永明跟他父亲一样并不是一个音乐家，他的下一代也没有一个是从事小提琴演奏工作的。所以，钱永明向记者表示，他愿意把这把充满传奇色彩的小提琴转让给一位专业人士，他认为那才是这把小提琴真正该去的地方。

稿子里所说除钱永明的父亲为老西门寄售店老板确系真事，其余都是钱进根据史料凭空杜撰的。钱永明的父亲钱大广以前是老西门寄售店的老板，这点梦花街上了年纪的人都知道。

钱进的这篇报道在梦花街引起了轰动，水果店门口挤满了人，都想一睹这把神奇小提琴的芳容。钱永明对向他提出这个要求的人们反复说：小提琴我已经委托梦花琴行代我销售。

古玩店老板谭老三挤到钱永明跟前说：我倒蛮感兴趣的，不知道钱老板想标多少价钱？

钱永明不屑地说：我家的这把琴只给小提琴演奏家，你又不是的，瞎起劲做啥。再讲，你拿得出这么多钱吗？50万元，你有吗？

谭老三惊诧地吐了吐舌头。

店堂里，那天跟随钱永明到梦花琴行去的那个外国人独自坐在一张桌子前，举着一只装满了啤酒的大玻璃杯，正在自饮自酌，一副悠然自得的样子。店外围观的人都在朝他指指点点，议论道，这个外国人肯定就是报道里说的那个犹太人丹尼尔。

"骚粒子"觉得这个外国人好像有点眼熟，想了半天，悄悄对身旁的古玩店老板谭老三说：和平饭店里老年爵士乐团里有个吹小号的外国人跟他有点像的。谭老三说：给你这么一讲，我也觉得有点面熟。不过，外国人长得都一个样。

万中仙也看到了这篇报道。想不到小小梦花街竟隐藏着一把意大利的老琴！这是否真的呢？万中仙既半信半疑，又迫切想见识一下这把身世奇特的小提琴。小提琴对于一个拉琴的人来说，就像女人对自己的衣服永远觉得少一件一样，永远都想得到最好的，永远都在追寻中。万中仙手里并不缺好琴。最中意的一把是意大利斯特拉迪瓦里名琴协会提供的名为蓝宝石的斯特拉迪瓦里古琴。万中仙因为曾经在维尼亚夫斯基国际小提琴比赛中获得银奖，而得到了这个优待。万中仙将可以无偿使用20年。

万莉下班回家特意带了一份当天的《魔都晚报》，她看到了钱进写的报道，也想让爸爸知道一下。她知道对爸爸来说，制作精良且音色优美的意大利小提琴是他永远的兴趣，并且永远不会有满足的时候。

万中仙对万莉说：我已经看到了。我真想去看看，我甚至想，如果是真的，并且价钱合理的话，我倒想把它收下来。

万莉却不太相信这是真的，提醒父亲说：小心为妙，假冒名琴的事情听到蛮多的。

万中仙说：我倒觉得可信。你想想，一个踏三轮车、开水果店的人，你说他卖假的进口水果我倒相信，说他假冒意大利老琴来骗人，太不像了。再说，琴还要看做工和音色，差的琴能瞒得过我吗？

正在这时，盛林给万中仙打来了电话，说的也是梦花街发现意大利老琴的事情。盛林也是一个对意大利优良的小提琴特别感兴趣的人。虽然将信将疑，但极想去看看，他邀约万中仙说，不妨去看看。问他是否有兴趣？

盛林说的跟自己想的一样，于是万中仙一口答应。

次日，万中仙便与盛林一起来到了梦花琴行。

万中仙把琴捧在手里看得非常仔细。万中仙阅琴无数，按他的经验，这把琴符合瓜达尼尼后辈的制作特征。论制作技艺，瓜达尼尼的后代制琴师比他们的祖先要差很多。这把琴的F孔开缝较大，位置也比较高，边角粗壮，但这些都不影响琴的整体优美的形态。关键是听音色。万中仙怀着莫大的期盼拉响了小提琴。他的内心开始震颤，这正是他期待的音色。的确与众不同，高音低音泾渭分明，但和谐统一，更可贵的是古典韵味十足。

毫无疑问，这是一把难得的好琴，万中仙甚至觉得，并不比他手里价值300万美元的斯特拉迪瓦里蓝宝石差。

盛林也是个识琴的人，跟万中仙一样，也对这把小提琴的音色赞不绝口。

万中仙问身旁的钱永明：钱老板多少钱肯转让呢？

钱永明伸出一只手。

盛林笑着问：不会是5万元吧？

钱永明也笑着答：对对对，50万元。

万中仙暗想：便宜的。不说其他，就凭这个音色，这把琴也值这个价的。

见万中仙抱着这把小提琴翻来覆去地看，不肯松手，钱永明已经看出了万中仙对这把琴的喜爱，于是怂恿地对万中仙说：这把琴要是让像万老师这样的音乐家保存，那实在是物有所归啊。万老师要是喜欢，那就带回去玩吧。

万中仙正有此意。他已经有了把琴纳入囊中的想法，但还在犹豫中。他知道只有和它再朝夕相处一段时间，才能肯定自己是否真的喜欢它。于是对钱永明提出：你给我一个星期考虑，但琴我需要带走。

钱永明爽快地说：可以，按规矩，你找个人替你担保一下吧。

毛长生马上接着钱永明的话对秦朗说：还是我们琴行为万老师做个担保吧，你又是万老师的学生，再合适不过了。

秦朗满口答应：好啊好啊。

万中仙将琴带回家，并跟赵鸽流露出自己对它的爱意。赵鸽一看是把其貌不扬的旧琴，竟然还要50万元，立刻表示反对。万中仙知道女人嘛，无非是心疼钱，便让她放心，表示这笔钱决不会问家里拿的。50万元，对万中仙这样一个著名的小提琴家、教授来说，绝对是个小数目。工资奖金、演出出场费且不说，光到哪个比赛里去做个评委，到哪个城市去开一个大师班，收入就至少是6位数。

把琴带回家后，万中仙跟它有了更亲密的接触，万中仙是越来越喜欢了，甚至到了每天不把玩一阵，不拉上几曲，就难以入睡的程度。万中仙把它跟自己手里的5把好琴做了比较，就音色来说，可以说是不分伯仲，某些方面甚至还有明显优势。万中仙不相信平庸之辈奸诈之徒能做出这样优良的小提琴。他甚至想：退一步讲，这把琴即使并不是出自保罗·瓜达尼尼之手，那做它的人也绝对是个高手。

  7天之后，秦朗接到了万中仙的电话，万中仙郑重表示：告诉钱老板，这把琴我要了。

  50万元到手后，朱墨又喜又悲。喜的是，自己做的琴终于被一个著名的小提琴家认可，这也是自己的作品卖出最贵的一把；悲的是，自己明人却做暗事，自己这么优秀的作品却只能是冒着一个外国人的名字才能实现价值。但不管怎么说，这件事终究是做成功了，还是值得庆贺的。朱墨一高兴，又在大富贵大宴宾客，那个冒充犹太人的小号手威廉也来了。当然秦朗除外。秦朗是局外人，他要是来了讲话就不方便了。这天，朱墨把钱分给了毛长生、钱进、钱永明和威廉，每人1万元，还将谢梦花琴行的1万元交给钱永明，让他转交给秦朗。

第十章

邱天把耳朵贴在墙上,一直保持这个动作已经有一个多小时了。苏雯用了很多办法想让他离开,都不奏效。拿他平时最喜欢吃的巧克力在他眼前晃,他像是没看见;好声好气跟他说:已经快9点了,该上床睡觉了,来,妈妈给你讲《孙悟空三打白骨精》的故事。他也不理。儿子趴在墙上一个多小时,做母亲的就耐心劝说一个多小时。人的耐心是有限度的,更何况苏雯这几天心情非常烦躁,"星星宝儿童康复园"面临关门,她不知道该怎么办才好。

苏雯终于忍不住了,火气蓦然从心底升起,她举起了手,真想一巴掌朝儿子脸上甩去,但举起来的手最终是落到了她自己的脸上。苏雯仿佛听到有个声音在对她说:他一个自闭症的孩子,多么可怜,你怎么能打他呢?打你自己吧,你该恨你自己怎么生下了他!

母亲狠狠地抽自己的脸了,用最恶毒的语言咒骂自己,但这一切都不能打动这个7岁的男孩,他依然趴在墙壁上,对眼前这个像是发了疯的妈妈熟视无睹,只管在专心地聆听着什么,他那从来没有任何表情的脸上竟然露出了微笑来。儿子竟然笑了。苏雯发现了,即使是很浅的一个微笑,在母亲心里也是极大的喜事,她立即转盛怒为万分惊喜,她急切地问儿子:你听到什么了?

邱天突然就离开了墙壁,跑向门口,并打开了房门。苏雯紧随而去,问:你要去哪里?天这么晚了,不能出去。

邱天根本不理睬,只管飞快地跑出门,朝楼梯跑去。苏雯紧跟着他,想将他拉回来,但儿子跑得太快了,简直像一只敏捷的小兔子,一溜烟地跑上了楼梯。苏雯气喘吁吁地在后面追,一边喊:回来回来！

邱天从他家所在的14楼，顺楼梯一直跑到了15楼，进到楼梯间里，停住了脚步。15楼跟别的楼层不同，别的楼层都是一梯住三户人家，而15楼却是一梯只住一户人家。原来敞开的公共走廊被封闭，并安装了一扇门，以示这里独此一户，门上用金箔镶嵌出一个巨大的福字，显示出了这户人家的富有。

苏雯喘着粗气随后赶到。苏雯知道这家的男人是一个名叫金闯的建筑商，这个安徽人专门做承包建造大楼的生意，在上海赚了不少钱。巧的是，苏雯曾经跟他打过一次交道。

苏雯停下脚步后，才隐隐听到从门里面传出拉小提琴的声音。琴声娴熟流畅，还很像模像样的。

邱天将耳朵贴在了门上，又沉醉了。

苏雯猛然想起邱天平日里的一个嗜好，只要在电视上看到拉小提琴的镜头，他总会目不转睛地盯着看，一直看到演奏结束为止。看来他是喜欢上小提琴了。

这时，门开了，尤梨花出现在了门口。刚才，尤梨花和她老公金闯从房间里的监控显示屏上看到了门外的苏雯母子俩。尤梨花知道这母子俩就住楼下14楼，并且早就从她老公金闯口里知道这个女的名叫苏雯，但从来没有跟她讲过话，还知道这户人家夫妻俩都是做律师的。苏雯曾经帮一群农民工跟金闯的皖金建筑集团打过官司。官司最后是农民工胜诉，苏雯帮农民工讨回了皖金建筑集团拖欠的工资。

金闯见苏雯站在门外，觉得奇怪，心想，官司早就了结，该付的钱早已付清；她该不会为自己事后的一个决定后悔了又来找我？金闯在这场官司中见识了苏雯仗义执言的正直和伶牙俐齿的口才，官司虽然输了，金闯倒一点也不怨恨苏雯，反倒对苏雯充满了钦佩，有意想请她做自己公司的法律顾问，但被苏雯婉言拒绝。

金闯让妻子尤梨花去开门探探苏雯的来意。

尤梨花笑容可掬地问：苏律师，你是有什么事吗？

苏雯这时已经明白儿子为什么要跑到这里了，他是被小提琴声音吸引过来的，于是抱歉地回答尤梨花说：没事没事，我是来追我儿子的，我儿子被你家的小提琴声音吸引过来了。这个孩子跑得好快，我拉都拉不住。你们家谁拉小提琴呢？

尤梨花颇感意外，但很快就显出得意来，说：是我儿子。

苏雯很感兴趣地问：儿子几岁了？跟谁学的呢？

尤梨花越发得意起来了，说：儿子9岁了。他是在梦花街的梦花琴行学的，他的老师叫秦朗，水平可高了，听说他读大学的时候，在全国小提琴比赛中获过奖的。自从遇上这个好老师，我儿子进步飞快，去年考级连1级都没考过，今年考级不但考过了5级，成绩还是优秀。真是不可思议啊，好老师和差老师，区别怎么那么大呢？就在上星期，他参加区里的学生器乐比赛，拉了一曲秦老师教他的《春之声》，获得了小提琴的第一名。我可高兴了。他的老师真的是非常非常棒。

苏雯记住了"梦花琴行的秦朗老师"。

这时，金小阳拿着小提琴从房间里出来了，问妈妈：谁呀？

尤梨花说：是邻居小弟弟，他想听你拉小提琴呢。

邱天径直朝金小阳走去，也不打招呼，就用两手抓住了小提琴，盯着看，眼睛一眨不眨。苏雯看到儿子的脸上又有了微笑。

金小阳吃了一惊，想要把小提琴从邱天的手里夺回来。

苏雯忙上前，让邱天松手，并附在他耳边轻声说：人家的东西，不能拿，妈妈过几天给你去买好不好？

邱天这才松手。

苏雯赶紧拖着儿子就走，边抱歉地对尤梨花说：不好意思，打扰了。

回家以后，苏雯花了很大力气终于把儿子哄睡着了。苏雯重重地出了一口气，瘫坐在了沙发上。

苏雯和如今已经离婚的丈夫邱新国是在美国留学时认识的。两人都学法律，在美国获得硕士学位后，双双回国发展。苏雯和邱新国都对做律师充满兴趣，经过司法考试，都获得了从事律师工作的资格。国家经济体制改革后，多种经济形态尤其是私人经济发展空前繁荣，随之各种经济组织之间的经济纠纷也层出不穷，这给做律师的苏雯和邱新国提供了大展身手的绝好机会，两人拼命工作，很快赚到了一大笔钱，他们就用这笔钱买了老西门最为豪华的住宅楼——金门花苑。

金门花苑的房子成了他俩的婚房。苏雯和邱新国在美国时就同居在了一起，并且生下了一个儿子，取名邱天。回国以后，他们很快结婚，他们需要有一个家庭，需要有一套属于他们小家的房子。婚后生活跟他们期望的一样，非常温馨甜蜜。然而好景不长，这个大胖儿子竟然给他们带来了噩梦。

邱天长得眉清目秀，非常漂亮，这让夫妻俩非常开心。可是，他们渐渐觉得不对了，怎么儿子长到了3岁了，还不开口说话呢？并且，奇怪的是，儿子从来不用眼睛看人，从来没见他对父母亲有情感交流的表示，也从来没见他笑过，总是呆呆地用眼睛朝天花板望着，半天不动。夫妻俩越想越不对，于是抱着孩子去医院问医生。医生在对邱天做了一系列的检查后，遗憾地告诉他们俩，这小孩是自闭症患者。医生的宣判让夫妻俩感觉如五雷轰顶。

随后他们就抱着孩子四处寻医，一开始是夫妇俩一起，后来就只是苏雯一个人。四处寻医需要花费大量的金钱，家里需要有人赚钱来维持这无底洞一样的花销，邱新国必须得上班。国内的大医院几乎跑遍了，得到的都是一句"爱莫能助"，苏雯不甘心，就去国外寻医问诊，仍然找不到医治自闭症的办法。为这，她干脆把工作都辞掉了。

她发誓一定要治好邱天的病，哪怕走到天边，哪怕倾家荡产。苏雯发誓，儿子是自己生的，一定要对他负责到底。

邱新国提议说：我们再生一个吧。邱新国是家里独子，三代单传，他和他的父母都不能接受唯一的后代是个傻子。

苏雯考虑过丈夫的提议，但最终打消了再为邱家生一个的念头。苏雯觉得这样做对邱天是最不公平的，如果自己一旦生了二孩，肯定再没有精力去管邱天的治疗和康复了。

可是，邱新国想得到一个健全的家。邱新国多次伤心地跟苏雯说：每次回到空无一人的屋子，每听到别人家的孩子喊"爸爸"的时候，我都会偷偷落泪。

苏雯为了儿子情愿放弃一切，她平静地跟邱新国说：我们离婚吧，我不怪你。

邱新国同意了，他主动提出把家里的所有积蓄和房子都留给他们母子俩，并且愿意拿出自己一半的收入作为他们以后的生活费用。苏雯不忍心看邱新国"净身出户"，从内心来讲，她不同意邱新国这样做，但如果不接受，仅靠苏雯自己，母子俩怎么活下去？更谈不上给儿子做康复治疗了。苏雯接受了，真诚地向邱新国道谢。

一对曾经被无数人羡慕不已的"神仙眷恋"从此"与君永相望"，引无数人扼腕长叹。

苏雯直到自己儿子得了自闭症，才知道全国竟然有100多万个孩子跟邱天一样，这真是一个惊人的数字。苏雯也只有在陪儿子四处寻医时才了解到，有无数个家庭由于生出了一个自闭症的孩子，从此家庭再没有笑声，再没有铺满鲜花的前程，有的只是痛不欲生、肝肠寸断，有的只是万念俱灰、得过且过。

苏雯总想为邱天找到一家好的康复治疗机构，上海所有的自闭症儿童康复治疗机构，她几乎都跑遍了。在一家私人办的自闭症儿童康复治疗中心，苏雯被凄惨的一幕深深触动。

来福是被他的爷爷奶奶从安徽一个小县城带到上海来做自闭症康复治疗的。住在康复治疗中心的孩子，除了需要专业老师的辅导，还需要家长全程陪伴。吃过午饭了，爷爷让睡在床上的孙子伸出脚来，自己则端个小板凳坐在低处，抱着孙子的小脚丫，用一支毛笔，在他的脚底不断地刷着。医生跟他说，这样刷能够刺激脚底血液循环，促进大脑发育，于是，爷爷就每天乐此不疲。苏雯问孩子，痒不痒？来福像是什么也没听见，只是仰望着天花板发呆。

奶奶时常不在。有一天，苏雯在医院的拐角处见到了她。她竟然是跪着，头点在地上，白发散乱地掉在沙土里。在她的面前铺着一张纸，上写：家有自闭症孙儿，如今在上海做康复治疗。为了帮他赚到康复治疗费用，他的父母出外打工无暇顾家，可怜的孙儿只得由他的爷爷奶奶照料。爷爷奶奶都是农民，没有收入。眼看可怜的孙儿没钱治疗，做爷爷奶奶的悲痛欲绝。恳请各位好心人给予帮助，献出您一点爱心！给您下跪了！安徽××县十里乡王家村25组农人王德标 孙二花

纸上散乱地放着几张小钞票和一点硬币。走过的人少有驻足的，多数人都熟视无睹。苏雯明白了，爷爷和奶奶各有分工，爷爷管孩子的生活料理，奶奶是专门负责乞讨的。他家一定已经付不出接下来的康复治疗费用了。

想到这里，苏雯一阵心酸，便从衣袋里摸出一张百元钞票放在了老人的手旁。

老人感觉到了这是一张大钞，她立即像是触电了似的抬起头，她想要好好谢谢这位大善人。当老人看到原来是认识的苏雯时，害羞了。老人在康复治疗中心接触过苏雯，知道她也是自闭症孩子的家长。苏雯还向她了解过孩子的康复治疗效果。

苏雯为了打消老人的难堪，主动跟她打招呼，关心地劝她还是想

别的办法吧。苏雯实在不忍心看着一个老人颜面丢尽地去做乞讨的事情。

老人坐在了地上，深深地叹息，说：我也知道这很丢脸的，把我们祖宗的脸都丢尽了，但我又能怎么办？孩子看病做诊断，咱农村合作医疗保险还能报销一点，可是做康复治疗按规定就不能报销了。我知道上海有残联办的康复治疗中心，可以有补贴的，但只有上海人才可以的，像我们外地的孩子是不收的。我们家就来福一个孙子，他可是我们王家的命根子啊，我们做爷爷奶奶的能不管他吗？唉，丢脸就丢脸吧，反正我们农村人贱，我这条老命也不值钱的。说完，老人又跪倒，将头颅点在了地上的泥土里。

苏雯不忍再看，逃也似的奔走了。

上海有为数不少的自闭症康复机构，公办民办的都有，但相对于全国100多万的自闭症儿童的康复治疗需求，还是不够。苏雯给不少民营企业老板写过信，希望全社会都来为帮助自闭症儿童献点爱心，但都如石沉大海，没有回音。从感受自己家的苦恼到深切体会到全社会更大的苦恼，苏雯想呼吁全社会都来关心自闭儿童的愿望越发强烈。然而四处求助却应者寥寥，苏雯于是萌发了自己来做的念头。当初在入律师行时，苏雯曾经庄严宣誓：要维护公平正义，为弱势群体提供帮助和支持！苏雯认为，如今想要为帮助自闭症儿童做点事，这跟自己当初做律师的理想是一样的。

2004年，邱天4岁了，已经到了上幼儿园的年龄。苏雯很清楚，自闭症儿童康复很重要的一点是融入社会集体生活，她决定让孩子上幼儿园，她希望社会能向广大自闭症儿童张开接纳的怀抱，然而人家一听说孩子患有自闭症，就婉言拒绝。后来，苏雯找到了一个在一所民办幼儿园当园长的中学同学，好说歹说，园长终于同意让邱天入学。

到了幼儿园开学的一天，苏雯把邱天打扮一新，兴高采烈地带着儿子去幼儿园上学。快要到幼儿园了，远远望去，门口聚集了很多人，很热闹的样子，还有人举着一条红布的横幅。苏雯开心地想，这个幼儿园对开学还蛮重视的，真不错。等到走近了，能看清横幅上的字了，苏雯细细一看，吓了一跳，横幅上竟然写着：强烈要求幼儿园拒绝自闭症学生入学！

这好像是冲着邱天来的。这是怎么回事呢？怎么办？苏雯不知所措。

正在这时，园长从幼儿园里奔过来，把苏雯拽到一旁，害怕地说：不得了不得了，也不知道是谁把我同意邱天入园的事情透露出去了，从昨天开始就有家长不断打电话给我，说的都是反对邱天入学的事情，还威胁说，如果不能满足他们的要求，他们就集体退学。今天，索性闹上门来了，现在我办公室挤满了人，一定要我答应把邱天赶出去。你看，都拉横幅了。不好意思，你还是把邱天带回家吧。不是我不肯帮忙，实在是这些家长太厉害了。我真是挺不住了。

幼儿园门口的家长们发现了园长在跑去跟苏雯说话，便开始向她们走过来。苏雯看到了家长们脸上愤怒的表情，她感到了害怕。

园长连忙推着苏雯，让她赶紧离开。苏雯只好拖着儿子落荒而逃了。

求人不如求己。苏雯决心自己办一所自闭症儿童康复机构，并且是公益性质的，在康复上不收一分钱。她知道，她的这个举动只是杯水车薪，帮不了所有自闭症孩子的。但有一份力发一分光，哪怕能多帮一个孩子都是好的。苏雯将家里所有的 50 万元积蓄全部投了进去。苏雯算过，房租加上特殊教育老师和心理老师的工资，这笔钱至多够维持半年。在这段时间里，她必须要游说更多的好心人来帮助她把这份事业做下去。

为了节省开支，苏雯到位于郊区的松江租了一套房子，楼上楼下共有200多平方米；从网上招聘到了2名特殊教育专业毕业的大学生和2名心理治疗师。苏雯为自己的这个机构起名为"星星宝儿童康复园"。招生的广告一发出去，康复园就挤满了家长，之后天天如此，一直到报名结束为止。来的家长都希望苏雯能收了他们的孩子。苏雯测算过，按康复园目前的能力，至多只能接纳30名孩子。苏雯只好以病情相对严重、急需得到帮助的孩子为优先，其余的都登记造册，答应他们以最短的周期实行轮转，尽可能让更多的孩子得到帮助。

星星宝儿童康复园如今已经运转了1年多，经过数次轮转已经帮助到了100多个孩子。苏雯既做园长，又做"公关"，她把争取公益伙伴作为自己最重要的工作来做。苏雯的慈善心和锲而不舍的精神感动了不少跟她一样有爱心的人，这一年多来，陆续得到了50多万元的资金帮助。不过，如今所有的钱都即将用完，星星宝儿童康复园陷入关门的窘境。这几天，苏雯一直在绞尽脑汁想怎么办。

想来想去，唯一的办法只有将现在住的金门花苑房子变卖了。苏雯发现这几年房价涨势不停，金门花苑的房价已经差不多到每平方米3万元了，如果变卖可以得到300多万元。然后用100万元买所小房子给自己和儿子住，剩下的200多万元用在康复园上，差不多可以撑2年。

苏雯最后做出变卖房子的决定，已经是凌晨了，天都快亮了，她突然觉得好困。她跟自己说，赶快睡一会儿吧，明天有两件重要的事情要做：赶快把房子挂到中介去；到梦花琴行去找一下秦朗老师。

苏雯在房产中介谈好卖房子的事后，又来到了梦花街，走进了梦花琴行。苏雯一眼先看到了尤梨花。尤梨花正眉飞色舞地说着儿子在区里比赛得奖的事情，身旁围着琴行的一群老师。

尤梨花讲完了儿子的事，对几个老师说：你们秦老师在上课，我就不去打扰他了，你们等会儿跟他说一下，就说金小阳的妈妈来过了。跟他说，金小阳的爸爸很高兴，今晚要请他在大富贵吃饭，让他一定要来的。

张勤不高兴了，说：就请他一个人？没我们的份吗？金小阳妈妈你不够意思。

尤梨花急忙申明：看你急的，我话还没说完呢。金小阳的爸爸说了，今晚要把琴行所有的老师都请过去，你们都去。

老师们都开心得欢呼起来。

见尤梨花要走了，毛长生忙从柜台后面站起来，跑过去拦住尤梨花，假意生气地说：你这个人真是过河拆桥，金小阳有今天难道没有我的功劳吗？我教他两年，多辛苦，就算没有功劳也有苦劳吧，怎么请吃饭就把我给忘记了呢？这可不作兴的。

尤梨花立刻让自己脸上堆起笑来，说：没忘没忘，我家老公还特意关照了，要把毛老师也一起请来。你放心，今晚我家老公特意为你准备了茅台酒，等你去喝呢。

毛长生这才笑逐颜开，满意地说：这还差不多。

尤梨花出门了，还回头大声关照：别忘了，大家一定要来啊。

苏雯耐心地等秦朗上完课，就问他儿子邱天能不能学小提琴，她特意说明邱天是一个自闭症患者，但他对小提琴有独特的兴趣。苏雯很怕再次遭遇被人拒绝，所以心怀忐忑。

秦朗看出了苏雯心有顾虑，和蔼地对她说：你别着急，慢慢说。

苏雯于是将邱天的病情、家庭变故以及目前自己所从事的工作一一叙说，讲到伤心处，苏雯禁不住流下泪来。苏雯小心地问秦朗：我儿子能来学吗？

秦朗耐心地听着苏雯讲话，看到她脸上愁云密布，对这位年轻母亲的遭遇充满了同情，也对她几乎散尽家财热心公益的举动肃然起敬。苏雯说完了，抬起头，睁大了乞求的眼睛朝秦朗看着，她在盼着一份难以求得的关怀，多年来她一直在盼望着，但从来没有出现过。

秦朗看懂了苏雯的眼光，心里只有一个念头：不要让这苦命的母亲再失望。苏雯眼里的乞求让他看了很难过，他已经决定尽力给予她一点帮助，于是赶紧就说：你儿子可以来学的。不过因为他的情况比较特殊，我对教这样孩子也没有经验，所以，至于结果会怎样，我不敢说，这点家长要谅解。当然我一定会尽力去做的，这你可以放心。还是先把孩子带来让我看看吧，我好根据他的具体情况制定适合他的教案。

苏雯的眼泪哗的一下子夺眶而出，这是儿子患病后她感受到的最真诚最贴心的关怀。她哪是指望儿子成为一个音乐家？她需要的是社会对自闭症孩子发自内心的关怀和接纳，需要的是社会对每一个人，不管贫富、不管是健康还是残疾，都给予一样的公平公正，绝不可以有一丁点的冷淡甚至歧视。对秦朗这份真诚的关怀，苏雯内心充满感激。她答应明天把邱天带来让秦老师看看。

尤梨花又特地给秦朗打来了电话。尤梨花在电话里再三叮嘱：你一定要来啊。

秦朗有点犹豫，他认为教好孩子是做老师的本分，不应该让家长过多地表示感谢，所以对尤梨花说：别破费了吧，你的好意我领了，饭就别请了，谢谢你家老公。

尤梨花在电话里着急了，大声说：你要是不来，就太让我伤心了。你看不起我。

秦朗忙解释：不是看不起你，你千万别误会。我是觉得，我做的都是应该的，并不值得你这样破费感谢我的。

老师们和毛长生在一旁听了却着急了，大富贵的美餐怎么可以放弃？于是围住秦朗嚷起来：去去去，一定要去。

詹新更是急得一把将秦朗的手机抢过来，对着手机喊道：金小阳妈妈，我们来的，都来的，你放心。秦老师如果不来，我们抬也要把他抬来。晚上6点钟，大富贵，不见不散。

秦朗见金小阳妈妈穷追不舍，大伙又热情高涨，想想琴行重新开张已一年多，老师们都很辛苦，自己也从来没有召集大家好好聚过，今天倒是一个机会，再讲看来金小阳妈妈的确是诚心诚意的，那就答应了吧，于是就在电话里对尤梨花说：好的好的，我一定来。

金闯为了请梦花琴行的老师们吃饭，特地订了大富贵最大的一个包间。金闯读书很少，上到小学五年级因为家里穷，爸爸就不让他去学校了，而是让他跟着自己给人家造房子。金闯的父亲是一个乡村的泥瓦匠。金闯想，不上学就不上学，反正自己也不喜欢上学。不过老是跟在人家后面当小工，他也不愿意。到了18岁，他就自己到外面去闯荡。还是继续在建筑工地上混，他的理想是做个包工头。金闯过够了吃不饱穿不暖，还要受有钱人的白眼这种窝囊日子，包工头赚钱多，他想要发财。金闯书读得少，脑子却十分灵活，吃得起苦，胆子也大，人家不敢接的活他敢接，开始是在县里做，赚点小钱，渐渐地，胆子越来越大，索性带着一帮人闯到大上海，连摩天大楼的活都敢接，钱就越赚越多，多得连自己也不敢相信。

钱是多了，但他没有文化终归是底气不足。金闯想让儿子好好读书，将来考上清华北大，如果能再到美国去读个哈佛，考个博士出来那更好了。可恨儿子和他一样根本不喜欢念书，却对拉小提琴很感兴趣，并且也有了一点小名堂，金闯在遗憾中又看到了新的希望。今天他请老师吃饭，一来是表示感谢，还有一点他是真心敬重有文化知识的人，特别喜欢跟他们打交道。

金闯衣衫一新，头发还特地去理发店做了一下，早早地就和尤梨花一起在大富贵门口恭候老师们。有认识金老板的见他平日里总是一副傲睨万物的样子，今天看他举止谦恭，不矜不伐，就问他：金老板今天请什么贵宾呀？金闯是安徽人，请客吃饭最喜欢来大富贵。大富贵是上海最有名的徽帮菜馆，19世纪就出现在了上海滩，至今已经有100多年的历史。

金闯恭敬地回答：请老师，请儿子的音乐老师吃饭。

待客人坐定后，不多一会儿，传菜小哥便开始上菜，五颜六色一大桌。金闯开始一一介绍：这是金银蹄鸡，大富贵最有名的招牌菜。是把火腿、猪蹄和母鸡放在砂锅里炖10个小时，原汁原味，汤浓味鲜，营养丰富。腌制的火腿为金蹄，新鲜的猪蹄为银蹄，所以称为金银蹄鸡。

——这是焖蹄、清炒鳝糊、蟹粉鱼翅、酱鸭，今年"上海名菜"评选，它们全都榜上有名。

——绩溪臭鳜鱼、粉蒸肉、刀板香、干锅炖、文蒸山笋，都是徽帮名菜，也都好吃得不得了。

说完，金闯就给大家倒上茅台，举杯说：下个月就是2009年的春节，我就提前给各位老师拜个早年，感谢各位老师，尤其是秦朗老师对我儿子金小阳的培养，谢谢大家了！说完，一仰脖子，将满满一杯酒一口喝尽，然后热情地招呼大家饮酒吃菜。

毛长生早就等不及了，将筷子伸进金银蹄鸡，"稳准狠"地夹了一个鸡腿，塞进嘴里大嚼起来，再喝口"茅台"，快活地眯起双眼，飘飘然了。

小老师们也都放下矜持，纷纷动筷，大快朵颐起来。

金闯喝过酒，话更多了，此时，他只跟身旁的秦朗讲。他非常想问问秦朗，自己的儿子究竟有没有可能在音乐上有所发展。最近这段时间，他在家里最喜欢跟尤梨花讲的一句话是：如果我们金家能出个音乐家，那就真的是光宗耀祖了。

他让秦朗评价一下自己儿子。秦朗实话实说：金小阳在学琴上算是悟性比较高，人本来也聪明，所以这段时间进步很快。照我看来，他的确是块学琴的料。

金闯很高兴，顿时信心大增，踌躇满志地说：我的想法是，希望他今后走专业的道路，成为一个小提琴家。

秦朗被金闯"口吐大志"吓了一跳，心想，他倒真是敢想。看来他其实并不清楚，成为一个音乐家，不但需要天赋异禀，成才的道路上更是坎坷崎岖，并非如想象得那么容易。于是想给他泼点冷水，觉得应该让他平复心态，正确对待学琴这件事才好，于是说道：不过说实话，考级成绩优秀也罢，区里学生比赛获奖也罢，都算不了什么的。学好小提琴，有很长很长的路要走，并且也不是谁都能很顺利地走下去的。人们看音乐家，只看到他成才后光鲜的一面，却不知道在这光鲜的背后，他经历了怎样艰苦的奋斗，一般人难以想象。除去极个别的天才，比如像神童莫扎特，大多数人都需要进专门的学校学习，经过严格的专业训练才有可能成才。所以，在音乐成才方面，琴童的家长持顺其自然的心态比较好，是金子总会发光，不是金子你再怎么费劲也是徒劳的。你也不必对我们琴行抱太大的希望，琴行由于各方面条件的限制，决定了它只能是做启蒙提高、培养爱好的工作，为今后可能的更高层次的音乐教育打好基础。其实，从小培养孩子喜欢音乐、爱好乐器演奏挺好的，我们普通人的生活里有了音乐，会更有趣味，不是非要成为一个音乐家才去学音乐的。现在，社会为孩子提供的成才渠道非常多，照我看，像你这样成为一个企业家也不错呀。

金闯并不死心，问道：那需要进什么样的学校学习呢？

秦朗说：对有志于音乐的小孩来说，像金小阳这样的年龄，就可以去考音乐学院的附属小学，再大点可以考附属中学。

金闯说：那我们就让儿子去上那个学校吧，出多少钱我都愿意。听我老婆讲，现在想上一个好学校，都得花钱的。

秦朗笑道：说是可以去考，但想要录取却并不容易。艺术类学校对学生的专业要求非常高，要特别优秀才行。每年录取的名额又少，所以竞争是非常激烈的。这并非花钱就能解决的问题。

对秦朗的最后一句话，金闯并不认同，但他没有说出口。他不相信在当今社会还有钱摆不平的难事。他从一个最低贱的泥瓦工成为一个暴发户，这一路走来，几乎全都是用钱开路。在他的经验里，再道貌岸然的人，不管他是谁，哪怕是表面看来最廉洁自重的官员，只要足够的钱塞上去，几乎没人不喜欢的。在足够多的金钱面前，什么原则什么法律，全他妈的成了摆设，有卵用。

第十一章

早上起床后,苏雯对邱天说:我们今天不去星星宝儿童康复园了,妈妈带你去一个很好玩的地方,天天一定会喜欢的。

平常,邱天几乎每天都跟妈妈的车,一起到星星宝儿童康复园,妈妈在那儿上班,邱天就在园里接受康复训练。老师在这里教自闭症儿童朗读、唱歌,教他们玩各种游戏,有时还带孩子们到公园、海边玩。经过康复训练的自闭症孩子都学会了数数,甚至做一些简单的计算,老师还教会了他们自己穿衣服,自己吃饭,原来只喜欢一个人发呆的孩子,经过训练渐渐变得愿意跟同伴们一起玩跳绳、踢球、老鹰抓小鸡的集体游戏了。

每当看到孩子们脸上露出笑容,苏雯就感到特别开心。

对妈妈的话,邱天毫无反应,并没有表现出一丁点的兴奋。但当苏雯又对他说:妈妈今天是带你去认识一个小提琴老师,这个老师愿意教天天拉小提琴。邱天顿时就激动起来了,方才还呆滞的眼睛里立即放出了亮光。

邱天随妈妈来到了梦花琴行。秦朗没有课,正把自己关在琴房里练琴。

优美的琴声像春风一样吹拂在邱天的脸上,微笑便像鲜花一样在邱天的脸上开放。邱天快乐了,但很快,他的神情又变得庄严起来,他慢慢地蹑手蹑脚地向着秦朗,向着小提琴走近,就好像在走进一个神圣的殿堂。

秦朗问邱天：你喜欢小提琴吗？

邱天不讲话，而只是想要去抢秦朗手里的小提琴。

秦朗看出了这孩子对小提琴的喜欢，于是便去橱柜了拿了一把适合邱天年龄的童琴，帮他调好音，郑重地交给了他，说：老师送你的。

邱天欣喜，急不可耐地右手抓起弓，把琴架在肩上就胡乱地拉了起来。秦朗被他逗笑了，说：你不能这样拿弓，握弓是有方法的，你的持琴姿势也不对。我来教你。于是便耐心地教，还不断做示范动作，让邱天跟着学。很快，邱天就能像秦朗一样握弓了，持琴的姿势也对了。邱天再拉，声音就变得好听多了。

秦朗顺手就拉了两句《苗岭的早晨》里的鸟叫声，他是想逗逗这个孩子，也想试试这个孩子对音乐的反应。哪想，邱天竟然就在琴上模仿起来，还模仿得基本相像。这可把秦朗惊到了。这两句鸟叫，必须在E弦的高把位上拉奏，还运用了上滑音的技巧，速度还快，对初学者来说是极难做到的。秦朗不禁问苏雯：他学过？

苏雯也感到不可思议，回答说：没有啊，他倒是看了不少。他喜欢看。

秦朗想了想，又拉了《流浪者之歌》当中一段抒情的慢板，让邱天照着拉。他想知道邱天刚才究竟是碰巧模仿对了，还是确实有超凡的模仿能力。邱天又拉，音准节奏基本都对，简直惟妙惟肖。能把这段难度这么大的旋律基本模仿出来已经够神奇了，让秦朗更加感到不可思议的是，邱天完全沉浸在了音乐里，对情绪的把握十分准确。他沉醉了，拉到伤感处，闭起了眼睛，力度减轻，速度放缓，好像在倾诉风餐露宿的艰难，他难道了解吉卜赛人的生活方式，知道他们是一个永远都在旅途中的流浪民族？哦，也有乐观的对自由浪漫的向往，邱天睁开了眼睛，昂起头来了，音乐明亮起来了，非常优美。虽然他的表现还谈不上尽善尽美，可是这种强烈的表现欲望绝对是天才性的，十分稀奇。所有围观的老师都连连称奇，也都觉得不可思议。都听说过"白痴天才"，难道他就是？

秦朗见邱天正在兴头上，自己恰好也没课，想：那就趁热打铁，开始给他上课吧。秦朗找了一套《铃木》教材来，觉得这很适合善于模仿的邱天学。秦朗宽慰苏雯说：你放心吧，邱天就交给我了。

苏雯见秦老师一下子就把儿子非凡的才能开发出来了，感到非常吃惊。她庆幸自己找对了老师。这一定是上天的安排，让儿子遇到了秦朗。这是一个多么高明多么热情的老师啊！欣慰之下，苏雯赶紧要将学费和买琴的钱算给秦朗，她问秦朗该付多少钱。只要秦朗肯教儿子学小提琴，付多少钱她都乐意。

秦朗立刻阻止了苏雯掏钱，坚决地说：不用了。钱你还是留着给星星宝康复园用吧。他已经想好了，一定要尽自己的力量，帮帮这对可怜的母子。听了苏雯的诉说，秦朗才知道社会上竟然有这么多的自闭症儿童，他感到心痛。他们需要更多的社会接纳和关怀，秦朗非常愿意为此尽一份力。对像邱天这样具有非凡音乐潜能的孩子，秦朗觉得更应该要好好珍惜好好培养。

十多年前，盛林慷慨对待秦悦悦母子的一幕，在梦花琴行又出现了。这次出手相助的人是当初受帮助的一个。薪火相传，天地有幸！

旁观的老师们目睹此景此情都被深深感动。

秦朗挑了一首维瓦尔第的《a小调协奏曲》来教邱天，他拉一句，让邱天跟着拉一句，并且要求他看着谱子拉，秦朗希望邱天能尽快认识五线谱，他知道如果邱天哪天会看谱了，进步会更快。很快，邱天就能照着五线谱，跟着秦朗把第一乐章整首曲子完整拉下来了。目睹这个奇迹的老师们都激动地鼓掌。最开心的人是苏雯。

叮咚——周曼的手机进来了一条短信。周曼点开一看，原来是郑大兴发来的：周老师，明天晚上我准备给我女儿小玉办一个庆祝10

岁生日的派对，需要一个小乐队助兴。钢琴我想劳你大驾，另外你能不能再帮我找一个吉他、一个小提琴。请准备3到5首背景音乐的曲子，《生日歌》必备，其余随便，优美点就行。时间不长，2小时，我给他们每人的酬金是1 000元，你的我再另加1 000。地点：和平饭店10楼，时间18:00—20:00。

周曼看了当即回信：好的，明天晚上6点前会到。平日里，她和别的老师常会受邀参加一些类似的演出活动，但报酬通常都是一小时200元，从来没有像这次这样高的，一小时500元，给到她甚至是一小时1 000元，这么好的活没有理由不接的。她想，如果让别的老师去他们肯定也会乐意的。

吉他，她想好了就叫钟光。小提琴呢？她一开始想到的是秦朗，但很快就改变了主意：还是叫张勤吧。

周曼已经有大概两个月的时间没有跟秦朗好好讲过话了。秦朗为工作上的事情找她，她不得不敷衍几句，除此之外，周曼几乎没有主动跟秦朗说过一句话。她恨他太不仗义，太小气，丝毫不顾同学的情谊，更不用说，自己跟他还差一点就成了男女朋友了呢。

去年11月的一天，房东老太跟周曼说：快跟你们老板说，你住的房子该交下一年的租金了。周曼去跟秦朗说了，却没想到，秦朗跟她说：明年的房租该你自己交了吧。

周曼不悦，说：你不管我了吗？

秦朗解释说：我想管你的，但真的不好办。你想想，琴行里现在聘用的10个老师，基本上都是家在外地的，都需要租房子。张勤、詹新，还有钟光都跟我提出过，为什么琴行可以给周曼租房子，就不能给他们租房子呢？都是梦花琴行的老师，你说我该怎么办？我为你想过，这一年多来，你也赚了不少，租个房子应该没问题的吧，希望你能体谅我。

周曼怒了，没好气地说：我赚得多关你啥子事？你不管就不管好了，讲那么多废话做啥子？就从来没指望过你。行行行，我自己交就自己交好了。

随后周曼跟房东老太磨了半天，希望房东答应她房租是一个月一交，而不是一年一交。她的理由是，自己可能随时都会搬走。就在秦朗明确不再为她付房租时，周曼就开始萌生了离去的想法。但离开梦花琴行又能去哪儿呢？周曼一时还找不到新的方向。

但房东老太坚决不同意，说至少三个月一交。周曼只好就按房东老太说的做了。

周曼跟张勤和钟光一说演出的事，两人都非常乐意。钟光说：不瞒周姐姐说，马上又要交房租，这一大笔钱还不知道在哪儿呢？我正在为没钱犯愁呢。这样好的机会以后多介绍点给我。钟光跟詹新合租在梦花街三明里6号。

在郑大兴女儿生日派对结束后，郑大兴亲自给周曼、张勤、钟光每人送上了一个红包。三个人都很高兴，谢了郑老板就要告辞。郑大兴跟周曼说：你留一下，我有一件很重要的事情要跟你商量。见周曼迟疑，郑大兴又说：很快，10分钟。

周曼同意了，于是让张勤和钟光先回去。

此时客人已经散尽。郑大兴对等候在一旁的陶雄说，你先送他们回家。他说的他们是指在一旁的妻子陶慧和女儿小玉。陶慧挺着大肚子，动作迟缓，女儿小玉懂事地搀扶着妈妈。陶慧临走时关照郑大兴：早点回家。

刚才还很热闹的场所此刻变得很安静了，只剩下了郑大兴和周曼。郑大兴先夸了周曼一句：今晚你很漂亮！随后，他提高声音，开门见山地说：我想让你来做我们公司的公关部经理。

这太突然了，周曼的职业理想从来就是跟钢琴演奏或钢琴教学有关，没有想过要到一个企业去做事。她犹豫了一下便婉言拒绝：我恐怕不适合。

郑大兴不慌不忙地说：你先别忙着拒绝，听我慢慢说。自从拍了那部广告片，你周曼就跟我的"喜马拉雅"钢琴连在一起了，你就是我们"喜马拉雅"钢琴的代言人。我要求做销售的在推销钢琴时先让客户看广告片，可以说我们的客户都是先认识到你周曼，然后再认识到"喜马拉雅"钢琴的。我们公司现在在国内市场的空白就剩下东北和西南两块了，我的目标是两年之内，一定要把东北和西南拿下来。同时我们还要扩大国际市场。为实现这个目标，公司特地成立了公关部，我想过了，没有谁比你更适合做这个公关部的经理了。也就是说，你就帮我两年。当然，这两年你不会白干的，我将会用高薪来聘你，年薪50万元，奖金另算，你不会嫌少吧。

郑大兴的声调越来越高，说到高潮处戛然而止，他开始看着周曼，观察着她的脸部表情。

周曼听到"50万元"时，着实被震了一下，这个数字已经完全超出了她的想象，与其说是害怕，不如说是兴奋，所有的一切都在这个数字面前黯然失色。这个诱惑实在太大了，她不得不开始考虑。

郑大兴看出了她有所心动，他知道钱的诱惑已经在周曼身上产生作用。他趁热打铁，继续说：我知道你离不开钢琴，那你来我公司不是正好吗？我这里有世界上最好的钢琴，你想怎么使用都可以。我会让钢琴始终都陪伴在你的身边。另外，你不用去金山厂部上班，我们公司总部在市区，你的办公地点就在陆家嘴金茂大厦。考虑到你在上海还没有自己的住宅，公司可以免费提供一套高档公寓给你使用。你还有什么要求可以提出来。

如果说"50万元"是难以抵御的诱惑，那可以终日与世界上最好的钢琴相伴以及免费使用一套高档公寓，就是抵达她内心深处最大的尊重和关怀了，她不免有了种虚荣心被完全满足的喜悦。不过，她始终还是犹豫的，内心的警惕让她不断向自己发问：他为什么要这样厚待我呢？他这样一个有名望的企业家，竟然对我一个小大学生不摆一点架子，在我面前显得是那么谦虚和真诚。骄傲的周曼终于还是想明白了：那还不是因为我的超凡脱俗吗？如果我没有羞花闭月的美貌，如果我没有技可敌众的钢琴才能，这么好的事情怎么会落到我的头上呢？周曼开心心安理得，她觉得自己没有理由不抓住这个千载难逢的良机。她问自己：你不是做梦都想赚到一笔大钱，到向往已久的美国茱莉亚音乐学院去深造吗？难道你还要容忍这样辛辛苦苦教琴，只能赚得一点可怜巴巴的钱，只够吃饭交房租？那何时才能实现梦想呢？再一想起那破破烂烂的亭子间，到处散发着霉味，还有老鼠整夜在床底下打架，周曼就觉得毛骨悚然，万分厌恶，恨不得马上离开。

她想好了，毅然抬起头对郑大兴说：好吧，我来。

郑大兴松了一口气，笑了，就如一个猎人看到一个猎物掉进了自己设置的陷阱一样得意。

郑大兴不失时机地赶紧把手伸给了周曼，热情地说：欢迎你加盟"喜马拉雅"！

周曼犹豫了一下，出于礼貌，还是跟他握了一下。

回到梦花街，周曼就跟房东老太说要退房，两天里她一直缠着房东老太要她退回还剩一个月的房租。房东老太死也不肯，说上次你房间的灯坏了，是我帮你换的灯管；我一个新安装的热水器用了不到半年就修了三次，花的钱差不多就可以买台新的了，还不是因为你每天都要洗澡，平时洗什么都要用热水，使劲用用坏的吗？这些我都没有跟你算账，你还好意思要回房租，我不让你赔点钱出来就算客气的了。

周曼见房东坚决不肯让步，只好就自认倒霉，不打算再争，心想还好有高档的公寓在等着自己，并且是不用交租金的，心理就平衡了很多。

周曼看时间差不多了，便拖着行李箱去了梦花琴行。郑大兴跟她讲好，后天上午10点会让陶雄开车到梦花琴行来接她的。周曼想正好能跟大家告个别。

周曼先跟秦朗说：我就要走了。这段时间，周曼不怎么愿意理睬自己，秦朗是感觉到了的。对这，他没有太在意。周曼爱使小性子，喜怒无常，秦朗对这很了解，心想过段时间会好的。没想到她竟然突然提出要走，秦朗忙不放心地问：你要去哪儿？周曼犹豫了一下，便将郑大兴要她去他那里做公关部经理的事如实相告。

秦朗对郑大兴这个人印象并不好。当初第一次见面时，看到他总用色眯眯的眼睛盯着周曼看，就很讨厌他；后来又让周曼去拍广告片，还给了那么多钱，秦朗就怀疑他醉翁之意不在酒。他想提醒周曼当心点的，但怕周曼不高兴就没说。现在又让她去做什么公关部经理，他到底打什么算盘？秦朗忍不住提醒周曼说：你怎么也不跟我商量商量，就决定了这么大的事情。说实话，我很不放心的。

周曼不高兴了，心想：你是嫉妒我吧。于是没好气地说：我是你什么人啊，做什么事都要跟你商量，你不放心我干啥子嘛？

在琴行的老师都来围住了周曼，七嘴八舌地问她为什么突然就要走？去哪里呢？

……

秦朗知道周曼去意已决，强留已无必要，再说，自己又能给她什么呢？想起这一年多来，周曼时常要跟自己闹别扭，多半是因为自己没有满足她的各种要求，就怪自己没有迁就她，也没有照顾好她，心里顿时有了愧意，于是真诚向周曼提出：中午都到大富贵去，我来请你吃个饭，大家也都送送你，好不好？

周曼其实是很在意秦朗对自己的态度的，秦朗只要很体贴地关心她，她就会很开心。面对秦朗这么真诚地请她吃饭，她的心顿时就柔软起来了，不舍之意立刻就澎湃起来。她知道自己还是很喜欢秦朗的，她也真想跟朝夕相处了一年多的老师们再一起吃顿饭。这一年多来跟大家建立起来的友谊难以舍弃。但没时间了，陶雄的车已经停在了梦花琴行的门口。一声催她的喇叭声把周曼从对大家的不舍中惊醒。

大家簇拥着周曼，把她送出琴行。一辆香槟色的"宾利飞驰"停在门口。钟光惊叹：哇，豪车啊！

钟光说：看来周曼攀上高枝了。

一时，"啧啧"声不断。唯有秦朗心有忧虑。

陶雄下车，替周曼打开车门，恭敬地请她上车。

秦朗把陶雄拉到边上，很动情地说：我这个小妹妹很单纯也很娇气，我真怕她到了外面会吃亏，真的很不放心啊！以后你跟周曼就是同事了，请多多关照。要有什么事无论如何告诉我一声。拜托你了！

陶雄说：好的好的。

车驶离梦花琴行，沿着梦花街向大马路上开去。周曼看着街上熟悉的一切慢慢朝后退去，心里直觉得空落落的。在梦花琴行这一年多时间，她有过快乐也跟大家结下了友情，她知道这一切已经失去，不免黯然神伤。

陶雄将周曼带到了地处陆家嘴的雅泰酒店式公寓大楼里，陪她坐电梯到18楼，帮她打开1801房间的门，然后把门卡交给周曼说：董事长关照你就住这里，所有的一切都有人为你服务，你就放心住着吧。好了，我走了，你休息。

周曼忙问：董事长没说我哪天上班吗？

陶雄似乎突然想起来了，说：噢，董事长关照过的，他会通知你的。陶雄说完就告辞走了。

既来之则安之吧，周曼宽慰着自己。周曼进门后，自动感应器把房间里的所有灯都点亮了，满目金碧辉煌。眼前是一个很大的客厅，让周曼感到惊喜的是，客厅里竟然有架大三角钢琴。

周曼四处看了一下，发现有卧室、有衣帽间，还有卫生间、洗浴房，所有设施都很精美考究。周曼想：这不就是一个高档宾馆吗？

突然房间里响起了悦耳的音乐声，周曼循声找去，发现原来是床头柜上的座机响了。周曼拿起电话话筒，话筒里传出一个温柔的女声：周小姐，你好！我是雅泰酒店式公寓的服务员，我姓王，我的工号是007，现在我为您服务。我们这里健身房在3楼，室内游泳池在7楼，餐厅在10楼。"喜马拉雅"钢琴公司已经承诺为您结算所有费用，请您放心使用。您如果需要在房间里用餐，可以打餐厅服务电话，他们会按您的要求及时送餐上门。祝您愉快！打扰你了，再见！

说到用餐，周曼的肚子叫了起来，她感到饿了。想起可以送餐上门的，周曼想不妨试试，重又拿起话筒……果然，不到10分钟，就有人按门铃。一个服务员推着一辆餐车出现在门口。送上桌的正是周曼点的夫妻肺片和干烧鱼以及麻婆豆腐，味道正宗，是地道的四川菜。

吃饱了喝足了，周曼开始弹琴。她正在练拉赫玛尼洛夫的第二钢琴协奏曲，她准备练好了，以后就作为申请美国茱莉亚音乐学院研究生的报名曲目。

第二天，周曼给郑大兴打了一个电话，询问上班的事情。

郑大兴关心地问她：我给你安排的生活你觉得还满意吗？

周曼由衷地说：悠闲自在，饭来张口，还有世界上最好的钢琴与我相伴，就快赶上皇宫里的帝王生活了，我还有什么不满意的？谢谢董事长！

郑大兴得意地大笑，讨好地说：那你就尽情地享受吧，客厅里的钢琴是我特地为你准备的。你知道吗，为了把这架钢琴摆进你的房间，我派了我们公司最好的4个技师整整忙了一天一夜。你就好好做你钢琴家的梦吧，至于上班的事你就不用操心了，有事我自会找你。

放下电话，周曼又去弹琴，这琴的音色真是太好了，手感也极其舒适。郑大兴刚才的话让周曼久久地感动着，在弹琴方面，从来没有人为她想得这么周到细致过，这又恰恰是最能打动她内心的，此刻她对郑大兴更是充满了感激。她觉得该感激的还远不只这些，他对她还有难得的知遇之恩。周曼大学毕业后，为了找到一份满意的工作，也不知找了多少单位，递了多少简历，不但是四川和上海，全国各地都有。用人单位几乎都嫌她学历太低，都跟她说，现在想进乐团做钢琴演奏，想进大学当老师，即使你有研究生学历也很难，国内的研究生是一把把抓，根本不稀奇，最好是有国外名校的研究生学历，那就比较好办了。

她又想：可郑大兴从来不讲这些，他跟我一见如故，他看重的是我非凡的才能，看重的是我出众的形象条件。他当然没看错，他真的是慧眼识珠，一个相中千里马的伯乐啊！

当然周曼觉得他这里并不是她的久留之地，等干完了两年，挣够了钱，我就远走高飞，去实现她的钢琴家的梦想。周曼的幸运、得意、梦想、感激，全通过她的双手传递到了琴键上，钢琴激情地歌唱着，琴声在房间里轰鸣、回旋，感染着周曼更加投入地在钢琴上尽情表现，音乐进入了"拉二"的第三乐章，钢琴暴风雨般奏出刮奏的华彩，雄赳赳地奏出激昂的第一主题……继而，第二主题在C大调上奏出，汇成一首激情澎湃的宏伟赞歌……整个第三乐章一气呵成。成功了！周曼非常激动。她在心里感谢着郑大兴，感谢他为她提供了这么舒适的环境，这么棒的钢琴。

一个星期后的一天傍晚，周曼正在练琴，门铃响了。开门一看，郑大兴出现在门外。周曼以为董事长是来通知她上班的，于是说：你是来通知我上班的，对吗？打个电话就行了，何必要让你特意亲自跑一趟呢？

郑大兴不请自进，大摇大摆地就往里走，边说：我是来给你报喜的。我刚从黑龙江回来，告诉你一个好消息，东北三省的单子全签下了，好几千万啊。你知道吗，我们的广告片给客户一放，这些人都看呆了，都夸你美得赛过天仙，当然也对我们的钢琴赞不绝口。周曼啊，你可真是为我们公司立下大功了！

郑大兴在客厅的沙发上坐下，从包里掏出一瓶酒往茶几上一放，说：陪我喝点，咱们庆祝庆祝。我还没吃饭呢，你吃了没有啊？

周曼忙说：我也没有。我马上给你叫餐。说着便去打餐厅服务电话，特意多要了些菜。

过不多会儿，服务员小哥推着餐车来了，各色各样的菜放了满满一桌子，周曼是想趁这个机会谢谢郑大兴的。郑大兴打开酒瓶盖，酒一下子就喷了出来，洒得满地都是。郑大兴忙叫周曼去拿个拖把来。趁周曼走开的时候，郑大兴迅速从包里取出一小包药粉放在其中一个杯子里，然后往两个杯子里都倒满了酒。

郑大兴自己手里拿一杯，把另一杯送到周曼跟前。

周曼为难地说：我不会喝酒的。

郑大兴说：知道你不会喝酒，我特意带了瓶小香槟来，跟汽水一样，度数比啤酒还低。你放心，不会醉的。来，为我们"喜马拉雅"拿下东北市场干一杯！他把酒杯硬塞给了周曼。

周曼不得不接。

郑大兴举杯跟周曼手里的酒杯碰了一下，一仰脖子将杯里的酒一口喝尽，然后催着周曼说：干，干，给个面子吧。

周曼想想确实也该喝，自己也算是喜马拉雅公司的一员了，公司有喜事自己应该跟着高兴才对。再说，也该趁这机会对郑大兴表示一下感谢才是，于是也学着郑大兴，豪爽地将一杯酒一口喝干。

过了不多一会儿，周曼奇怪怎么郑大兴说话的声音越来越小，好像他在很远的地方跟自己说话，渐渐地她觉得很困，人轻飘飘了，浮在了半空，飘向了很远很远的地方，一大片黑暗在扑向她。周曼被黑暗吞没，毫无知觉了。

郑大兴一直将眼睛瞪得大大地盯着周曼，看着她慢慢闭起眼睛瘫软在了沙发上。郑大兴的眼睛里顿时放射出了野兽一样贪婪的光，他急不可耐地扑向周曼……

周曼突然睁开了眼睛，感觉头疼得很，她奇怪自己怎么躺在床上，还赤裸着身体？再一看，身旁竟然有人，是个肥胖的男人，竟然是郑大兴！

周曼顿时明白发生了什么事，气愤至极，赶忙捡起散乱在地上的衣服胡乱地穿上，对着郑大兴大声骂道：姓郑的，你是个畜生，畜生！说完，大哭起来。

郑大兴被惊醒，慢慢地也穿起衣服，边若无其事地说：昨晚上我们两个人都冲动了，都没有控制好自己，所以……抱歉啊！

周曼更气了，随手拿起个枕头就朝郑大兴砸过去，并拿起手机说：我要报警，你就等着公安来抓你吧！

郑大兴却不慌不忙，他起床坐到了一张沙发上，跷起了二郎腿，阴阳怪气地说：我请你想好了再报警。你告我什么呢？强奸吗？谁相信呢？你在这里都住了一个礼拜了，是我把你绑来的吗？你自己愿意的嘛。我那么好心地让你在这里吃喝玩乐，把你当成王后娘娘一样服侍，我像是要强奸你的样子吗？我倒是担心公安会怀疑我们是在卖淫嫖娼。你自己想想，要是强奸不成立，那就只能按卖淫嫖娼处理了，说起来也像是这么一回事，我确实是给了你钱的，我们之间有交易。这个月的工资4万元我已经打到你卡上了，你马上就可以查到。如果公安按这个罚我，我也只好认了。我颜面丢尽是小事，那你怎么办呢？堂堂一个学艺术的大学生竟然卖淫，你以后还怎么做人呢？我告诉你，我有中国最好的律师，他们会为我辩护，你告不了我强奸的。你一定要这样做，最终身败名裂的是你自己。

郑大兴停顿了一下，偷偷观察了一眼周曼，发现自己的威胁起了作用，她已放下了手机，便继续说：我当然不想闹到这种地步，何必呢？说句心里话，我真的是喜欢你，从见到你的第一面起，我就再也忘不了你了。我对你好，也都是发自内心的，我愿意让你过上好日子。我希望你能冷静下来好好想想，值不值得。如果不愿意，你现在就可以走，我该给你的已经给你了，我不觉得自己亏待了你。愿意在这里待下去，那就继续过你的帝王生活，我也会继续每月给你打钱，当然，你得像昨晚那样陪陪我。我知道你的理想是出国读研究生，我愿意帮助你，你想想这样是不是很公平呢？

周曼看着郑大兴一副厚颜无耻的样子，怒不可遏，恨恨地骂道：原来这一切都是你精心布的局，让我一点点上了你的圈套，你真卑鄙！

郑大兴觍着脸说：好吧，你说我卑鄙就卑鄙吧。不过，实在要怪的话，那只能怪你长得太美了。是个男人都会对你动心的。我也知道自己长得很丑，年龄比你大很多，我配不上你，但我有钱，明白吗？我有很多很多的钱！郑大兴歇斯底里了。

周曼气极，也咆哮起来：你走，我不想看到你！

郑大兴听了心里却是暗暗开心：她只是要我走，并没有表示自己要马上离开，说明她还是打算留下来的。于是欲擒故纵地说：我走，这就走。你自己也想好，你是自由的。我不喜欢强人所难。我希望的是两情相悦，当然我决不会亏待你。说完就一摇一摆地走了。

等郑大兴走后，周曼立即冲进洗浴房，把水开到最大，她觉得自己太屈辱、太脏了，她想用水把这一切都冲走冲干净。周曼越想越气，这明摆着是吃亏了，还奈何不了他。如果真跟他拼了，最终结果真有可能是不但没伤其筋骨，自己反而倒是名誉扫地。周曼越想越委屈越想越伤心，哭了起来，任泪水洒在自己身上。

这时已经到了中午吃饭时间，周曼的肚子又叫了起来，她赌气地打电话给餐厅说：我要瓶茅台酒，再把你们这里最贵最好的菜给我送来。

送餐小哥又给她送来了满满一桌子的珍馐美馔，其中竟然还有一只烤乳猪。送餐小哥说：我们按您吩咐，把最贵最好的菜给您送来了，请慢用。

周曼感到很痛快，好像让郑大兴多花些钱就能报复到了他似的。

周曼突然想到郑大兴刚才说把这个月工资打到她卡里了，他有没有骗自己呢？周曼赶紧用手机查了一下银行卡，果然有4万元的入账。周曼松了一口气，但很快又悲伤起来，感到万分的屈辱。只有用酒来麻醉自己了，周曼抱着酒瓶就喝了起来，直至大醉。

接下来差不多一个月的时间，周曼在既紧张又盼着有钱打进来的复杂心态中生活。紧张是她怕郑大兴哪天又突然闯将进来，周曼厌恶透了他，她知道如果郑大兴再一次侵犯她的身体，她肯定会疯的。同时，另一种希望得到补偿的心理又在支撑着她苟延残喘。她一点也不感到羞愧地认为：郑大兴就该给我钱，并且再多也是我应该得的。

门铃突然响了，周曼一想到郑大兴满身的赘肉就感到恶心得想吐。怎么办呢？周曼将自己陷在沙发里不知所措。

门铃持续地响着，大有不达目的决不罢休的威逼气势。周曼想今天是躲不过了，只好硬着头皮走去开门。一边壮烈地想：最多跟他拼了！周曼随手抓了一把餐刀在手里，藏在身后。

她哪里知道，此刻站在门外的却不是郑大兴，而是郑大兴的老婆陶慧。

第十二章

陶慧在郑大兴当时选周曼做广告片的演员时，就警告过他：不许动人家小姑娘的歪脑筋。为妻的对自己的男人心知肚明：人还不错，就是花花肠子多了点。看到周曼这么楚楚动人，陶慧不得不抱有戒心。

郑大兴是一个农民的孩子，家住杭州乡下。20岁那年，郑大兴被他父亲送到杭州城里的一家钢琴厂当学徒。他的师傅就是陶慧的父亲。小伙子聪明伶俐，还很好学，很快就学得一手好手艺，深得师傅的喜爱。郑大兴进厂那年，陶慧已经是浙江大学企业管理专业二年级学生了。

郑大兴第一次见到陶慧是在师傅的家里。师傅得了癌症，已到晚期，在家等死，做徒弟的特地买了水果上门看望。来为他开门的人正是陶慧。陶慧和郑大兴同岁，20岁出头正是花颜月貌的年纪。随着银铃般"谁呀"的一声问，门开处，一个光艳照人的女子出现在郑大兴的面前，但见她柳眉杏眼，肤如凝脂，微微一笑，媚态横生。郑大兴不由得在心里叹道：美艳无比！

师傅家住一单独小楼。师母早已病逝，这楼里就只有师傅和女儿居住。自走进这座小楼，郑大兴就心猿意马，再也不得安宁，眼睛时不时地在陶慧脸上停留，看得陶慧都有点不好意思了。师傅在楼上卧床休息，郑大兴待了一会儿便告辞。师傅关照女儿：送一送大兴。这正是郑大兴巴不得的。到了楼下，郑大兴突然站住问陶慧：你有男朋友吗？

陶慧摇摇头，心里慌了起来。郑大兴的眼神早已将他对陶慧的一见钟情告诉了她。陶慧看懂了，心怦怦直跳。眼前的这个人她多次听到过父亲对他夸赞，说他聪明，说他对师傅有情有义，很懂事。小伙子长得白净清秀，年轻时身材精瘦也不像后来发福了像个笨重的企鹅。陶慧情窦初开，被这个看起来并不讨厌的小伙子轻轻一撩，不免心怀小鹿。

郑大兴不善巧言令色，却色胆包天。他本来想对陶慧做一番表白的，脑子里却是一团糨糊，怎么也搜索不出甜言蜜语来，情急之下，他索性就霸王硬上弓了，一把抓住了陶慧的手，笨拙地说：那你做我女朋友好了。

不！陶慧拼命摇头，她是害怕了。

一听到不，郑大兴就急了，他不能容忍陶慧对他说不。你必须是我的！他脑子一热，抱起陶慧就冲进一间开着门的房间里，把她掼在床上，跟着人就盖了上去。陶慧想喊救命，又怕惊着了楼上生病的父亲，就只好用手抓用脚踢，终究是敌不过像猛虎一样的郑大兴，她不再做无谓的挣扎，心里倒是冒出了一个遗憾的想法：如果他不是这么粗野就好了。

突然，郑大兴停止了动作，他听到陶慧轻轻地咕哝了一句：有人！他发现陶慧的眼睛是朝门口看着的，赶紧也回过头去看，顿时吓得魂飞魄散。他看到师傅站在门口。

郑大兴忙翻身下床，连滚带爬，跪倒在了师傅面前，举起两手左一下右一下，抽打起自己的耳光来，边悔恨地连连说道：我该死！

师傅倒显得平静，有气无力地对郑大兴说：大兴，我只问你一句，你是不是真的喜欢她？

郑大兴真诚地说：是的，真的喜欢。

师傅又问女儿：慧慧，你喜欢他吗？

陶慧惊魂未定，低头不语。

师傅凄切地关照女儿：爸爸没几天了，你以后就跟着大兴。

师傅哽咽起来,对郑大兴说:你要对她好点,答应我!

郑大兴将头叩到地板上,大声发誓说:我答应!

师傅挥泪起身,踉踉跄跄地回楼上去了。

郑大兴走近了陶慧,轻轻说:我会对你好的。

陶慧流泪了,扑在了郑大兴身上。

师傅死了以后,郑大兴就搬进小楼跟陶慧住在了一起。后来钢琴厂经营不下去关门了,郑大兴萌发了自己做的念头。陶慧不但拿出几乎所有的财产支持他,还帮着他一起做。不过,陶慧留了一个心眼,把所有的投资都做了公证。在"喜马拉雅"钢琴公司从无到有从小到大的发展过程中,陶慧始终跟郑大兴同甘共苦,贫富同在。公司做大了,陶慧理所当然成了公司董事,还比郑大兴握有更多的股份。陶慧平时不上班,但对公司发生的一切都了如指掌,公司到处都有她的人。陶雄是她陶家的人,更是听命于其堂姑妈陶慧。

公司做大了,郑大兴钱多了,也有了一连串的头衔,他开始出入声色场所寻欢作乐。陶慧气得骂他"狗改不了吃屎"。郑大兴就用生意说事,为自己辩解说:想要赚钱,难免要有应酬,逢场作戏而已,还劝陶慧不必在意。陶慧知道做生意不易,想想丈夫说得也有点道理,于是也就睁一眼闭一眼。如今,郑大兴胆大包天,竟然把周曼带到了身边"养"了起来,这陶慧绝不能容忍。陶慧从陶雄嘴里知道了周曼被郑大兴"养"在了雅泰酒店式公寓,郑大兴竟然还在那过了一夜。陶慧气得发抖,对着郑大兴大骂,说:你要是敢不把那个小姑娘赶走,你就等着我收拾你吧。到时候你不要怪我绝情,都是你自己找的。

郑大兴知道陶慧的意思,他会被陶慧赶下台,还会被赶出家门。不当董事长也就罢了,让他离开女儿和即将出生的儿子,这他万万不能接受。他相信陶慧会这么绝情。结婚的时候,陶慧曾警告过郑大兴:说实话,我最讨厌你的见色起意。你欺侮我,我既然已经嫁给你了，也就算了。可是，你如果以后再敢这样去欺侮别的女人，我绝不饶你。

郑大兴见事已败露，就赶紧认错，求陶慧饶了自己，差一点又要下跪。他已经看出周曼绝不是一个任他摆布的玩偶，很难降伏，既然陶慧已经知情，并下了最后通牒，就顺水推舟，了结了算了。于是对陶慧说：我一定听你的，马上解除小姑娘的公关部经理职务。不过，请神容易送神难，这事就麻烦夫人处理一下吧。

陶慧鄙夷地说：还要我给你擦屁股，真气人！

周曼见到陶慧吃了一惊，陶慧身后还站着陶雄和一个身强力壮的小伙子，更让周曼觉得有点害怕，心想：难道她知道了自己跟郑大兴的事了，是来找我算账的？周曼恨透了郑大兴。周曼悄悄把手里的餐刀扔了，硬着头皮小声问：董事长夫人，您找我吗？

陶慧没有答话，只管挺着肚子径直慢慢地往里走，坐到了沙发上后才对跟随着自己的周曼说：我的确是来找你的。我还得要先自我介绍一下，我陶慧，喜马拉雅钢琴股份公司的董事。本来这事不归我管，但董事会委托我来，我只好就跑一趟了。你看我的身子其实多不方便。

周曼听出了陶慧话里的抱怨，不免感到了心虚，更害怕了，吓得一句话也不敢说了。

陶慧低垂着眼睛，继续说：郑大兴很欣赏你的才华，所以聘任你做喜马拉雅的公关部经理，他人看的是对的，周小姐确实才貌双全，人才难得，这没错的。可是，郑大兴错就错在，这么重要的人事任命没有经过董事会讨论，自己就擅自做主了，董事们对他很有意见，现在董事会经过认真讨论，决定撤销郑大兴对你的聘用决定。这是我们公司工作上的疏漏，给周小姐带来了麻烦，我代表公司向周小姐说声抱歉。

随后，陶慧拿出一张银行卡，放在茶几上，先问：上个月工资你收到了，对吗？

周曼忙说：是，是。

陶慧随后说：这个月才过去2天，但公司仍然按半个月结给你工资，这里是2万元，请周小姐收下。这事就这样了好不好？周小姐你还有什么意见吗？如果有意见现在可以跟我提出来，我可以代表公司现在就答复你。

周曼听了陶慧这一番说，见担心的事并没有发生，倒是轻松了些。此刻面对挺着大肚子的陶慧，她心里反而感到了羞愧。这荣华富贵的一切本不属于我，还有什么好说的呢？只怪自己爱慕虚荣，怪自己黑白不分，错把魔鬼当成好人，自己真是瞎眼了。她于是赶紧表态：我没有意见。

陶慧一听随即起身，边说：那好，那我就走了。她走几步又回身说：噢，我忘了说，这房子公司已经安排给外国专家使用了，他明天就要入住，所以请周小姐抓紧搬走。又对年轻力壮的小伙子说：你留下，帮帮周小姐，说完头也不回地出门去。陶雄跟随而去。

小伙子坐下了，对周曼说：周小姐，有需要我出力的只管吩咐。

周曼忙说：没有，没有，我东西不多，自己就可以了。说完赶紧将衣物等放进拉杆箱。她已经看出陶慧放这个身强力壮的小伙子在这里，其实是让他盯住自己，催她赶紧离开的。她何不想快点走呢？她再也不愿意在这个伤心之地待下去了，连一分钟都不愿意，得赶紧走。

这个年轻人见周曼拖着拉杆箱在朝门外走去了，便指着茶几上的银行卡提醒她说：这是你的，别忘了带走。

周曼并不是忘了，她是矛盾着，既想拿走又觉得这钱不干净。这个年轻人的提醒，倒是帮助她下定了拿走的决心：为什么不要？我牺牲了自尊，被野蛮地夺去了贞操，这是多少钱都买不来的。我如果连这2万元都不拿，那真是太便宜这个禽兽了。于是大踏步走去，她把银行卡抓在了自己的手里。

周曼走出雅泰酒店式公寓大门的时候感慨万千，她庆幸自己摆脱了郑大兴这个魔鬼的纠缠，但也为自己因为贪图虚荣而遭致的奇耻大辱感到痛心疾首。在酒店门口她停住了脚步，去哪里呢？她感到了走投无路的绝望。突然，她看到了一个熟悉的身影在向自己奔来，竟然是秦朗！周曼呆住了，他怎么会出现在这里？

原来，陶雄在送陶慧去雅泰酒店式公寓之前，想了想还是决定给秦朗打了个电话。陶雄一直对郑大兴背着自己的堂姑妈在外面寻花问柳，心有鄙视。当眼看着貌美如花且才华出众的周曼正在落入他的魔掌时，他心有不忍，为周曼深深感到了可惜。他将这一切都告诉了陶慧，也是为了让周曼能得到解救，逃脱被人欺骗、玩弄的厄运。他只是告诉秦朗：周曼已经被公司"解雇"，中午将要离开雅泰酒店式公寓。他知道周曼是个外地姑娘，在上海举目无亲，陶雄担心周曼受此打击，一时想不开，会做出什么傻事来，得有人关心一下她才好。他看得出，秦朗对周曼有种特殊的关心，所以就打了这个电话。

秦朗突然接到陶雄电话，感到事有蹊跷，追问难道周曼出什么事了吗？

陶雄说你最好别问，更不要在周曼面前问这个问题。

秦朗大致明白了是怎么一回事了，于是再也不问，心里只是为周曼感到痛惜。

周曼看到秦朗，心里很是羞愧：当初要是听秦朗的，也不至于落此地步。周曼觉得难以面对他，低头沉默着。秦朗什么也不说，把拉杆箱从她手里接过来，然后说道：走，跟我回家。

回家！多么温暖的召唤。这是亲人间才会有的关怀，周曼感动了，越加感到委屈，她不顾一切地扑在秦朗身上大哭起来，说：秦朗，我错了，真的错了！

秦朗轻轻地拍着她的后背，安慰说：知道就好，没事。

秦朗打个车，带着周曼直接回到了自己的家里，毅然决然地说：你就住在这里，这里就是你的家，你睡我房间，我睡客厅。

终于听到秦朗对自己说出了这么心疼的话，周曼感到很满足。

秦朗想好了，以后一定要像对待自己的亲妹妹一样迁就她，她想要什么，只要自己能做到就都给她。

见儿子又带了一个漂亮可爱的姑娘回家，秦悦悦多么希望她是儿子的女朋友啊，于是悄悄问秦朗：这下是女朋友了吧？

秦朗抱歉地摇摇头，简要地说了一下周曼的情况，问妈妈：我想让她住家里行不行？

秦悦悦很乐意，说：当然可以。

这是个一看就让人喜欢的姑娘，秦悦悦很乐意跟她相伴，对儿子的善良、乐于助人，她更是十分欣赏。

吃晚饭的时候，秦朗的手机响了。秦朗一看是蒋大明打过来的，特意将手机给周曼看了一下，然后到房间里跟蒋大明通话。

好长时间秦朗才回到餐桌上，把手机给周曼说：大明要跟你讲话。

相互问候后，蒋大明说：我过几天飞上海，你等着我。

周曼问秦朗：他怎么会联系你的？

秦朗说：就在你去喜马拉雅的这段时间里，他突然打电话找到我，问你的情况，说打你电话你电话永远是提示音"你拨打的电话正在通话中"，他很想你，也很担心你，他对你不放心啊。

秦朗还告诉周曼，蒋大明毕业后回到了家乡广州，现在在一家歌剧院做合唱演员。蒋大明并不满足，还一心想出国深造。

周曼听了感慨万千，想不到蒋大明竟是如此死心塌地，对自己一往情深。有人牵挂着真好！一股暖流流遍周曼全身。

秦朗没有想到招了一个邱天来梦花琴行学琴，竟引来了一大批自闭症儿童。

邱天跟秦朗学了半年，就能把小提琴玩得滴溜溜转了，在秦朗的细心引导下，邱天已经拉完《铃木》教材的大半，已经可以和秦朗一起拉巴赫的《d小调双小提琴协奏曲》了。

六一儿童节那天，苏雯特意把秦朗请到星星宝儿童康复园，让他跟邱天一起表演了巴赫的《d小调双小提琴协奏曲》。台下的家长都被邱天娴熟的技巧和老练的台风惊到了。苏雯向大家介绍说：自从儿子学上了小提琴，性情大变，平常已经非常愿意跟妈妈沟通交流，也非常喜欢文化学习，不但能写简单的日记，算术也有明显进步，现在已经能做乘法除法了。已经有一所民办小学愿意接受他入学，跟正常的孩子一起学习。家长们听了都啧啧称奇，当场就有家长对秦朗提出要求，希望自己的孩子也能到梦花琴行学习一门乐器。秦朗解释说：不是每个自闭症孩子都适合学习乐器的，要经过老师的专业评估，才可以决定能不能学。他请家长们可以带孩子到梦花琴行来做个测试。秦朗真诚地答应大家：只要你的孩子确实具备学习乐器的条件，我们琴行的老师一定会好好教他（她）的。

苏雯见此情景，真是又喜又忧。喜的是，音乐为开发自闭症儿童的智力，纠正他们的行为习惯打开了一扇窗，这是苏雯最乐意见到的事情；忧的是，这一来却给秦朗增加了负担，一大批自闭症孩子都涌到梦花琴行去，秦朗怎么招架得住呢？这可如何是好？

一个家长举手提问了：我想知道琴行是怎么收费的？

秦朗如实答道：对初学的孩子，琴行每节课收150元，我们交费规定是三个月一交。

家长们立刻交头接耳起来了，随后便一个个离去，走得一个都不剩了。

在苏雯开车送秦朗回市区的路上，秦朗对苏雯说出了自己心中的疑问：难道他们都嫌学费太贵了吗？

苏雯解释说：像这种家庭，夫妻俩总会有一个不工作专门在家陪伴孩子。靠一个人工作支撑家庭，往往家里的经济都比较拮据。这笔学乐器的费用，可以说，算不得太昂贵，可是对他们来说，就会是一笔不小的开支。

明白了。秦朗听苏雯这么一说，一个念头一闪而过，他自然而然地想到学着苏雯做公益，但他马上就放弃了这个想法。

对可能有一大批自闭症儿童来琴行学习乐器，秦朗倒没有觉得是什么麻烦。邱天的变化生动地诠释了"音乐改变生活，音乐使生活更美好"，秦朗相信学习音乐热爱音乐，从而感受到生活的幸福，这恐怕要比成为一个音乐家意义大得多。琴行的主要使命就是为了普及音乐，如果从中能够为社会接纳自闭症儿童起点作用，秦朗觉得很棒。但是如果做公益的话，恐怕就力所未及了。琴行还只是略有盈余。也幸亏靠开琴行赚了点钱，可以让妈妈放心治病，有些进口药也敢用了。这必须保证。这是秦朗最为看重的一件事。退一步讲，即使我自己可以不求报酬，但不能要求所有老师都这样做。很多老师都是从外地来的，在上海生活，光租房就给老师们造成了很大的压力。怎么能忍心让他们在自身生活都无法保障的情况下，叫他们去无私奉献呢？不可以！

秦朗坦率地跟苏雯讲了自己的想法。秦朗对自己没有能力帮助到更多的自闭症孩子而感到深深的遗憾。为了表明自己的无奈，秦朗对苏雯说出了自己的家事。有些话他虽然没有明说，但在他充满抱歉的语气里完全让苏雯理解了他的有心无力心情。

听秦朗说了他妈妈的病情和他自己为何栖身琴行,苏雯不免吃惊:没想到他的母亲竟然遭此厄运。苏雯不由得心痛了:他还是一个未经世事的孩子,却毅然挑起了独自赚钱救母的重担,他的压力该有多大啊!他不仅在自己的母亲面前是个孝子,对毫不相干的路人也肯解囊相助,真是太善良了!苏雯在对秦朗充满感激之余,对他又多了一层敬意。

跟秦朗分开后,苏雯内心久久不能平静,一直在想着怎样来帮秦朗化解这个遗憾。她决定了:把置换房子剩下的钱款拿一部分出来,补贴给自闭症孩子学习音乐。苏雯将金门花苑房子卖掉后,在松江靠九亭的地方另买了一套住房。九亭地处郊区,房价只有市中心老西门房价的三分之一,苏雯花100多万元就买到了不比原来房子小多少的住房。

她先询问了家长:如果琴行按学费的4成收费能否承受?苏雯是想将该付给老师的6成由她来贴补。家长都说可以。苏雯又细细地算了一笔账:每个孩子每月需要贴补360元,一年就是4 000多元,就算有一二十个孩子想学,一年至多也就不到10万元,这她还能承受。毕竟置换房子让她有了一笔钱,手头比较宽裕了。当然还得省着花,钱主要还得用在康复园的继续运转上。

苏雯很想赶快把自己的想法当面告诉秦朗。她想看到秦朗紧锁的眉头舒展开来,她喜欢看到秦朗开心地笑。当她发现自己其实是非常想接近秦朗时,她感觉到自己脸在发烧。有多少时间没有过这样对一个男人暗暗喜欢了,在离婚后的那段时间里,苏雯早已忘记了自己是一个女人,完全忽略了一个女人的情感需求。因偶然间接触到的秦朗,她重新看到了希望,唤醒了她对生活的热爱。

最能让苏雯感到怦然心动的,是她在看秦朗给邱天上课的时候,他对孩子总是不厌其烦地耐心讲解,每做示范演奏也是极其认真,一丝不苟。苏雯觉得,一个男人的魅力莫过于此了。

苏雯迫不及待地给秦朗打了一个电话，说：我们来谈谈自闭症孩子学乐器的事吧，我有了一个好主意。两个小时后，我们在徐家汇港汇广场楼上的一茶一坐见面可好？我请你喝咖啡。

苏雯知道秦朗家住港汇广场附近，所以很贴心地选了港汇广场这个地方。她只想着给秦朗方便，对自己要从九亭开车赶过去，却一点也不在意。她很情愿。

秦朗还在为自己不能帮到自闭症孩子而闷闷不乐。听到苏雯说有了个好主意，他倒是很想听听，于是一口答应。当秦朗想明白了苏雯选择在港汇广场是为了方便他时，心里感到暖暖的。

苏雯很开心，随即就开始打扮起自己来，又是敷面膜又是涂口红描眉毛。她提醒自己，化妆不能太重，淡妆即可，不然会吓着了他，很长时间没有这份心情了。她穿的衣服也是挑了又挑，足足折腾了一个小时。

邱天一直围着妈妈转，不时会问妈妈一句：去约会吗？苏雯从孩子闪光的眼睛里看出，他是乐意妈妈这样做的。孩子不止一次跟她讲过：妈妈，你给我找个爸爸吧。邱新国自从结婚后，再也没来看过邱天。倒是找过苏雯几次，是想收回当初的许诺。他跟苏雯诉苦说，老婆一下生了两个，是龙凤胎，又要还房贷又要养孩子，我实在是承受不起。在这之前，邱新国每月都给好几万，现在他提出每月给一万。苏雯考虑到孩子有了好转，就同意了。

苏雯想跟儿子说：妈妈不是给你去找爸爸。妈妈只是很喜欢你的老师而已。苏雯很清楚，如论婚恋，自己是配不上秦朗的，且不说自己比秦朗大了8岁，更糟糕的是自己还结过婚带了一个自闭症孩子。

秦朗看到苏雯在朝自己走来，不禁瞪大了眼睛，是苏雯，也不是苏雯，她变得好漂亮。正是盛夏时节，苏雯穿一件无袖藕色短衫，配齐膝银灰底色的暗格短裙，脚蹬一双中跟细皮镂空凉鞋，既清爽素雅，又青春时尚。以前苏雯的头发从来都是随意地马尾巴一把抓，现在她让一头秀发如瀑布一般地披散了下来，自由而洒脱，别有风韵。从她那从容优雅的举止中，不经意地散发出成熟女人特有的性感和芬芳，这是一种由内而外的芬芳，从心灵深处不疾不徐地源源流出，芳香而不扑鼻，知性而耐人寻味。

秦朗忍不住赞叹道：惊为天人，赏心悦目啊！

苏雯很开心，在心里羞涩地想：女为悦己者容，秦朗你可知晓，今天我是为你而改变啊。

美丽的少妇加上香浓的咖啡令秦朗心情大悦。

苏雯将自己的打算告诉了秦朗。秦朗却不同意。其实秦朗也一直在想怎么既能帮到自闭症孩子，又不要影响老师的收入，至于琴行收入这块他可以放弃。既然家长们愿意接受40%的学费，那老师们的收入基本上就有了，也就是说苏雯不必贴补60%，只需要贴补20%就可以了。

秦朗把自己的想法说出来后，苏雯也不同意，她坚持说：我还是愿意贴60%，我不能让琴行一分钱收入也没有。她现在很清楚了，琴行的收入关系到秦朗妈妈的治疗。她一定要为秦朗分担忧愁的。

秦朗明白了苏雯的好心，很感激她，但仍然坚持自己的想法，他恳切地对苏雯说：你不必为我担心的，琴行少收入这点钱，不会影响到我给妈妈治病的，我心里有数。倒是你的康复园急需要用钱，你的钱还是尽量用在康复园吧。我这样考虑，也是为了满足自己的一个心愿，你就成全我吧，让我也能为可怜的自闭症孩子出把力。我真的很愿意。

苏雯看着秦朗一副真诚的样子，觉得没有理由不答应他，但还是很体贴地说：好吧，就照你说的做。不过，我要你记住，你妈妈那边需要花钱，如果你手头紧一定要告诉我，我会帮你，并且一定会帮到你！

秦朗答应了苏雯，他知道她是诚心的，他这样表示是为了让她开心，其实还是为她担心的，于是说：说真的，我还是为你的康复园担心，真怕哪天你资金又紧张了，难道你再卖房不成？

苏雯为了让秦朗不要太为她担心，特地把市残联宋副主任来星星宝儿童康复园考察的事告诉了他。宋副主任夸奖了星星宝资质齐全、规范专业，还对苏雯说：我想争取让星星宝儿童康复园跟残联挂上钩，这样你就可以得到政府的资金帮助，不会那么吃力了。

秦朗果然感到了宽慰，说：如果能成倒是好的。

共同的善良把他们两人的心贴在了一起，从此在秦朗和苏雯的生活里都多了一个愿意为彼此献出一份善意的知己。他们都为自己能跟对方走得更近而感到无比欣慰。

梦花琴行又热闹起来了，小小的琴行被挤得满满的，都是家长带着自己的自闭症孩子，来要求做专业评估的，他们很想让自己的孩子能像邱天一样学个乐器。老师们都忙着跟家长和他们的孩子交谈，了解他们的意向，给孩子做听音模仿和节奏模仿，以测试孩子的音乐感觉。苏雯也来了，忙着做登记，安排孩子跟老师见面，琴行里到处都响着她的声音。几天忙下来，终于确定有20个孩子适合学习乐器，其中15个孩子分别被交到了钢琴、小提琴、吉他、架子鼓老师的手里。5个孩子适合学习声乐。秦朗这下犯愁了：到哪里马上找个声乐老师来呢？

这时，毛长生喊道：秦老师，有人找！

秦朗跑到门口一看，来人竟然是蒋大明。两人高兴得又是握手又是拥抱。秦朗开心地说：天啊，你怎么出现得这么及时呢？我这里正需要声乐老师，你这一来，我就不能让你走了，给我留下来，为孩子们上课吧。

蒋大明满口答应，然后急着问：周曼呢？

詹新跑来跟秦朗说：我一下子增加了5个学生怎么上得过来？快

让周曼来帮着一起上课吧。

秦朗把蒋大明带到大富贵,说要给他接风,然后打电话叫周曼快来,说要给她一个惊喜。

周曼见到了蒋大明果然感到了惊喜,第一句话就问:你真的是为我来的吗?

蒋大明说:当然,当然!

周曼立刻感动,所受的委屈一下子又汹涌起来,呜呜地哭个不停。蒋大明心疼地把她揽入怀里,好言相慰。

周曼娇声娇气地说:那你不能走,陪着我。

蒋大明说:当然当然。

周曼立刻破涕为笑。

秦朗适时地对周曼说:蒋大明已经答应来琴行给孩子们上声乐课了,你也该回琴行上课了吧?

周曼爽快地答应:好啊好啊。

饭毕,三人下楼走出大富贵,周曼看看秦朗又看看蒋大明,意思是我跟谁走呢?

蒋大明心想,你当然得跟我走,于是就主动去牵了周曼的手,周曼心里一喜,眼睛却朝着秦朗看。秦朗祝福地笑着说:去吧。

周曼这才满足地笑着,紧挨着蒋大明,由他牵着走了。蒋大明就住在老西门的西门宾馆。来上海之前,蒋大明的父母给足了他在上海生活的钱,说你还要带着周曼一起生活的,上海的物价多高啊,可不能苦了你们。本来他们是不同意儿子去上海的,儿子正在申请出国读研究生,做着一切准备,这时候去什么上海呢?后来儿子跟他们说了自己此行主要是为周曼而去。他听秦朗说了郑大兴对周曼的觊觎,并有所行动,这让他焦急万分,后来又知道周曼离开了"喜马拉雅",如今已经被秦朗接回家了,心里顿感一块石头落了地,随后就飞来上海。蒋大明已经想好了，决不能让周曼再遭受生活上的苦难，一点都不能让她受到委屈了，所以蒋大明毫不犹豫地订下了西门宾馆最豪华也是房费最贵的总统套房。

第二天，周曼是和蒋大明手牵手走进梦花琴行的。大家昨天听了秦朗的特别关照，对周曼回来都保持了平静，也就像平时一样打个招呼而已，好像她就从来没有去过"喜马拉雅"一样，但对她跟蒋大明之间的关系却兴趣浓厚。詹新追着他俩说：怪不得周曼对我不感兴趣，原来你有这么帅的男朋友啊。

钟光也凑上来，调皮地说：周曼你知道吗，曾经被你拒绝，我有多苦恼？现在看到蒋老师如此风度翩翩、一表人才，我自愧不如，心服口服了。

第十三章

"骚粒子"骑着改装的三轮摩托水箱车,总在每天早上6点回到梦花街他家的水产行。他是去军工路水产批发市场拿鱼的。喜欢吃新鲜货的大妈大嫂早就等候在他家门口了。鱼一到,"骚粒子"的老婆玉凤就帮着丈夫一起把水箱的鱼用网兜捞出来,按不同品种放到几个塑料大盆里。通常2个小时就能把批发来的200多斤鱼基本卖光,剩下来的鱼就由玉凤守着,慢慢卖。"骚粒子"主要负责拿货,回来忙过一阵后往往就被钱永明喊去打牌了。

"骚粒子"的三轮摩托水箱车进梦花街,经过梦花发廊时,潘珠珠总会从店里蹿出来,拦在了车前,几乎天天如此。通常是,"骚粒子"不情愿地停了下来,潘珠珠熟门熟路地揭开水箱盖子,手往里一伸,眼睛睁圆朝水箱里瞄,不多一会儿就捞出一条足有两个巴掌大的鳜鱼或鳊鱼。潘珠珠喜笑颜开,对"骚粒子"说:记在账上。

有一天,潘珠珠拿好鱼,然后凑近"骚粒子"的耳朵悄声说:新来了一个小姑娘,只有19岁,苏北农村来的,哪天有空过来白相。

"骚粒子"听了不免心动,但是也心痛的。他知道自己只要去白相一趟,将近万把块的赊账就一笔勾销了。对这笔赊账,"骚粒子"问潘珠珠要过好多次,潘珠珠总是回以:你来玩呀。还对赊账数目有过质疑。"骚粒子"就算给她听:野生鳜鱼菜场里至少20元一斤,你每次拿的鳜鱼都超过一斤的,可是,我总是以一斤计算;鳊鱼菜场里10元一斤,你哪次拿的鳊鱼不在一斤以上,我还是按一斤给你算的;你再算算,有两年辰光了,你哪天不拿?1万元只少不多的。

潘珠珠说:那你来玩,我又没有收你钱,这你不算啦?

"骚粒子"急了,说:一共就去玩过两次,该你多少钱我给你。

潘珠珠说:谁叫你不来呢?你多来玩几次不就不亏了吗?

"骚粒子"第一次上钩是在两年前。那天,钱永明、谭老三和"骚粒子"三人正坐在梦花琴行门口的大树底下打牌,潘珠珠跑过来了,先是站在一边看。打牌的人都知道她是新开张发廊的老板娘。阿四剃头店赚不到钞票,老板阿四不想做了,就把店面盘给了苏北人潘珠珠。讲讲是美发美容,实际上是做什么的,梦花街的人都知道。到了晚上,两扇玻璃门里透出暧昧的粉红色灯光,引不少不安分的男人想入非非。梦花街头上开冥品店的老板杨龙难抑心中急痒的邪念,一天晚上像贼一样悄悄闪进粉红色的玻璃门里,随后跟踪而至的老板娘像只下山虎冲进店里,照着杨龙的脸就是一个巴掌,然后扭着他的耳朵吼道:你给我死回家去!

潘珠珠上前阻拦,说:你这是做啥啦,洗洗头而已。

杨龙老婆又吼道:他是个秃头洗什么?

潘珠珠知道自己语失,连忙补充说:我们这里还可以做按摩的。

杨龙老婆不客气地骂道:按摩什么,按摩到裤裆里去了,缺德!

打牌人看到潘珠珠一双风骚的眼睛滴溜溜地在他们身上扫来扫去,心里都有一种痒痒的感觉,还是"骚粒子"豁得出,开头炮跟潘珠珠搭讪起来了:这位阿姐是发廊的老板娘吧?

潘珠珠忙答:正是正是。随后从裤子口袋里掏出一叠名片,挨个给打牌人发了一圈,边说:本人是梦花美发公司总经理潘珠珠,请各位老板有空光临!

"骚粒子"看了一眼名片,嬉皮笑脸地问:还有按摩啊,多少钱按一下?

潘珠珠嗲声嗲气含笑相答:敲个大背,全套的150元,敲个中背

100元，很便宜的。

打牌人的表情都猥琐起来，互相眨着眼睛，钱永明更是油腔滑调地问道：大背什么意思，中背又是什么意思，请潘总给我们详细介绍介绍吧。

潘珠珠嘿嘿一笑说：反正很舒服吧，最好是亲身去体验一下，要想知道梨子的味道，自己去吃一口就知道了呀。她说完就想走。

打牌人都正在兴头上，哪肯放过潘珠珠，于是异口同声地请潘珠珠坐下，说：不如就在一起打打牌吧，正好三缺一。

潘珠珠欣然应允，坐下抓起牌来。凭她的经验，像这样五十来岁的男人跟自己的老婆已经是左手摸右手，毫无感觉了，但体力未衰，有的人还很强壮，是最容易被勾引的，她不想放弃这几个客源。直觉告诉她，这个"骚粒子"是最容易俘虏的，于是有意将脚移动，跟"骚粒子"的脚靠在了一起。见"骚粒子"并无躲让的意思，索性更放肆起来，抬脚狠狠地踩了他一下，她看到"骚粒子"不但不生气，还报以暧昧的微笑。

当晚，"骚粒子"就偷偷闪进了粉红色的玻璃门里。门厅里却不见一个小姑娘。潘珠珠解释说，小姑娘都手里有活，忙着呢。要不，我来给你做按摩？我的手势你就放心好了，保证让你舒服。这里的小姑娘都是我教出来的。怎么样？

"骚粒子"倒是喜欢潘珠珠来替他做，再说她也不老，比起"骚粒子"要年轻好多，既成熟又有活力，取悦男人的经验想必不会输于小姑娘的，于是欣然同意。潘珠珠将"骚粒子"引进了一间小房间，把门合上……

从此，潘珠珠就开始几乎是每天早上对"骚粒子""拦路抢劫"了。在记账记到2 000多元时，"骚粒子"又被潘珠珠请过去玩了一次。玩过以后，"骚粒子"要付费，被潘珠珠拦住，说：我还欠你鱼钱呢。

"骚粒子"之后就没去过。一来因为老婆玉凤看他看得很紧，不是那么容易去玩的；根本的原因是潘珠珠欠着他的钱不肯还。桥归桥路归路，该付的钱我付给你，你欠我的鱼钱也一分钱不能少，这才公平——"骚粒子"总是希望潘珠珠能够把两笔账分分清爽。

一次在打牌的时候，"骚粒子"又跟潘珠珠提出要她还钱，潘珠珠依旧是一副无赖相，两手一摊，说：没钱，可是你可以来玩的呀。说完，牌也不打了，起身就走。

潘珠珠走后，钱永明和谭老三都低头叹息起来，看上去好像受了很大的冤屈。

"骚粒子"问：莫非你们也跟我一样？

钱永明痛心疾首地说：都怪自己意志不坚定，被色相迷住了双眼，上当了。

后来他们知道，餐饮店、烟纸店、音像店、超市老板都被潘珠珠用同样办法拖欠了不少钱。

有的人想想反正钱是要不回来了，就索性去玩吧。当然，潘珠珠是不会收钱的。为这事，潘珠珠还特地召集几个按摩小姐开了一个会。

潘珠珠对按摩小姐的管理还是很严格的，身份证一律上交，还要交押金，如果因为违反了发廊店规，要被除名，押金是不还的；至于小姐收入，按对半开跟店里分成。店规中很严厉的一条是：要无条件服从老师临时安排的工作。潘珠珠要求按摩小姐不能像别的发廊称老板娘为妈咪，而必须称呼她为老师。

在会上，潘珠珠要求道：对一些关系户，我们是不能收钱的。大家都要正确对待。这些人在社会上都是很有地位的，各方面都能摆得平的。你们想想，我们在这里做这种事情是不被政府允许的，要不是有这些关系户罩着，我们搞不好都要吃官司的，所以偶尔做出点牺牲是值得的，希望大家谅解。至于谁做，到辰光我会合理安排，保证公平。

阿珍低声嘟哝：屁，都是她自己的关系户，好处都是她自己拿了，却要叫我们做出牺牲，真坏。

一天，餐饮店老板来了，潘珠珠把服务任务安排给了阿珍。阿珍事后对阿香抱怨说：这么老，又长得难看，我真的是恶心死了，要是能赚到钱，我也就忍了，可气的是白做。

阿香也有同感说：那天潘老师让我陪超市的熊老板，也是又老又丑，还不是一样让我恶心死了。

阿琴、阿雅也凑上前来一起发牢骚。她们俩也为老年"关系户"提供过无偿服务。

看到有男人从门前过，几个小姐便一起扑到玻璃门上，向来人频频招手，脸上露出风骚的笑。如果走过的人嫌弃地瞪她们一眼，或者不屑一顾地别转脸，小姐们便生气地嘟起嘴。偶尔也有男人经不起撩拨，推门而入的，便被小姐似绑架一样拽着走向小房间去。

钟光背着一把吉他走来了，老远就被阿珍看到，阿珍招呼阿香道：阿香，快来，你喜欢的帅哥来了。

阿雅、阿琴抢着扑到门上去张望。阿香却没动，狠狠地瞪了她俩一眼，点着一根香烟抽了起来。

阿雅说：我知道，他是梦花琴行的老师，教吉他的，真的好帅啊。

钟光走近了，阿雅、阿珍、阿琴都拼命地向钟光招手。可是，钟光别过脸，匆匆而过。

小姐们都顷刻收起笑，沮丧地嘟起嘴。阿香得意地一笑。

阿珍坐到了阿香的身旁，也点着了一根烟抽，怂恿地对阿香说：喜欢就去找他，凭你这模样，不相信他不喜欢。

阿香是几个小姐中最漂亮的，身材也好。阿香将抽了一半的香烟甩在地上，信心十足地说：好吧。

阿香注意钟光已经很久了。她发现钟光就住在离发廊不远的三明里6号楼上。有天晚上，阿香经过三明里6号，听到楼上有人弹吉他，弹的正是她十分喜欢的《爱的罗曼史》。如痴如醉的吉他声总能翻开她尘封的记忆，让她重新回到美好纯净的少女时代。抬头看去，窗户里的人影正是自己使劲记在心里的那个清秀文雅的男人。阿香更不舍得离开了，听了很久，边听边浮想联翩，想得自己都害羞起来了。她想象着自己被他牵着手远走天涯，弹琴唱歌，自由自在……

以后，有事没事，阿香都会从三明里走，听到吉他声了，她就站下来聆听，任思绪信马由缰，浪迹天涯……

阿香走进梦花琴行来了。这时的阿香已洗净脸上的浓妆，也不是在上班时袒胸露脐的着装，显得清纯可人。毛长生一看，暗想：这不是潘珠珠手里的小姐吗？怪了，难道小姐要从良走正道了？

阿香在介绍老师的展板上扫了一眼，指着钟光对毛长生说：我想跟他学吉他。

钟光被毛长生叫来了，让阿香跟着他到琴房先试听一下。

阿香一直对着钟光笑，眼睛眯成细缝，秋波涟漪。钟光哪经得起被这么漂亮的小姑娘盯着看，有点不好意思了，脸烧了起来。阿香平日里遇到的都是些油嘴滑舌、寡廉鲜耻的男人，像钟光这样怕羞的文弱书生从来没有接触过，恰恰又是阿香特别喜欢的。阿香其实在浙江乡村读小学的时候，跟学校里的老师学过吉他，但她装着一点不会的样子，一定要让钟光手把手教她怎样按弦怎样弹拨。阿香伸出白葱般细嫩的纤纤玉指，捏住了钟光的手便不肯放，不断地要钟光也捏着她的手教她在琴上如何动作。美目盼兮，巧笑倩兮，再加上细嫩手指有意无意地抚弄，惹得钟光心跳加快，晕乎乎了。

阿香看到钟光已对自己着迷，便戛然而止，起身说：我回去考虑一下，要是决定了来学，我再打电话跟你联系。说完，屁股一撅一撅地便飘然而去。钟光看着阿香的背影，呆呆地站了许久。

钟光从此日日盼着阿香的电话，希望她能来，希望自己能教上这样一个自己喜欢的女孩。但没有，从此音信全无。

又一日，天已擦黑，上了一天课的钟光疲倦地出了琴行，沿梦花街回出租屋，当他走到发廊的时候，阿香突然出现，挡住了他的去路。此时的阿香袒胸露脐，浑身散发香味，在钟光的眼里，阿香依然是那么漂亮，并且比去琴行那天更为妖娆，更加能让人血脉贲张。钟光又惊又喜，问道：你怎么在这里？阿香嫣然一笑，说：我在这里等你的。

跟我来。阿香娇声招呼一声转身走了，还回头朝钟光嫣然一笑。钟光被她这一看，顿时魂醉骨酥，身不由己地跟了过去。钟光本来以为阿香会把她带进发廊的，非常害怕，他知道这是个不正经的地方。即使很犹豫，他还是像魂被勾住了一样，鬼使神差地只会跟着阿香走。但阿香并没有走进发廊，而是从发廊旁边的大华里拐了进去。这下，钟光担忧全无，跟随阿香的脚步就轻松起来了。

进楼门，爬上一挂陡陡的木扶梯，钟光跟阿香走进了一间逼仄的小房间。房间的墙上竟然挂着一把吉他，这让钟光有点意外也顿生一点好感，不禁问道：是你的？

阿香无限怀念地说：是的。以前弹的，都成记忆了，真想回到过去啊！

钟光心情复杂起来，他喜欢这个姑娘，可是当他已经猜到了阿香是做什么职业的时候，他犹豫了。

阿香看出了钟光的犹豫，说：你猜得没错，我就是在那里做的。可是我讨厌那个地方，非常讨厌。我喜欢你，是真的喜欢。你如果也是真的喜欢我，你过来；讨厌我，你就走！阿香跷起二郎腿，双手交叉放在胸前，头一昂，摆出副娇贵的样子。

阿香之所以把钟光带到自己的宿舍，也就是闺房里，就是想告诉钟光：我不想以小姐的身份面对你，我不把你当嫖客，你也不要把我当小姐，我就是一个待字闺中的好姑娘，我期望有一个真正喜欢我的好男人来向我求爱，我愿意把一切都给了你，不是交易，而是相爱，我就想好好地爱一次。

说心里话，钟光不讨厌阿香，他只是多么希望她是个纯洁的存在啊！他希望她自己能给他一个确切的回答，于是就问：你可以不做那个吗？

阿香坚定地说：可以，我早就不想做了。那你带我走，可以吗？哪怕到天涯海角，我都愿意跟着你。

钟光高兴了，立刻就憧憬起来了，兴奋地说：好呀，那我带你回杭州，我们也去开个琴行，你跟我一起，好吗？

阿香羞赧地伸出双手，招引着钟光，说：好的，你过来！

钟光这下再无顾虑，毫不犹豫地走上前去，拥住了阿香……

就在这时，"骚粒子"正在发廊斜对面的水果店里跟钱永明抽烟、喝茶、聊天，正在说到潘珠珠。钱永明充满悔意地说：不瞒你说，她也几乎每天来拿我的水果，从来都是赊账，到现在也有1万多元钱了。她老叫我去她店里玩，说老实话，我去过两次，但现在后悔了。你想想，这些小姐什么样的人都接触，不光是脏，还可能有性病呢。要是有艾滋病，这不是太可怕了吗？我现在想都不敢想，真恶心。再讲，我家的那位看得可紧了，偷鸡摸狗的滋味也不好受。

是的，是的。"骚粒子"颇有同感，说：我那段时间感冒发烧，我首先想到的是才去过那里不久。我赶紧网上去查艾滋病的发病症状，发烧，浑身乏力，肌肉酸痛，拉肚子，我一一对照，怎么那么像呢？我真的是慌了，想来想去还是偷偷跑到医院里去验了一次血。你不知道，在等报告的那段时间里，我是坐立不安，又是后悔又是发誓。我反复跟自己讲：曹军呀曹军，如果你这次逃过一劫，那个地方绝不能再去了，上帝不会老是放你一码的。当然，后来报告出来了，是虚惊一场。我说了不怕你笑话，那段时间，我每天都躲着老婆，就怕万一我得了艾滋病会传染给她。你说，我这个人还是很有良心的吧？

说到这里，"骚粒子"突然停住了，忙叫钱永明看斜对面的发廊。一个年轻的男子正在被阿珍使劲往发廊里拽。

"骚粒子"失声惊叫：这不是丁家阿婆家的孙子阿强吗？他才20岁，正在读大学！

钱永明也认出来了，急得拍着腿说：作孽，这孩子要被毁掉了。真是害人精！怎么办？他问"骚粒子"。

"骚粒子"义愤填膺地说：报警，这个害人店应该要从梦花街彻底消失！

对潘珠珠恨得咬牙切齿的钱永明和"骚粒子"正义感勃发，决心要为民除害了。"骚粒子"果断拿起手机拨了110。

阿强被阿珍拽进小房间，又被阿珍推倒在一张小床上，阿珍跟着就伏下身子，她将两手撑在床上，衣衫垂在阿强的身上簌簌作响，撩拨着阿强。阿珍眼睛喷火，火辣辣地盯着他看。阿强无力地问：你想干什么？他知道阿珍想干什么的，也知道自己想干什么，明知故问，不过就是掩饰内心的害怕罢了。他很清楚这是违法的。阿珍看出了阿强的恐惧，挑逗地一笑，说：玩玩，别害怕，这里很安全，你放心好了。说完就放松了身体猛扑在阿强身上。阿强也抱紧了她。他浑身早已燃烧起来，恨不得跟阿珍融化在一起才好，别的什么也不顾了。

……

突然，外面响起急促的敲玻璃门的声音，有人大声说：派出所的，例行检查，把门打开！

阿强跟阿珍虽尽情放纵着自己，耳朵却始终是警觉地竖着的，这跟狗睡觉时不忘了把耳朵贴在地上一样。两个人知道不好，翻身跃起，找短裤找内衣，慌乱地往身上套，但这时小房间的门已经被推开，几个警察冲了进来，其中有一个还对着阿强和阿珍拍照。

阿强和阿珍立刻被分开，让他们报出自己的名字年龄和工作单位，还询问对方的名字和年龄。阿强和阿珍被问到对方的姓名和年龄时都张口结舌。带队的姜所长对着阿珍和阿强宣布：由于你们涉嫌参与卖淫嫖娼活动，需要跟我们回派出所接受进一步审查。还对在一旁的潘珠珠说：你涉及违法经营，一起去接受调查，店里所有人都去！潘珠珠和几个小姐面面相觑。

潘珠珠眼珠子一转，硬起了脖子说：一人做事一人当，阿珍犯法你们抓她就是了，与我们有什么相干？我又没有犯法，我不去。

姜所长厉声说：潘珠珠，我跟你明说了吧，早就想动你们的，今天只不过是一个机会罢了。你开发廊究竟做的是什么，你自己不清楚吗？不要以为我们派出所不了解情况，我们都是有证据的，有群众举报，也有嫖客自己的检举揭发，我们不会乱来的。你现在要考虑的，是端正态度，老实交代问题，争取宽大处理！

潘珠珠顿时像泄了气的皮球，耷拉下了脑袋。

这时，警车开进梦花街到发廊抓人的消息，一传十，十传百，很快传遍了整条梦花街，人们都朝发廊奔去，都想看看究竟是谁撞在枪口上了。

"骚粒子"的老婆玉凤正坐在店堂里吃饭，丁家阿婆走过招呼她说：快去看呀，汏头店出事体了，警察正在那里抓人！也不等玉凤回话，只顾着自己奔去。街上的人都习惯称发廊为汏头店。

玉凤一惊，心想屋里这只"死棺材"老是欢喜跟汏头店的老板娘一起打牌，眉来眼去的，平时最怕的就是他会到这个店去做坏事。天快黑的辰光，这只"死棺材"讲了一声有事出去一会儿，就匆匆走了，会不会是到这个坏女人的店里去白相了？想到这里，玉凤把碗一放，便追着丁家阿婆去了，心里七上八下，担心坏了。

玉凤走到时，发廊门口已经是人山人海，还停着一辆专门押送囚犯的中巴警车。她眼睛尖，一眼就看到人群里自家屋里的"死棺材"曹军正跟钱永明、谭老三在一起眉飞色舞地说着什么，心里方一块石头落地：暗暗念了一声"阿弥陀佛"，随后便跟身边的女人们兴奋地议论起来。

丁家阿婆敞开喉咙说：警察早就应该来了，这爿店开在梦花街影响极坏，害了多少男人啊。抓得好，全部关进去，这种伤风败俗的店绝对不好再让它开下去了！

边上的女人们都纷纷附和，都咒骂潘珠珠这个狐狸精太缺德了，让她蹲几年监牢才好。

有人喊：出来了出来了！

只见垂头丧气的阿强第一个被警察押出来。

丁家阿婆顿时呆住，疯了似的扑上前去，声嘶力竭地喊着：阿强，阿强！叫侬去买瓶酱油的，你怎么跑到这种地方去了？

旁边的邻居们也都呆住，纷纷说：怎么会是阿强？这个害人的汏头店，作孽啊！

潘珠珠和几个小姐也被押着出来，她们倒个个神态自若，一副无所谓的样子。围观的女人们高声叫骂：害人精，不要面孔！还像没有事情一样，脸皮真厚！关进去多判几年，看她们还神气！

丁家阿婆又朝潘珠珠扑过去，两手舞动着，要去拉她的头发抓她的脸，边骂道：你这个害人精，枪毙鬼，我要杀了你！

两个警察过来把气疯的丁家阿婆拉开了。

警察把封条交叉贴在了玻璃门上，四周顿时响起了赞许的鼓掌声。

钟光和阿香听到了外面的动静，忙下楼，跑出弄堂去看，却看到发廊已被封，街上还有不少人在议论纷纷。听到说"发廊里的老板娘跟小姐都被抓进去了",阿香暗自庆幸,想不到跟钟光的一场幽会,使自己逃过一劫。阿香跟钟光说:我想离开这里,一天都不想待了。

钟光说:好的,我们就走,跟我回杭州去。

方才在楼上,阿香向钟光诉说了自己的身世。说起来,阿香跟钟光还算是老乡。阿香的家在浙江萧山的一个小村庄里,离杭州不远。父母在阿香17岁读高二的那年不幸双双患病去世,阿香便和小她7岁的弟弟跟了奶奶生活。奶奶已是七旬老人,还每天在地里辛勤劳作,以求收获更多的粮食来养活她的孙女孙子。阿香再也无心读书,只想帮着奶奶干活,只想省下足够的钱来帮助弟弟完成学业。同村的阿珍一天穿得洋里洋气地来找她了,说我在上海一家美发公司做美发师,一年就能赚到好几万元,你不如跟了我去吧,你在地里这么辛苦,一年最多也就赚个千把元,何苦呢?阿香心动了,便跟阿珍来到上海。想不到阿珍说的美发公司,其实是梦花街上这个小小的发廊,也不是做美发而是干这种龌龊的事情。阿香为了年迈的奶奶和年幼的弟弟,咬咬牙,过上了这种含垢忍辱的日子。如今她已决心告别这种偷偷摸摸的生活,她问钟光:我想做一个你的好女人,你要不要?

钟光爱怜地抱紧了她说:要的。

钟光回到琴行跟秦朗说了一声,又跟各位老师道别,随后就收拾东西,带着阿香离开了梦花街。

第十四章

梦花琴行也惹上麻烦了。这跟万中仙买朱墨的那把小提琴有关。万中仙去了一趟意大利才知道，那把自己无比中意的意大利老琴竟然是假的。

根据政府之间的文化交流协议，万中仙要去米兰参加一场个人小提琴专场演出。

去意大利开独奏音乐会，用"斯特拉迪瓦里"琴是必需的；万中仙想了想，决定把"保罗·瓜达尼尼"也带上，这把琴他也已经用得很顺手了，有时甚至感觉比"斯特拉迪瓦里"还要好使。

中国著名小提琴家万中仙在米兰的演出引起当地人极大兴趣，米兰电视台也对万中仙做了一个专访。电视台记者问万中仙：万教授这次访问演出，给意大利广大听众带来了美妙的音乐，意大利听众对万教授高超的演奏技巧有很高的评价，同时对万教授使用的小提琴也很感兴趣，他们都想知道，是什么样的小提琴能够发出这么美妙的声音？请万教授介绍一下。

万中仙先介绍了斯特拉迪瓦里蓝宝石古琴和它的来历。在介绍"保罗·瓜达尼尼"的来历时，万中仙便将登载在《魔都晚报》上有关这把琴的传奇故事做了生动的描述。

专访节目在电视上播出后，有关保罗·瓜达尼尼的传奇经历引起了更多媒体的兴趣，各家报纸都抢着做了报道。克雷蒙纳小提琴博物馆馆长安德鲁博士看到报道后很激动，他知道保罗·瓜达尼尼这个制琴师，也知道他曾经在1941年做过三把颇受好评的小提琴，小提琴博物馆只存有其中的一把，其余两把散落民间，不知去向，如今竟然在遥远的中国被发现。他觉得这是国际间文化交流的一段佳话，跟这段传奇故事有关的所有资料都应该留存在小提琴博物馆里。于是，他带了摄影师，专门去万中仙下榻的宾馆里拜访了万中仙，提出想对"保罗·瓜达尼尼"拍几张照片。

摄影师对"保罗·瓜达尼尼"拍摄完毕后，安德鲁对万中仙提出：博物馆必须确保留存资料的真实性，所以如果万教授不介意的话，我们想对"保罗·瓜达尼尼"做一个身份真实性的鉴定，不知道万教授允许吗？

万中仙买下了这把琴后，请好多朋友看过，这些人中有的还是国内著名的制琴师和鉴定师，却是众说纷纭，有看好的，也有泼冷水的，这让万中仙心里很不踏实。如今既然有机会可以对"保罗·瓜达尼尼"做一次权威的鉴定，何乐而不为呢？万中仙觉得这倒是一件好事，于是欣然同意。

第二天，安德鲁博士便带着著名小提琴鉴定家奇诺博士来了。奇诺博士拖着一只硕大的拉杆箱。他把箱子打开后，万中仙看到里面放着一台显微镜、一部手提电脑，还有一套叫不出名字的机器设备。奇诺博士解释说：这是我自己发明的一套测量仪。

奇诺博士让万中仙将小提琴弦卸下来。然后将小提琴面板擦干净，放了带有测量仪的显微镜下，仔细地看了起来。万中仙从连接测量仪的电脑里看到了拍下的一张张照片，照片显示的年轮就像人的指纹一样。

奇诺博士开始跟万中仙讲解：我先要确定这个琴的木料是否产自阿尔卑斯山，"保罗·瓜达尼尼"的木料一定是来自阿尔卑斯山的。然后根据年轮的纹路特征，来比对出它是产自哪一年，这样就可以确定这究竟是不是保罗·瓜达尼尼做的琴了。

万中仙觉得有点费解。

奇诺博士继续讲解：在任何一年里，同一地区所有的树木的生长量都大致相同。不同的自然条件会对树木的生长产生不同的影响，如果那个时期气候干燥或者寒冷，年轮就比较细窄，如果阳光充足、雨水丰沛，这个年份的年轮就比较宽阔。

奇诺博士打开电脑里的一个文件，说：这里面有意大利几乎所有名琴各个年代的面板年轮照片，它们就是铁的证据。

然后，奇诺博士再不说话，开始埋头做起了细致的比对工作。

万中仙焦急地等待着。过了约一个小时，奇诺博士终于抬起了头，幽默地说了一句：我没能看到这把琴是保罗·瓜达尼尼先生亲手做的，但可以肯定这琴一定不是保罗·瓜达尼尼先生在活着的时候做的，因为可怜的保罗·瓜达尼尼在1941年就不幸战死了，而这个琴的面板是20世纪90年代阿尔卑斯山上的云杉。

万中仙问：您的意思是，这把琴不可能是保罗·瓜达尼尼做的，对吗？

奇诺博士耸了耸肩，说：我要遗憾地告诉你，是的。其实，我要想知道这琴是不是保罗·瓜达尼尼做的很简单，因为我的电脑里有保罗·瓜达尼尼做的一把琴的面板照片，只要做个比对就可以了。这把琴现在就珍藏在克雷蒙纳的小提琴博物馆里。我之所以花了这么多时间，是为了确定这木料是不是产自阿尔卑斯山；我更想知道的是，如果是，那么它是哪一年的木料，现在终于清楚了。

安德鲁馆长两手一摊，对万中仙说：非常遗憾，我只能说声抱歉了！

中国小提琴家手里的"保罗·瓜达尼尼"是假的消息，又引起了当地媒体的兴趣，各路记者顿时把万中仙的宾馆房间挤满了，各种刁钻的问题抛向万中仙，弄得万中仙十分狼狈。万中仙只好说：事实证明，我是被骗了。我对自己在不明真相的情况下，说了一个虚假的故事，我向媒体诚恳道歉。

有记者问：我想知道，是谁可以以假乱真到如此出神入化的境地，万教授可以披露一下吗？

万中仙只好无奈地说：其实我也不知道，抱歉！

第二天，米兰的各家报纸都登出了采访万中仙的报道，"中国小提琴家被骗诚恳道歉"传遍了整个米兰。万中仙看到报纸后，长叹了一口气，说：这洋相出大了！他恨透了那些精心设置骗局，诱他上当的骗子。

万中仙回到上海的家里，气仍未消。赵鸽听万中仙说了在意大利出洋相的事很是生气，要万中仙立即去公安局报案，说绝不能放过这些骗子。

万中仙却犹豫了，琴虽然是假的，但他仍然喜欢。赵鸽提醒万中仙说：现在是网络时代，发生在意大利的事情很快就会传回国内，你想隐瞒可能吗？琴好我相信，但为了推销假琴，设下骗局骗你，那不可以。骗子终归是骗子，他会骗你也会骗别人，骗子是社会的公害，你没有权利包容他。

万中仙想想赵鸽说得有道理，第二天便去了公安局。

几天之后，秦朗突然接到了公安局的传唤证。传唤证上写明"事涉假冒'保罗·瓜达尼尼'小提琴诈骗案……"秦朗吃了一惊，没想到"保罗·瓜达尼尼"小提琴竟然是一个骗局。但又觉得莫名其妙，这跟我有什么关系呢？他将钱老板卖琴这件事从头到尾好好地回想了一下，确定自己并没有参与其中，那为什么要传唤我呢？苏雯正好带儿子来上课，秦朗便去征询她。

苏雯看了吓一跳，这是一张刑事传唤证，写明是诈骗案，当事人如果事涉其中，很有可能要被拘留甚至判刑的。这究竟是怎么回事呢？

秦朗便将一把琴引起的故事从头至尾向苏雯讲述了一遍。苏雯问：你得好处了没有，有没有拿人钱呢？你为万中仙做担保时，究竟知道不知道这琴是假的?

秦朗说:钱老板倒是拿来过1万元钱的,说是酬谢琴行的,但我没拿。无功不受禄,我做人一向这样。至于做担保,只不过是听了毛长生的提议,我想也没想就答应了,我可以发誓,我绝对不知道这琴是假的。

苏雯松了一口气,说:那就是琴行被别人利用了,你是被蒙在鼓里的。你幸亏没拿钱,否则就说不清楚了。我们应该立即去公安局把事情讲清楚。

苏雯将儿子交给周曼和蒋大明,说:我要陪秦朗去公安局,儿子你俩替我看一下。说完就要拉着秦朗走。

秦朗说:我自己去就行了,不用你去。

苏雯坚决地说:我必须去,你不要忘了,我是律师。

听说秦朗被公安局传唤,所有的老师都放下手里的工作,过来围住了秦朗,焦急地问这问那,但谁都不知道怎么办才好。

独有毛长生表现得很冷静,他悄悄走到秦朗身旁,瞄了一眼秦朗手里的传唤证,又走开了。他看似若无其事,其实内心在翻滚,他很清楚这事跟秦朗一点关系也没有,跟自己倒是有关系的,怎么自己反而什么事也没有呢?他感到了侥幸,但很快又担忧起来:也许还没有查到我的头上,也不知道什么时候要该我倒霉了。毛长生心里七上八下。

苏雯不由分说拉着秦朗就走。苏雯把车开到九亭的家里,先去拿了律师证,然后再去公安局。进了办案大厅,值班的民警听说是被传唤的,就打开一扇铁门,让秦朗自己进去。苏雯出示了律师证,说:我受当事人委托为他辩护,我要求在传唤阶段就介入此案,我要跟他一起进去。

民警断然拒绝说:律师介入没问题,不过,现在只是调查阶段,还没确定以后是否需要采取强制措施。等到我们对他做出了后续的决定，律师才可以介入，所以对不起，你只能在外面等候。民警将门关上了。

苏雯顿时感到了万分担忧，她相信秦朗对她说的所有话，如果事情真如他所说，那秦朗就不会有事；但害怕民警会吓唬他甚至对他打骂。他一个文弱书生，一个好孩子，哪经历过这种场面？苏雯怕他受委屈，怕他受惊吓，心里不安至极。她从来没有像现在这样紧紧地把心贴在了秦朗的身上，一刻也不想离开。没办法，只好等，苏雯无奈地坐在了一张长椅上。苏雯看了看时间，现在是下午2点。

过了没多长时间，苏雯看到钱永明和他的儿子"故事大王"钱进走进大厅来了，两人都是一副愁眉苦脸的样子。苏雯去钱老板的水果店买过水果，知道钱老板这个人；也在琴行里见过"故事大王"钱进，秦朗跟她介绍过他。他俩也被值班民警引进了铁门内。

苏雯相信随着调查的深入，很快，跟这个诈骗案有关的其他人，特别是那个神秘的做假琴的人也会被传唤的。

到吃晚饭的时候了，还不见秦朗出来，苏雯问过值班民警几次了，都是回答：你就回去吧，有了结果会马上通知你和家属的。

苏雯哪肯离开，她知道传唤期限是24小时，在这段时间总会有结果，如果事情调查清楚确实跟秦朗无关，让他回家倒还好，顶多受点惊吓；那万一受到冤枉，将他拘留了甚至逮捕了，那我就要奋不顾身地及时冲上去，竭尽全力为他做辩护，把他救出来。想到这里，苏雯感到好心疼。她突然想到秦朗该肚子饿了吧？她知道公安局会管他的饭，但那只不过是两个馒头几块咸菜之类的，叫他怎么咽得下去啊？不行，我得去为他买点好吃的。

苏雯到公安局对面的饭店里，为秦朗买了一份最精致最丰盛的商务套餐，还嫌不够好，特地又加了一份糖醋小排。苏雯好几次看到秦朗在琴行点快餐时，都喜欢要带糖醋小排的。她记在了心里，知道秦朗好这口。

苏雯让值班的年轻民警帮她把饭菜送给秦朗。民警倒挺愿意帮忙的，还问了一句：你是他女朋友？真不错！民警的脸上写满了羡慕。

夜深了，还是没有秦朗的任何消息。苏雯不断地询问，回答依旧：让她不要着急，让她回家等消息。

苏雯已经想定，一直要等到结果出来为止。秦朗一定已经知道我在外面守着他，这样他就会少些害怕了。能让他知道此刻有人在身旁守护着他，在心疼着他，能让他不感到孤独，哪怕能让他感到些许的安慰，那我吃多少苦受多少累都是愿意的。苏雯靠在椅子上，闭起了眼睛，她困了累了，想歇息，脑子里却都是秦朗，蓦然耳旁响起元好问的词句：问世间，世上情为何物，直教生死相许……欢乐趣，离别苦，就中更有痴儿女！

苏雯照着在心里反复吟咏，直至泪流满面。

苏雯睁开眼睛的时候，已经是次日早上。苏雯醒来第一件事情，就是赶紧去问值班民警秦朗有消息了吗？回答依旧令苏雯失望。

苏雯觉得肚子好饿，马上又想到，秦朗一定也醒来了，他一定也饿了，可他的四周只是冰冷的墙壁，冰冷的桌子椅子。想到这些，苏雯赶忙上街去买早点，自己吃饱了，又给秦朗买了煎饼，还让老板多加了两个鸡蛋，再要了盒牛奶。

还是麻烦值班民警给秦朗送进去。值班民警惊讶地问：你一夜都没回家？脸上满是钦佩。苏雯轻松地笑笑，仍然坐到长椅上静静地等。看看时间，已经过去17个小时了。

又过去了几个小时，苏雯突然看到毛长生走了进来，心想：难道毛长生跟这也有关系？毛长生见到苏雯，忙走近她，可怜兮兮地问她：苏律师，你能不能也为我顾问顾问呢？

果然是。于是苏雯真诚地安慰他：别紧张。只要你有需要，我会尽力而为。现在你最要紧的是把事情实事求是地说清楚。记住，不可以乱说的，说谎要负法律责任的。她怕有人会把责任推到秦朗身上。

毛长生懊恼地说：坏主意都是钱老板和朱墨商量出来的，我真的什么也没做，怎么把我也牵连进去了呢？我真担心，我要是坐牢，我老婆谁来管呢？今天早上一到琴行，接到了公安局的传唤证，我赶紧回家先把老婆安排好，让邻居帮我管一管，万一我回不去了，她怎么办呢？毛长生话里充满了哀怨和无奈。

值班民警打开了铁门，毛长生很不情愿地走了进去。

过了没多久，铁门又开了，苏雯多么希望露面的人是秦朗啊，如果是，那就说明事情搞清楚了，案件与他无关，他可以回家了。

啊，真的是秦朗！秦朗一脸疲倦地出现在门里。一天一夜的煎熬弄得他面容枯槁憔悴，无精打采。苏雯悬着的心一下子放了下来，她很激动也很心疼。

秦朗看到苦苦等候着的苏雯也是非常激动。在里面的二十来个小时里，停留在他脑海里的人除去妈妈，就是苏雯。为什么自己在最需要依靠最需要关怀的时候，总是想到她呢？为什么当知道她在外面须臾不离守护着自己的时候，会感到无比安全，会有一种幸福感呢？秦朗明白，自己是在不知不觉中喜欢上了苏雯。

两人不约而同地奔向对方，紧紧相拥，很久很久，直到听到耳边响起周曼的声音才松开手。周曼和蒋大明带着邱天也来了。周曼急着问秦朗：没事了吧？

秦朗笑笑：没事了。

啊，太好了！周曼高兴得叫喊着跳了起来。

钟光、詹新、张勤也奔进来了。他们也都一夜没睡好觉，都在为秦朗担心。现在看到秦朗已经被排除嫌疑，平安了，都万分高兴。当他们看到苏雯紧紧握着秦朗的手，始终不愿放开时，都感到了惊喜，尤其是周曼，不断调皮地朝秦朗眨眼睛。

秦朗跟苏雯说：还好钱永明帮我证明了我没拿那1万元钱。那1万元钱最终是被钱永明和毛长生一人一半分了。

钱永明还实事求是地为秦朗证明，整个造假过程秦朗都没有参与，他确实是被蒙在鼓里的。至于为什么先传唤了秦朗，这是因为万中仙在报案的时候只能说出钱永明和梦花琴行，公安局就先给秦朗和钱永明父子发出了传唤证。钱永明交代后，公安局才知道毛长生和朱墨。

第二天，毛栗子突然来到琴行找秦朗，哭丧着脸说：公安局通知我，我爸爸已经被拘留。公安局让我赶快帮我爸爸找律师，他们说梦花琴行有律师的，我能不能求苏律师救救我爸爸？秦朗求你帮帮我们吧！

秦朗并不清楚毛长生在案件中起了什么作用，也不敢随便发表意见，但他答应让苏雯去摸摸情况。

秦朗跟苏雯一说，苏雯就答应了，并很快就去了公安局。苏雯先向办案的警察了解了案情。警察说：这个案件性质属诈骗已无疑义。仿造意大利老琴并不犯法，如言明是仿造的，销售也不犯法，可是，如果编造谎言，假冒真品销售那就触犯了法律，明显属于诈骗。

不过，苏雯发现毛长生在团伙犯罪中起的作用很小，他的主要过错是把钱永明和钱进介绍给了朱墨，帮着他们编造谎言和实施犯罪，但作用有限。考虑到毛长生家里有一个精神病的妻子需要他照顾，苏雯当即根据他在案件中犯罪较轻的事实，提出给毛长生申请取保候审。警察研究后同意了律师的意见。苏雯随后便去见了毛长生，当她把可以取保候审的消息告诉他时，毛长生激动得掉下了眼泪，喃喃地说：苏律师，救命恩人啊！苏雯当即通知毛栗子来公安局帮他父亲办理取保候审手续。

钱永明还把《魔都晚报》的那篇虚假报道责任全揽在了自己身上，坚持说是他向儿子钱进提供了虚构的故事，"故事大王"是轻信了父亲的话才写了那篇报道的。公安局在查明钱进并没有参与后续的诈骗行为后，也把他放回家了。

"保罗·瓜达尼尼"诈骗案开庭审理时，苏雯作为毛长生的辩护律师也去了。梦花琴行的老师悉数到场。毛长生是梦花琴行的人，大家都希望他能"逢凶化吉、遇难呈祥"。

通常原被告之间唇枪舌剑的交战在法庭上并未出现，原告律师甚至请求法院对主犯朱墨从宽处理，理由是被告虽实施了诈骗，但没有产生危害，相反受害人对被告制作的小提琴十分欣赏和喜爱。

公诉人也少见地为被告说了好话：鉴于被告并无主观恶意，他只是急于想让社会接受他的作品，而采取了不适当的方法；并且被告在到案后能真诚悔过，已退赔全部赃款，建议法院在量刑时给予从宽的考虑。公诉人还引人深思地发问：当一个优秀的工匠只能以假冒的方式来证明自己的作品时，我们应该感到可悲。当前社会公众在对一件艺术品评价和认可时，无限夸张、一味吹捧的有之；眼内无珠、瑕瑜不分的也并不少见。究竟是哪方面出了问题呢？

法院当庭宣判：朱墨犯诈骗罪，系主犯，鉴于被告并没有对原告造成伤害，其诈骗行为业已得到受害人充分谅解，被告本人能对所犯罪行真诚悔过，并积极退赔全部赃款，故从轻判处有期徒刑一年；钱永明犯诈骗罪，系从犯，被告能真诚悔过，并积极退赔赃款，故从轻判处有期徒刑一年，缓期一年；毛长生犯诈骗罪，系从犯，被告犯罪情节轻微，且能真诚悔过，积极退赔赃款，故免于刑事处罚，当庭释放。

当法院将50万元还给万中仙，并把小提琴拿走作充公处理时，万中仙后悔了：让一个优秀的制琴师坐牢是否残忍了些？爱如珍宝的小提琴得而复失，他的心有万般不舍！

应了"相遇多半是猝不及防"这句话，秦朗的恋爱可谓突如其来。那天从公安局出来，苏雯急着要带儿子去星星宝儿童康复园，没跟秦朗说几句话就开车匆匆走了。走的时候，两人都依依不舍，都觉得心里有很多话想跟对方说。这以后，秦朗就让苏雯住进了自己的心房里，时时刻刻都在想她，就是睡觉了，梦里也会出现苏雯的身影，恰似"才下眉头，却上心头"。秦朗总在想她此刻在做什么呢？秦朗最想知道的是：她是不是也在想我呢？他不断地想，想得头都疼了起来。秦朗终于忍不住，拨通了苏雯的电话，哪怕是听听她的声音也是好的。

苏雯很快接了电话，开口就说：好巧，我也正想给你打电话呢。

秦朗忙问：找我有事吗？

苏雯说：我明天带邱天回苏州，姥姥姥爷想他了。我想把你也带上，到了苏州，我陪你到四处走走，给你压压惊，也好散散心，可好？其实这几天，苏雯也好想秦朗的，就想出了这个办法，好可以跟秦朗在一起。

秦朗一算日子，这几天正好没课，弦乐四重奏组也不合练，于是一口答应。只要能见到苏雯，去哪儿都行。

到了苏州，苏雯便带着秦朗四处闲逛，把虎丘、拙政园、狮子林、留园、网师园、玄妙观都逛了个遍。走到哪，两人都是手挽手，形影不离。他们都很清楚，观景不是主要的，只要两人在一起就好。逛到傍晚时分，苏雯带秦朗到得月楼吃了个饭，然后送秦朗到他下榻的宾馆。把秦朗送进房间后，苏雯说：今天一天逛下来很累了，你早点休息吧。说完欲离去。

秦朗岂肯让苏雯离开自己，还有好多话没说，还有更多的爱意没跟她表达呢，这浓浓的爱意正在秦朗的身体里聚积成了欲喷发的火山一样。秦朗从身后抱住了苏雯，轻轻在她耳边说：不要走。

苏雯何尝不想留下来陪着秦朗。她说走，让秦朗好好休息是真的心意，其余的除了女子害羞地矜持了一下，就是由内心矛盾带来的对自己的克制。此刻，秦朗——她内心非常喜爱的男人如此温柔如此真切地对她提出了请求，她哪有拒绝的道理。她只能是非常乐意地点了点头。她不动了，再也不想迈出房门去了。

秦朗将她的身子转了过来，使她的脸面对着自己，他看到了她的眼睛在回避，可是她的面孔却在凑近自己，并且他清楚地看到了她漂亮的睫毛在微微颤抖。秦朗的心也颤抖起来了，他急切地想要把自己对她的爱意献给她，他的热血在身体里奔腾起来了，但他还是很克制地用颤抖的嘴唇去碰了碰她的嘴唇，他很紧张，这是他的初吻。苏雯用唇鼓励地做了一个微微的回应。秦朗感觉到了苏雯羞涩的召唤，他猛地抱紧了苏雯，对着她的唇用力吻了下去……

苏雯留了下来，于是"柔情似水，佳期如梦"。

第十五章

齐飞教授从区文化馆出来的时候,天已擦黑,街道两旁的小饭馆正是最热闹的时候。天空中零星的雪花飘飘洒洒,饭店门口的炉灶吐着红火,把寒意驱散化尽,炒锅被大师傅手里的铁勺子敲得叮当乱响,却也招人喜欢,前来填肚子的人挤进去,又涌出来。

齐飞肚子也叫了起来,他真想钻进温暖的小饭馆,坐下来要一杯黄酒,再点几个炒菜,好好吃一顿。但他忍住了饥饿,一心想先到梦花琴行去一趟,他有很重要的事情要跟秦朗商量,如果苏雯也在的话,那正好,这事跟她也有关系。

这段时间,齐飞正在区文化馆给老年合唱团排一台合唱节目,准备参加市残联在12月3日残疾人日举办的一场文艺演出。节目内容全跟残疾人有关。

今天市残联的宋副主任来看他们的排练了。排练完了,齐飞请宋副主任对他们的节目提提意见。宋副主任对齐飞的指挥和老年演员的表现大加赞赏,末了提出了一个建议:我最希望能在演出中看到我们残疾人的表演。我对几个区的演出队都提出过这个建议,但很难,还没有哪个区能做到。我只是提一个希望,你们不要有压力,当然,如果有那是最好。

齐飞猛然想起梦花琴行年初曾经招收过一批自闭症孩子学乐器。并且在这之前,齐飞还听秦朗说过跟他学琴的一个自闭症孩子有超凡的音乐感觉,齐飞还专门去听那孩子拉过小提琴,果然不同寻常,后来他知道那个孩子是苏雯的儿子。

在听宋副主任说话时,齐飞就已经在设想:能不能让这些孩子来给老年人的合唱伴奏呢？他记得听秦朗说过，这批孩子里有学小提琴的，也有学钢琴、吉他、架子鼓的。但他没有说出口，他准备先去了解一下孩子目前的演奏能力，还要征求星星宝儿童康复园和家长们的意见。齐飞想待落实了再跟宋副主任说吧。

梦花琴行内灯火通明，悠扬的小提琴声、叮叮咚咚的钢琴声，还有吉他的弹拨声，架子鼓的铿锵声，轮番飘然而出，持续不断，给冬夜的梦花街增添了欢快和生气。齐飞快步走进琴行，问毛长生：秦朗在吗？

毛长生答：在的在的，正上课呢。

齐飞便去琴房，从门玻璃望进去，秦朗正在教邱天拉罗马尼亚乐曲《春天》。苏雯也在，她坐在一旁，饶有兴致地看着秦朗给儿子上课。秦朗先示范一遍，然后让小邱天看着谱子拉。练了几遍，邱天竟然很快就能拉得很像样了。齐飞看了很开心也很激动，忍不住推门进去。秦朗感到有点意外，但也很开心齐飞的到来。齐飞说：你先上课，我有事要跟你和苏雯商量，我就先坐一会儿吧。

秦朗说：课已经上好了，您有事就说吧。

齐飞便把自己的设想跟秦朗和苏雯一一道来，最后说：我刚才听邱天拉《春天》，突然又有了一个新的设想，孩子们不但可以给老年合唱团伴奏，还可以单独出个节目，像小提琴齐奏《春天》就很好，最好有更多的孩子一起拉。我不知道，其他的孩子是不是都能拉《春天》？我指的是自闭症孩子。

秦朗想了想说：这里现在有8个自闭症孩子学小提琴，至少有4个跟邱天一样有超凡的能力，也就是说可以拉《春天》的。人数够了吗？

齐飞想了想说：可以。其他人可以给他们伴奏。我们还可以排点合奏曲子，搞个中外名曲联奏，小提琴、钢琴、吉他、架子鼓一起来，这样的编制虽然不规范，但如果搭配得好，相信演奏起来一定也蛮有气氛的。

秦朗有点担心地说：还有不到一个月时间，我怕时间太紧张。你想想，这等于要组织一个小乐队，还要辅导他们排练，有大量的工作要做，谁来做呢？

齐飞马上风趣地说：我来做。我是乐队指挥，不就是做这个事的吗？

秦朗大喜，说：那就太好了。不过，秦朗马上又感到了担心：齐教授已经是80多岁的人了，带一个老年合唱团工作量已经很大了，再给一个小乐队做辅导，并且都是自闭症的孩子，一定很累，他身体怎么吃得消呢？他说出了自己的担忧。

齐飞却毫不在乎，说：你不用担心，我身体棒得很。

秦朗仍然忧虑地说：可是，你该知道，你这样做全是尽义务，没人给你发报酬的。

齐飞大笑了，说：那要看我喜欢不喜欢做。喜欢的，没钱，再累我也愿意；不喜欢的，你给我再多钱，我也不干。不过，我现在肚子实在是太饿了，你就请我吃顿饭吧。吃饱了我老头子好好给你们卖命。

秦朗开心了，说：正好，我们也还没吃晚饭呢，那我们一起去吧。走，大富贵。苏雯，你开车带我们去。

齐飞看一眼秦朗，再看一眼苏雯，调皮地眨眨眼睛。

第二天，秦朗把琴行的老师全都动员起来，要求所有人都帮齐飞把小乐队各声部的分谱抄出来复印好。大家都很乐意。

齐飞也忙着在自闭症孩子的学员中挑选合适的人选，最终挑了一个钢琴、8个小提琴、4个吉他、一个架子鼓，共14名自闭症孩子组成了一个特殊编制的小乐队。

人员确定后，苏雯便跟孩子的家长联系，征求他们的意见。所有家长都很开心，都说：能够有机会参加市里的演出，已经够开心了；让我们感到更幸运的是，指导孩子排练的竟然是著名指挥家齐飞教授，到哪儿去找这种好事呢？

当天晚上，就开始排练，琴行成了临时排练场。所有家长都陪伴在孩子的身边。已到耄耋之年的齐飞教授，不厌其烦地一遍遍指导着孩子，一遍遍不辞辛劳地打着节拍，这么冷的天，齐教授脑门上竟然冒出了汗珠。家长们都"啧啧"称赞，都说：这才称得上德艺双馨。

在这段时间里，梦花琴行成了梦花街最吸引人的地方，一到晚上，街上爱好音乐的男女老少都自动聚集到梦花琴行，把个厅堂挤得满满的，观赏着这些奇妙的孩子沉浸在音乐里的神奇样子，同时也尽情享受着音乐带给他们的快乐。

终于到了正式演出的那天，演出被安排在最豪华的上海大剧院。梦花琴行小乐队的孩子成了那晚最耀眼的明星。孩子的四亲八眷能来的都来了，全都打扮一新，像过节一样快乐。

轮到区文化馆老年合唱团演出了。14个自闭症的孩子被打扮得像天使一样可爱，在齐飞的带领下上台了。报幕员热情洋溢地说道：现在由著名指挥家齐飞教授带领的14个孩子，他们全都来自星星宝儿童康复园；同时，他们又是梦花琴行小乐队的小音乐家，他们今晚不但要为老年合唱团伴奏，还将演出由他们自己编排的精彩节目。全场顿时爆发出雷鸣般的掌声。

小钢琴手董伶俐坐到了钢琴前，小乐队的其他成员都手持乐器在合唱队前各就各位。

报幕员报出了节目：下面请听大合唱《天使的春天》，由齐飞作词作曲，演出：区老年合唱团，伴奏：星星宝儿童康复园、梦花琴行小乐队，指挥：著名指挥家齐飞。

齐飞举起指挥棒优雅地一挥，小乐队奏响明亮温暖的前奏，随后合唱队深情地唱了起来：明媚的太阳为你张开笑脸，春的大地为你敞开怀抱，你不再孤独，你不再忧伤，你是我们大家的天使，你永远是我们的宝贝……

合唱完了，小提琴手们由邱天领奏，又在钢琴、吉他、架子鼓的伴奏下演奏了罗马尼亚乐曲《春天》，最后，全体一起表演了中外名曲大联奏。小乐手们充满激情的精彩演奏，赢得全场雷鸣般的掌声。演奏结束了，掌声再次响起，久久不息。

在台下观看的苏雯激动地抓紧了秦朗的手，眼里噙满喜悦的泪水，转脸在秦朗耳边轻声说：谢谢你！

秦朗将苏雯拥在自己怀里，他在心里对苏雯说：我最亲爱的，愿意为你做一切！

梦花琴行的老师也都来了，在台下拼命为孩子们鼓掌，个个都很激动。

毛长生带着阿花也坐在观众中。在演出中，毛长生不断跟阿花耳语，显得耐心又体贴。阿花的脸上竟然露出了微笑，看上去很是满意。

苏雯看到宋副主任也来了，坐在第一排。演出结束后，苏雯特地走上前去问候。宋副主任见到苏雯很高兴，握着她的手说：看到你儿子的演出了，非常精彩，这是你儿子的奇迹，也是你和梦花琴行老师的奇迹，祝贺你们！

然后，宋副主任故作神秘地说：还有一个好消息你想听吗？

当然。苏雯充满期待。

宋副主任笑着说：市里已经批准残联接收星星宝儿童康复园了，残联已经决定聘你为残联的法律顾问，今后我们就要在一起工作了。明天你来一次，我跟你谈具体的事情。你要有思想准备，有好多工作等着我们一起去做呢。

苏雯喜出望外，连连说好。

苏雯赶快把这个好消息告诉给秦朗，秦朗也为她高兴。

回到梦花琴行，齐飞说：演出结束后，后台有个欧洲国家的记者跷着大拇指对我说，我要把你们孩子今天的精彩演出写成稿子登在我们的报纸上，我还要请求我们的政府邀请这些可爱的孩子去我们国家演出。

齐飞对秦朗建议说：小乐队的排练要坚持下去，不要解散。

秦朗赞同齐飞的建议，但怕他会太累，所以要齐飞好好考虑一下再做决定。

齐飞动情地说：即使哪一天我累死在了指挥台上，我也绝不后悔。我很敬佩那些为音乐献身的指挥家。我特别崇敬的德国指挥家莫特尔，1911年夏天在指挥他人生第100场瓦格纳的《特里斯坦与伊索尔德》时，突然倒在了指挥台上，再也没有醒过来。他是幸福的，我好羡慕他。说这话时，齐飞的眼睛特别明亮，异常坚定。

秦朗只得同意了，一再叮嘱齐教授不要太劳累。

又到了排练的时间。晚上，齐飞早早就来到了琴行，今天他要给孩子们排一首优美的《瑶族舞曲》。合奏总谱和配器都是齐飞自己做的，各个声部的分谱都已经让老师抄好复印给了学生，让他们自己回家先练。今天是合练。

齐飞先让每个组演奏自己的声部。孩子们都练得很熟了，他们都知道齐飞是个很严格的指挥，绝不会容忍哪个声部出差错，所以在家都卖力地练，直到练得很熟了才肯停下来。

齐飞很满意各个组的演奏，然后就开始合练。平时在孩子们眼里和蔼可亲的齐飞，排练时完全变了一个人，非常认真也非常严厉，稍不满意就叫重来，一遍又一遍，毫不含糊，直到满意为止。齐飞看看时间还不太晚，就要求大家再来最后一遍，他振作了一下精神，举起了指挥棒，但是他的手却凝结在了半空，迟迟不动，像极了一座雕像。正在大家都觉得奇怪时，齐飞突然像座大山倒塌了一样，人猛然跌在了地上。大家都惊叫起来，七手八脚地去搀扶他。苏雯正好在场，她很敏感地意识到齐教授是中风了。现在最要紧的是赶快送医院，时间对一个突然中风的人极其宝贵。她连忙招呼几个身体强壮的男子将齐教授抬到她的车上，放平在后座上，叫人护着他，自己赶紧发动起车子，以最快的速度将齐教授送到了离梦花街最近的市中心医院。

苏雯的车开走后，小钢琴手董伶俐难过地跟小伙伴们说：我怕齐爷爷会死的。说完就哭了起来，她这一哭，带动所有孩子都悲伤地哭了起来，顿时琴行里哭声一片。

家长们也很难过，但他们有一个惊人的发现，本来根本不知道如何表达感情的孩子如今懂得了同情、担心，会表达自己内心的情感了。家长们目睹此情此境真是又悲又喜。

当齐教授被护士用手推车送进急救室时，苏雯看了看手表，前后只花了10分钟，苏雯宽心地想：齐飞教授有救了！

正如苏雯估计的一样，齐教授被医生从死亡线上抢救了回来，所有的人都松了一口气。医生的诊断结果是因高血压引起的脑出血。医生说，幸亏送得及时，不然会很危险。很多脑溢血病人都是因为耽误了抢救时间而送命的。

恢复了知觉的齐教授被送到了普通病房静养。

几天以后，梦花琴行的老师们带着小乐队的孩子们去探望齐飞教授。

齐飞教授的女儿齐玲知道爸爸中风差点送命后，立即从定居的澳大利亚飞回上海，在医院伺候于病床边。齐玲此来的目的很明确，让爸爸跟随她去澳大利亚。她跟齐飞说：你一个人在上海，我实在不放心，你就跟我走吧，求你了！

齐飞态度也很坚决，说来说去就两个字：不去！

这天，父女俩又争了起来，但谁也说服不了谁。一群孩子喊着"齐爷爷"涌进病房来了，全围在病床边。看到齐飞已能半靠在病床上，且面色红润，还能一个个叫出孩子的名字，孩子们全高兴得笑了。秦朗、苏雯以及琴行的其他老师也都来了，他们看到齐飞教授已恢复正常，也都很开心。老师和孩子们带来的一束束鲜花全被放在了床头，鲜花丛中的齐飞教授更是显得容光焕发、神清气爽。

董伶俐站直了身体，做起报幕员来了。她对着齐飞说道：下面请齐爷爷观看我们专门为您准备的节目。第一个节目：小提琴独奏：《新疆之春》，表演者：邱天。

……

孩子们又拉又弹又唱，为齐飞表演了十来个节目。乐得齐飞笑个不停。齐飞轻轻对身边的女儿说：这些孩子都患有自闭症，但都有不同程度的好转，你看看他们多可爱。

齐玲很惊奇，拼命地为孩子们鼓掌。

齐飞对女儿说：如果看不到这些孩子，我会很想他们的。

从此，齐玲再没劝过爸爸跟她去澳大利亚。

齐飞还是落下了身体半边偏瘫的后遗症，虽不是很严重，但终究不方便，再也上不了指挥台了。秦朗坚决不同意齐飞再给孩子们排练，而是将小乐队交给詹新来管。秦朗本来是想自己来做这件事的，但他实在难以分身，弦乐四重奏国内演出日程排得很紧，隔段时间就要往外地跑；妈妈最近的复查情况也不是很好，医生说还要继续做化疗，陪同妈妈去医院的次数又多了起来；还有一件非常重要的事是他跟苏雯正在热恋中，用在这上面的时间也是绝不可少的。平时给孩子上课、练琴合练，已经占去很大一部分时间，如果还有时间的话，秦朗觉得全部用在苏雯和妈妈身上才是对的。

齐飞依旧会来梦花琴行，总有一个壮实的中年男人搀扶着他。这男人是女儿齐玲给爸爸请的男保姆。到了琴行,齐飞就随便找个凳子坐下,静静地,很少说话,看着孩子们的脸上总是露着微笑,很满足的样子,一坐就是老半天。有时进到琴行后,见所有的凳子都被陪同孩子学习的家长坐满了,他便悄悄立在墙上的荧屏前,看着他敬仰的卡拉扬指挥乐队演奏《命运交响曲》,仿佛听到不屈不挠的贝多芬在呐喊:命运,你休想扼住我的咽喉!他不由得便挺起了胸膛。

毛长生看老教授蹒跚着来蹒跚着去,却永远是热情似火、谦和如水,劲松般的坚强,心里又是钦佩又是心疼,暗暗想出了一个主意。

他去了梦花家具店,他想找到一个沙发椅,不要太豪华,只要坐着舒适就好。这是想专门为齐教授准备的,他想今后就为老人设一个专座。他知道太花钱的豪华,老人不会接受;太简陋的座凳,也不足以表达自己对老人的敬重。当然,还有一个考虑,那就是最好花钱少点。

很巧,毛长生一进门就被一只沙发椅吸引了。那是小巧简易的式样,坐垫是海绵的,椅圈和扶手也衬一层海绵,坐着很舒适。但一看价格,毛长生皱起了眉头,竟然标着1 500!

毛长生想还还价,便跟老板娘说:便宜点,我要了。

老板娘想了想说:1 300,你拿走吧。

毛长生还嫌贵,他的心理价位最好是500,但又不好意思说,于是默默地僵持。

老板娘有点不耐烦了,问道:你想出多少?

毛长生吞吞吐吐地说出了心理价位。

老板娘生气了,说:你开什么玩笑?既然舍不得花钱,那我看你还是自己做吧,这样你就一分钱都不用花了。你二胡都会做,一个椅子算什么呢?

这一说倒是提醒毛长生了,他在心里说:对呀,我家里木料工具都有的,的确是可以自己做的,这有什么难的。于是他仔细看了看沙发椅,将它的做法、大概尺寸都记在了脑子里就回家了。

做一只单人的沙发椅木架子,对心灵手巧的毛长生来说实在算不上是件难事,很快,沙发椅初具规模。毛长生花5元钱买了一罐清漆回来,把椅子的裸露部分漆得锃亮。接下来要做的事情是要完成坐垫和椅圈。毛长生歪着脑袋想了想,又出门去买了一大张海绵回来。到家打开樟木箱,从最底下抽出一块红色的法兰绒。这时,阿花走过来了,问道:你拿我的布做啥?

这是她年轻时想做旗袍准备的料子,后来上了年纪又加上脑子不好了,就把它给忘了。这段时间,阿花在毛长生的督促下一直按时服药,脑子算是比较清楚。

毛长生严肃起来,说:我在为我们琴行的顾问大音乐家齐飞教授做一只椅子。你反正也不用,就给我了好不好?省得我出去买,一买又要花铜钿了。

阿花一听"大音乐家",顿时就瞪大眼睛,肃然起敬了,再听说能省铜钿,就同意了。

很快,坐垫套跟椅圈套做好了。毛长生在坐垫套里塞进海绵,再在椅背和侧面铺上海绵,然后将椅圈套往上一套,一只沙发椅就完成了。毛长生端详着沙发椅,心里有种说不出的快乐。毛长生自己动手做过的东西不少,但从来没有像这次有了一种特有的成就感:当你心怀敬仰心怀关爱时,你的成功是最快乐的。

次日,毛长生将沙发椅反过来用头顶着,从家里走出来,喘着粗气一直走进琴行。秦朗觉得奇怪,问:毛老师,你怎么带个沙发椅来,好像还是新的。

毛长生放下沙发椅,连出了几口大气,跟秦朗说:来,你来坐坐看,舒服吗?

秦朗就坐下,背靠着软软的椅背,两手搭在也是软软的椅圈上,赞道:嗯,很舒服。你是在哪儿买的这么个安乐椅?

毛长生得意地说：你能买到这么舒服的沙发椅吗？我自己做的。这是我专门为齐飞教授准备的！

秦朗恍然大悟，用力一拍毛长生的肩膀，大声赞道：干得漂亮！

星星宝儿童康复园被残联接收后，残联任命了另一名园长来接替苏雯。邱天已经被一所民办小学招收入学，苏雯就很少去星星宝儿童康复园了，而是天天到位于徐家汇的残联上班。残联离秦朗家很近。苏雯就跟秦朗提出，她可以经常去他家陪他妈妈说说话，如果有时间，陪她去医院看病也是可以的。苏雯知道了秦朗的妈妈患癌症的事后，对她深怀同情，更是心疼秦朗：秦朗这么忙，怎么有足够多的时间去陪妈妈呢？苏雯觉得自己应该为秦朗挑起一部分担子。但她在决定跟随秦朗去他家见他的妈妈时，苏雯却坚决不同意秦朗介绍自己是他的恋爱女友，只许说是一般的好朋友。秦朗感到费解，说：丑媳妇总要见婆婆的，早晚的事。

苏雯却是认真地说：我可是从来没有说过要嫁给你，哪谈得上见婆婆呢？

苏雯跟秦朗在一起的时候，哪怕是在最亲密的时刻，她也始终保持冷静。她时常心怀感激地对自己说：秦朗已经把最宝贵的爱给了我，我也只需把自己最真诚的爱回报给他就足矣。我如果还想着要跟他结婚，对他就是不公平的。我不应该是一个让别人承担了不公平而自己偷着乐的自私和贪心女人。善良的苏雯总是这样固执地想。

再说了，万一他妈妈不同意呢？那我不尴尬吗？苏雯这样想，说到底是因为心怀自卑。强烈的自卑正是来源于强烈的自尊。她最怕被人嫌弃，尤其是被自己所爱的人的妈妈嫌弃。

本该尽情享受幸福的她，却时常陷于痛苦中，不断地折磨着自己。她甚至无数次地想到要逃避，但怎么舍得下呢？那岂不是更痛苦？她实在是太喜欢秦朗了。

苏雯第一次去秦朗家的时候，秦朗听从了苏雯，只说她是自己的一个好朋友。秦悦悦见到苏雯很喜欢，她也没看出来苏雯要比秦朗大好多。她多么希望这个美丽大方的"姑娘"就是儿子的女朋友啊。她问了儿子几次，但都被儿子搪塞了，于是就不再问。

以后，苏雯只要有空，就会自己去秦朗家。苏雯特别想去，去了哪怕是帮秦朗妈妈做个饭洗个碗，哪怕是陪她说说话，让她不觉得冷清，也是好的。可是，苏雯去了又不免尴尬，自己只能是一个客人，拘谨地坐着，话也不敢随便说，至多寒暄地说说天气：哦，今天天气真好，呵呵。如果跟秦悦悦讲明了自己是秦朗的女朋友，那她就可以名正言顺地操持起家务，就像在自己家里一样，把外衣一脱，利索地绾起头发，收拾房间，把所有脏衣服都扔进洗衣机，然后拖地，把厨房到处都擦得干干净净，见不到一点点油腻。苏雯风风火火忙过一阵之后，再问问秦朗的妈妈喜欢吃什么，然后就系上围裙跟她露一手，让她看看自己是一个挺不错的厨娘，让她可以放心地把儿子交给自己伺候。

其实，秦悦悦也尴尬。她多么希望苏雯就是秦朗的女朋友，那该多好，那她就可以像对待自己女儿一样地抱抱她，关切地问苏雯是喜欢来一杯咖啡还是来杯橘子汁，随便你，而不是像现在这样只能给她泡一杯完全是客套的茶叶水。然后干坐着，秦悦悦也不知道该说些什么好，只能是问问她近来工作可忙，上月奖金拿得还满意吗？再然后就是两人相对"哈哈哈"傻笑一阵。

苏雯终究是坐不住了，她从一扇开着的房门看进去，屋里床上被子胡乱地摊开着，床上还有一定是换下来的脏衣服脏袜子，地上也有几只脏袜子。书桌上的电脑也没关，亮着，电子游戏里的武士挥舞着大刀，不停地跳来跳去。桌上还有没有收拾掉的橘子皮、瓜子壳，一片狼藉。

苏雯实在看不下去了，忍不住对秦悦悦说：这一定是秦朗的房间吧?

秦悦悦有点不好意思地说：是呀是呀，脏死了。他不让我动，我也懒得去帮他收拾。

苏雯鼓起勇气说：我来给他收拾。说着也不管秦悦悦是不是同意，她就起身进房间去了。她强烈地感到，如果自己不这样做，那就是严重的失职，是不可以的。

于是叠被子，收拢起所有的脏衣服脏袜子，先堆在一边，她想好了，等会儿就全替秦朗洗干净。然后又动作麻利地关好电脑，把桌子上的所有脏东西全用手捋到地上，再将散乱放着的书呀笔呀茶杯呀全收拾好。

这时，秦悦悦一手拿着扫帚一手拿着块抹布进屋来了，她是想帮着一起弄。苏雯忙接过秦悦悦手中的东西，体贴地说：我来，你歇着。

很快，苏雯就将地扫干净，桌子擦干净，房间顿时就变得干净整洁了。苏雯很喜欢在秦朗的房间里这样忙着，这里到处都散发着秦朗的气息，很熟悉也很好闻，她极喜欢的。更重要的是，在这里她感受到了一个做妻子的幸福。她真想一直待在这里。

秦悦悦来喊她休息了。苏雯只好又坐到客厅的沙发上去。

她们接下来就可以围绕秦朗的话题说说话了。当妈妈的一说起儿子就停不住，秦悦悦一开始抱怨他有点懒，很快就难掩喜爱地回忆儿子从小到大的种种趣事，说儿子的聪明说儿子对自己的孝顺，滔滔不绝。苏雯极感兴趣地睁大了眼睛，脸上毫不掩饰地露出极其喜欢的神情，不想放过秦悦悦说的每一个字。秦悦悦看出来了，从刚才帮秦朗收拾房间，到现在对秦朗小时候的事情极感兴趣，可以肯定：这个"姑娘"跟秦朗绝不是像儿子所说的只是一般的朋友关系，爱就在苏雯的脸上，就在她对待秦朗妈妈我的一举一动上。秦悦悦就纳闷，为什么儿子要隐瞒了他俩的真实关系呢？

苏雯好像觉察到了秦悦悦心中的疑问,她便在闲聊中,像是"不经意"地说出了自己是个离异的女人,岁数已三十好几,更糟糕的是还带着一个跟正常孩子有区别的儿子。当然,她说起儿子的时候也充满了一个母亲的骄傲。

她残酷地暴露自己,本能地表现着自己的诚实,内心却充满了紧张和不安。她既不希望别人会以为自己是一个善于掩饰善于欺瞒的女人,又希望别人千万不要因此嫌弃她。

秦悦悦听懂了,不免有点意外,但并没有对苏雯另眼相看。她终于明白了儿子为什么总要搪塞自己。她忍不住在心里对儿子说,你并不了解,你的母亲是一个视爱情为生命的女人,爱在她的心中高于一切,永志不渝。

这话她也非常愿意讲给苏雯听。她看得出儿子跟苏雯是真心相爱的,这就够了。她还非常欣赏苏雯的善良。这种品质就如同一块晶莹透明的钻石般可贵。从她身上表现出来的——情愿自己背负痛苦,也不想让自己深爱的男人有一点受累有一点为难——这样的善良跟自己真是太像了。

秦悦悦更喜欢眼前的苏雯了,不由自主地便去握住了她的手,疼爱地抚摸着。

即使秦悦悦什么话也没说,苏雯也能看懂她对自己的理解和认可,苏雯很满足。

这段时间,苏雯老是往梦花街跑。残联的宋副主任在跟苏雯谈自闭症儿童工作时,提到了自闭症孩子成年后被社会接纳的问题,她希望苏雯可以搞一个成年轻度自闭症病患就业的试点,如果成功,以后可以在全市进一步推广。

苏雯想到了"猫头"的咖啡厅。她觉得咖啡的调制和销售没有复杂的程序,容易学会,并且咖啡厅环境比较安静,工作节奏也不快,这些都比较适合轻度自闭症病患。她又想到了梦花街汏头房被派出所封掉后至今空着，没有人租用。能不能利用汏头房的空房子，请"猫头"在技术上支持一下，开一家专门由轻度自闭症病患管理的咖啡店呢？她决定找"猫头"商量一下。

苏雯知道"猫头"跟秦朗关系好，本想让秦朗带着自己去找"猫头"的，可是，秦朗随弦乐四重奏组去青岛演出了，要一星期后才能回来。苏雯等不及了，便自己去找了"猫头"。

苏雯对"猫头"说：这个是政府支持项目，是有开办费的。"猫头"你是这方面的专家，在技术方面想请你支持一下。

"猫头"很爽快，一口答应说：我一定尽力而为。咖啡店可以挂我雀屎咖啡连锁的牌子，我免费提供。我这个牌子可是很有吸引力的。我还可以提供一个技术很全面的人给你，让他带着他们慢慢熟悉业务，直到能独当一面为止。至于设备的采购安装、店堂的布置，你如果信得过我，可以包给我来做，我保证费用是行业内最低的。

苏雯一听很高兴，说：当然信得过你。秦朗老在我跟前讲你为人豪爽，很够朋友。

"猫头"狡黠地一笑说：豪爽那要看对谁的，我跟秦朗什么关系？从穿开裆裤开始就在一起玩的。当然，你的事情就是秦朗的事情，秦朗的事情就是我的事情，那不能含糊。说句实话，我在生意场上还是很会算计的，也够抠门，要不然我的生意怎么能越做越大呢？

从"猫头"那里出来，苏雯又按汏头房门上贴着的招租电话，联系上了房东阿四。阿四傲慢地说：我现在在南京路上的大上海美发公司做技术总监呢，整天忙得不可开交。你要找我，只有你自己来一趟了。说完就挂电话。

苏雯马不停蹄地又来到了南京路上的大上海美发公司，找到阿四，说明来意，并亮出租金的心理价位，请阿四无论如何发发善心，支持一下残疾人事业。阿四开始有点为难，想了想说：汏头房做的时候，我要他们每月2万元，她们那个行当来钱快，我也不客气；我知道咖啡是白相情调的，是蛮难做的，我这个人是讲道理的，那我就想按市场价给你，每月1万元。既然你又讲到这是市政府关心残疾人的项目，资金有限，那我阿四也不是一个只讲钞票不讲情义的人，算了算了就依你吧，每月5 000元，算我做贡献了。

苏雯开心得给阿四鞠了一躬。

一个月后，一切准备停当，雀屎咖啡梦花街连锁"星星宝"爱心店正式开张。宋副主任特地跑来当了一回顾客。进店，便有店员笑容可掬地鞠躬迎客。吧台里秀美的女店员温和地问宋副主任需要什么，宋副主任说，我想要一杯拿铁，要现磨的，咖啡上需要有爱心的图案。

女店员应诺一声便开始操作，只见她手脚利索，有条不紊，很快一杯热气腾腾、香味扑鼻的咖啡就端到宋副主任面前。咖啡上浮着的正是宋副主任要的爱心图案。

宋副主任大喜，对身边的记者介绍说：这些工作人员都是轻度自闭症患者。事实证明，只要经过培训，他们可以参加简单的劳动，可以融入社会。

第十六章

林建国瘫坐在沙发上,累得一动都不想动了。他才帮脑瘫的儿子做完康复训练,搀扶着他在客厅里艰难地走了一个小时。儿子还怪,只认爸爸,不要唐莲,更不要在他家做保姆的冷阿姨。儿子还是光长个,都快要200斤了,人是越来越懒,整天只知道睡在床上,睁着眼睛看天花板,也不知道他在想些什么。以前他还知道用手抓着碗里的饭菜往自己嘴里送,现在只想着让别人来喂他。林建国累,儿子也累,躺在床上只喘气。林建国看着儿子,真是既心疼又烦恼。自己和唐莲都已经50多岁了,也都老了,再往后,自己也不能动了,终究都要先后离开这个世界的,那儿子怎么办呢?看来还得多准备点钱,到时候就把他送到一个条件优越的护理院去。只有这样了。

电话铃响了。虽然是休息天,林建国还是习惯地开着手机,学校里马上又要上一个大工程,学生新宿舍楼项目设计已经通过最后审核,资金也落实了,接下来就要做最后一件事——建筑工程队的招标。标书向社会公布后,来向他这个基建处处长咨询的或者直接表达意向的工程队络绎不绝。

林建国一看电话,是罗副院长打来的。罗副院长不但是林建国的顶头上司,还是学校这个工程评标委员会的主任。林建国忙接通电话。罗副院长开口就问:你已经看好哪家了吗?看好了就做吧。说完就挂了电话。

这话只有林建国听得懂,他当然明白罗副院长是什么意思。

但他还没有看好,正在犹豫中。有意向的几家建筑公司资质全都齐全,也都有一定的社会认可度,这些都没问题,林建国对工程的质量保障还是看得最重的。此刻他最在意的是跟哪家做最安全。近年来，教育系统搞基建的在经济上出问题的常有听说，就在昨天，林建国还在报纸上看到：东北一所高校的一个基建处处长拿了乙方 200 多万元被判了 10 年。这种事情是绝对不可以出的，要是在这个上面栽了，不但自己坐牢，身败名裂，颜面扫地，还连累家人跟着遭罪，让他们在所有人面前都抬不起头来。更要命的是，如果自己被关进去了，谁来帮着唐莲管儿子呢？不敢想象。林建国告诫自己，必须小心再小心才好。

但怎么看得清楚呢？在给你送好处的时候，哪个都信誓旦旦，千保证万保证：绝对不会有问题，你就放心笑纳了吧。一旦被查了，立刻变脸，为了保住自己，坦白交代比竹筒倒豆子都痛快。

又有电话进来。林建国一看是个陌生号码，犹豫了一下，他还是接通了。对方自报家门：皖金建筑集团金闯。

林建国一听有点熟，但想不起来究竟是谁。对方又说：林处长贵人多忘事啊。不过，时间的确也长了些，这一晃，将近 20 年过去了。还记得吗，1989 年，要不是林处长给了我一个项目做，我金闯可能早就饿死了。

林建国猛然想起来了。那年，林建国由于在修复学校老建筑中工作出色，已经被提拔当上了基建处副处长。

林建国的记忆越来越清晰了。那天，林建国上班刚到办公室，金闯就找来了。那年，金闯才二十出头，穿身沾满了灰土的工作服，还戴着一顶安全帽。金闯怯生生地自我介绍说是安徽淮山县建筑队的队长。说是听说这里有个小音乐厅准备翻新，问能不能在这里找点活干？金闯还特别说明，他没资金，做不了承包，只能出劳力。

工程倒是有的，单纯出劳动力也可考虑。林建国也正在和几个建筑队谈价格，但双方的报价差距很大，这事就悬着了。林建国见又有人找上门来了，便试着报了一个很低的劳动力价格，没想到金闯一口答应了。金闯看出了林建国的疑惑，便解释说：不瞒林处长你说，我带了50多个工人在上海，已经有几个月没接到盖房子的活了，前段时间挣的一点钱早就用完了，现在工人们房子租不起，只好都住在桥底下，吃饭也是饱一顿饥一顿的，我为了大家能吃上饭，这几天带着几个工人在钢铁厂帮着人家拆旧厂房，好歹也能挣几个钱，先解决了工人的吃饭问题再说。听说你这里正在找建筑队，我就找来了，我是直接从钢铁厂工地来的。我知道你报价是很低的，那我也愿意接。如果你肯让我们干，我就是给你下跪都愿意的。你知道吗？你这不但救了我们这批工人，还救了他们的家啊！

金闯的这番话引起了林建国对他和工人们的同情，于是说：你们好好干，把活给我干好了，到结算的时候，我给你多结点。

后来，活干完了，一大帮专家教授来验收都给出了好评，林建国兑现了当初的诺言，真的给金闯多结了2万元。

过几天，金闯找上门来了，塞给了林建国一个大红包，里面是1万元。这是林建国当上处领导后第一次拿乙方的好处。为这事他提心吊胆了好长时间，后来看看风平浪静的并没有哪个上级领导找他谈话，渐渐地也就淡忘了。

林建国全都想起来了，金闯的建筑队活干得漂亮这给他留下过很深的印象；金闯在他很需要钱的时候，雪中送炭，他对金闯也是心怀过感激的。那年他的儿子刚出生，却被诊断出是脑瘫，他和唐莲很着急，抱着儿子全国各地四处求医，花钱像流水，甚至到了两手空空的地步。多亏金闯给了那一万块钱。那时，林建国突然感到，钱对他们家来说真的是太重要了。

林建国问金闯：这么长时间没联系，今天你怎么想起我来了？

金闯打趣地说：还想请林处长给我和我的兄弟们一口饭吃吃。听说你这里在招标，我也很想争取争取啊。

随后，金闯便把自己的公司简单向林建国做了介绍。

"皖金"这个建筑公司名称倒不陌生，林建国虽然没跟它打过交道，倒是有所耳闻的，东方明珠建设时，这家公司好像也参与了。想不到金闯这个当年的穷小子现在做大了。林建国突然想到：这是一个合适的人选。于是说：欢迎欢迎。不过，我怕你来不及，离招标的最后期限没几天了。后面一句话其实是在提醒金闯：想干的话一定要抓紧。

金闯不慌不忙地说：我并非心血来潮，投标的想法我早就有，你放心，我一定会在规定期限内把标书送到。不过，我还有一些具体问题要当面请教林处长，不知道林处长今晚有空吗？如果方便的话，我今晚9点整登门拜访。

林建国想了一下说：不劳你，还是我去你那里吧。

金闯说：那好，那就请林处长来和平饭店1201房间吧，我在那儿恭候。

和平饭店1201房间是皖金建筑集团的长包房。

林建国"嗯"着，声音拖得很长，似乎在做思考，然后说：好吧，晚上见。

当晚，林建国准时到达，一阵寒暄后，金闯率先进入正题，他从小包里掏出一张银行卡放在林建国跟前说：20年前，林处长救了我，也等于救了我的公司，我的公司有今天也有你林处长的一份恩情在。我金某人不是个忘恩负义的人，我今天才听说令公子身体不好，这恰好给了我一个报恩的机会，这点小意思请林处长一定收下，就算是我这个当叔叔的对大侄子的一点心意吧。

金闯又凑近林建国，轻声说：这里面是50万元，可以了吗？

林建国连连说"可以"，接着提醒说：我这里的情况，金老板可能还不太了解，现在不是我一个人说了算，管我的人是我们学院的罗副院长，他是评标委员会的主任，关键人物啊。

金闯又从小包里拿出一张银行卡，放在林建国面前说：我早就准备好了，这里面是30万元，够了吗？

林建国又说了声"可以"，收起了银行卡。

接下去林建国明白该轮到自己有所表示了，于是说：招标的公告金老板一定已经看过了，这个小工程在金老板的眼里应该不算什么的。不过我还是要提醒金老板一句：工程质量一定不可马虎。

金闯马上表态："皖金"的质量你尽可放心。

林建国继续说：投标的事不用我多说，金老板都是懂的，反正一句话，合理价低者中标。按金老板的眼光，像我的这个楼，6层，共5 000平方米，你觉得合理价位应该是多少呢？

金闯不假思索地说：按现在的材料价，每平方米造价应该在1 100元左右，5 000平方米就是550万元，加上人工费和我的管理费以及合理利润，合理价位应该在1 300万元左右吧。如果我报这个价，不知道林处长是否满意？

林建国立刻说：不满意。

那就是高了，那我就减一点，1 200万元。

还不太满意。

那就再减一点，1 100万元。

林建国立刻说：OK！

金闯大喊：成交！

两人伸手击掌，都哈哈大笑。

笑罢，林建国即起身告辞。

第二天，林建国刚到办公室坐定，副处长康宏就带着一个老板模样的男人进来了，对林建国介绍说：诚心建筑集团的耿总。随后对耿总说：你们谈吧。说完即退出，还把门合上。

耿总将手中拎着的一个纸袋放到林建国的办公桌上说：一点茶

叶，不好意思。

林建国立刻警惕起来，把纸袋推开说：拿走，有事说事。

耿总点头哈腰地说：我们诚心集团已经投标学生新宿舍楼项目，请林处长多多关照，多多关照！

林建国一本正经地说：好的，我知道了。

耿总把腰弯得更低了说：谢谢林处长，那我就不打扰你了，告辞。说完就走。

林建国忙拎起桌上的纸袋追上去，坚决地说：拿走！

耿总强笑着说：一点小意思，你就收下吧。

林建国板起脸来了，大声喝道：拿走！林建国这一声也是喊给门外的人听的。他料定康宏此刻一定在门外。

耿总顿显尴尬，只好接过纸袋，狼狈地走出门去。康宏果然等在门外。耿总出来，沮丧地对康宏说：没戏。

康宏跟着耿总走，边带着歉意说：我已经尽力，那就只能看运道了。

耿总狠狠地说：这个姓林的装什么正经。不识抬举！

过了一段时间，南方音乐学院基建处专门举办了一个学生新宿舍楼项目工程的开标仪式。

学院领导、学院纪委领导悉数到场。参加投标的二十几家建筑公司代表在台下就座，静待评标委员会主任罗副院长宣布评标结果。

罗副院长上台了，他郑重地展开一张纸念道：我现在宣布，在学校纪委的全程监督下，经过评标委员会对23家建筑公司标书的认真审核、评比，南方音乐学院学生新宿舍楼项目工程中标单位为皖金建筑集团，皖金建筑集团的中标价为1050万元。下面由天龙公证处公证员宣读公证书。

一名身穿制服的年轻女子上台，照着一张纸念道：

本次南方音乐学院学生新宿舍楼项目工程整个招标过程符合有关法律，评标程序公平公正，中标单位皖金建筑集团资质齐全、完全符合招标要求。特此公证。天龙公证处公证员戴燕。

台下响起零星的鼓掌声。

耿总对身旁的康宏悄声说：金老板胃口一直很大的，怎么对这么小一桩生意也感兴趣。现在材料费涨得很厉害，按他这个投标，搞不好赔钱都有可能的。我看他怎么做。

康宏说：这个老狐狸一定会在材料上动坏脑筋的。等着吧，不要给我抓住，抓住了都玩完，哼！

金闯一心想拿下南方音乐学院的这个工程，主要原因是为了儿子。金小阳今年考级一下子又跳了3级，直接报考8级，并且又得优秀，这让尤梨花和金闯想让儿子成为小提琴家的念头更强烈了。他们想起秦朗说过的"在小提琴上想要成才，必须要进专门的学校学习"，尤梨花就到处打听南方音乐学院附小招生的消息，知道了像儿子这样的可以报考插班生，每年附小每个年级都有招生名额。不过据说极其难考，原因就是僧多粥少，每年的招生名额太少了。金闯的想法是，通过这个工程跟林建国拉近关系，希望可以通过林建国来帮他打开一条门路。

尤梨花很赞成金闯的想法，知道钱已经送出去了以后，便催金闯赶紧去找林建国，一天到晚在金闯耳边唠叨：离招生只有两个月的时间了，必须得抓紧，该找谁找谁，该送钱就送钱。

过几天，南方音乐学院和皖金建筑集团正式签订项目合同。签好合同，南方音乐学院作为甲方设宴招待金闯和他的一帮手下。金闯正好趁这个机会和林建国谈起了儿子的事。

金闯皱着眉头对林建国说：我是发愁找不到门路，也不知道钱往哪里送。你帮帮我吧，帮我找一个说话最管用的人，送多少钱我都愿意的，只要儿子能上学。

林建国说：这你就不懂了。艺术类学校跟别的学校不一样，是要看孩子的专业条件的。孩子如果没有这方面的潜力，没有培养前途，你钱再多也没有用的。

金闯急了，说：我儿子是很有这方面潜力的，这次考级过了8级，还是优秀呢。

林建国笑了，说：业余考级说明不了问题的，哪怕考过10级又能怎么样呢？你要是看到我们附小的孩子，你就知道他们才是真的厉害，个个都是神童啊。那你的儿子是跟谁学的呢？

金闯说：在梦花琴行学的，他的老师倒是很不错，是中央艺术大学毕业的。

林建国脱口问道：是秦朗吗？

金闯颇觉意外：正是正是，你怎么知道？

林建国是听万莉说的，有次两人碰巧遇到，万莉主动告诉林建国的。万莉仍然心存帮他们父子俩撮合的念头。万莉一口气说了秦朗很多事，自然也提到了他做琴行，教小孩子拉琴。万莉始终不明白，林建国为什么会对秦朗这么冷漠。

林建国平淡地答道：我跟他妈妈以前做过夫妻，当然我们早就分开了。

金闯大感惊奇：没想到你原来是秦老师的爸爸，这世界真是太小了，怎么都碰到一起了？

林建国平静地笑笑，马上将话题岔开去，给金闯出主意说：你应该先在我们学校找一个老师，让老师看看你的儿子水平究竟怎么样。你可以跟老师提出想让儿子跟他上课，如果他同意收下你的儿子，那就有了希望。以后的事以后再说。不过，你要舍得花学费。

金闯依然发愁说：钱不是问题，花多少学费都可以。可是，我该去找谁呢？你给我指指路吧。

林建国想了想说：最有用的人，我看那只有万中仙教授了，他现在是弦乐系主任，也管招生的事。他要是肯帮忙，这事就成了。这样吧，我先帮你去问问。

万中仙对林建国的到来多少有点意外。两人同事30多年，曾经还做过邻居，熟是真熟，但很少交往。他们平日里遇到，至多点个头，打声招呼，要说交情那是谈不上的。所以，万中仙看到林建国走进他的办公室，还以为他走错了地方呢，所以问道：林处长你是找我吗？

林建国笑笑说：我就是专来拜访万教授的。

万中仙忙请林建国落座，说：难得难得，快请坐。

林建国刚坐下，办公桌上的电话就响了起来。从万中仙打电话说的话里，一听就知道电话那头的人是在问招生的事情。万中仙小心地说：张部长你真的是不太了解我这里的情况，我这个系主任权力有限，招生的事情从来不是我一个人说了算，学生的入学考试，我们有一个12名专家组成的评委会一起打分，最终录取都是凭分数说话的。我只有一票。你的孩子想来考，我们是很欢迎的。到时候，我一定会格外重视的，这点你放心。不谢不谢，哈哈。

放下电话，万中仙无奈地对林建国说：整天都是这种电话，我快要招架不住了。哦，林处长你有什么事吗？

林建国抱歉地笑笑说：不好意思，我也是为招生的事来的。

万中仙心想，难道他是为秦朗而来？秦朗想读研究生？不太可能吧。在家里，他常听女儿万莉说起秦朗和他父亲林建国的事情，老是发出疑问：这对父子怎么一点也不亲呢？万莉还对万中仙说：我跟林处长说起秦朗，他从来都是毫无兴趣毫不关心的样子，你说怪不怪呢？

那他为谁而来？林建国另有一个脑瘫的儿子，万中仙是知道的。林建国不可能是为他而来。万中仙想当然地问：是秦朗想读研究生吗？秦朗从北京中央艺术大学毕业已经回上海，这他听女儿说起过。

林建国轻描淡写地说：哪里是。秦朗想上学跟我有什么关系呢？

万中仙的好奇心冒了出来，忍不住问道：他难道不是你的儿子吗？你虽然跟他妈离婚了，秦朗终归是你的儿子呀，你这个做父亲的关心一下自己的儿子也很正常呀。

林建国脱口道：可是，如果他并不是我的儿子呢？但他马上知道说漏了嘴，赶快岔开话题说：我是帮我的一个朋友来找你的。你万教授在人家眼里是神一样的存在，人家不敢直接来找你。

万中仙一听却发呆了，林建国方才的一句话猛然触动了他的心事，被埋在记忆深处的往事一瞬间在脑子里清晰起来。当年秦悦悦断然跟林建国离婚，万中仙就有很大的疑惑，如今这种疑惑，又强烈地出现了，秦朗不是林建国的儿子？那是谁的？难道……不会，不会，绝对不会！万中仙感到了害怕，阻止自己再想。清醒过来的他发现林建国正在不解地朝着他看。

万中仙抱歉地说：不好意思，你刚才说什么？我脑子里还在想刚才那个电话。

林建国重复了一遍刚才的话，又接着说：我的这个朋友是个建筑商，他一心想培养自己的孩子成为小提琴家。孩子已经学了5年了。他想请你看看，如果你能收他的儿子做学生，他会好好谢谢你。他很有钱，培养儿子他不惜代价。

林建国差点说出孩子的老师是秦朗，转而一想还是不说为好，免得又提起那个他实在不愿意提及的话题。

万中仙听出了林建国的暗示，心里有点不快：难道我是只认钱不看人的那种人吗？于是严正地说：钱多有什么用，如果他是想用钱来买，那他就大错特错了。我们这里的学生全是凭真本事考进来的。

林建国看出了万中仙的不快，忙解释说：他的意思是愿意花大本钱来培养孩子。万教授你说的是对的，我也这样跟他说过，还是要看孩子本身条件的。要不，万教授你给我个面子，哪天我让他把孩子带来你看看。行就行，不行也让他心服口服，他一定会服万教授的。

这几句话万中仙听了还蛮舒服的，再考虑到林建国是本校的一个部门领导，又是老同事，这点面子还是应该给的，于是爽快地说：好吧，那你就让他后天星期五下午来。我这个周五下午要给我的研究生上课。4点钟下课。

万中仙平时遇到像这样的事情很多，多数是熟人朋友相托，甚至是市里面领导托关系过来的，万中仙碍于情面，总会答应，但绝不会屈从私情。在看了孩子拉琴后，他总会毫不留情地说出自己的评价，行就行，不行就是不行。他是公认的权威，没人敢不服的。林处长让看看就看看吧，万中仙也清楚，在琴童中真正适合培养的人其实极少，他一般对此并不抱希望，也就是给别人一个面子罢了。

见万中仙很爽快地就答应了，林建国如释重负，很开心，心想终于可以给金闯一个交代了。至于以后的事情，那就看金闯你自己了。这时他才想到，金闯如此花心思在学校学生新宿舍楼项目这个工程上，看来他是另有所图的，不禁对他对儿子的一片苦心有了深深的感佩。

金闯下班回到家里，喜滋滋地把好消息说给了尤梨花听，尤梨花也很开心。尤梨花张狂地对金闯说：我们周五去，先给万中仙送10万元，以后事成再送。

金闯摇摇头说：不是那么简单的。看来上这样的学校还真的是要看小孩自身条件的。我已经想通了，要是万教授看不上我家小阳，那只能认命了。当然，我是多么希望万教授看上我们家的小阳啊。先不要急着送钱，看万教授怎么说。好钢要用在刀刃上，需要送的时候再送吧。

但后来，金闯还是关照尤梨花准备一点礼品，可以买点鱼翅、西洋参、海参之类的，表表心意还是应该的。

第十七章

金闯和尤梨花在约定的时间将儿子带到了万中仙的办公室。金小阳在万教授面前一点也不怯场，自己从琴盒里拿出琴来，调好音，将弓上紧了，然后静候万教授吩咐，样子很是沉着。

万教授开言道：你不是考过8级了吗，那你就拉巴赫的《E大调协奏曲》吧。

这个曲子正是考级曲目。

金小阳答应一声便神态自若地拉了起来。随着金小阳的琴声，万中仙原本低垂的眼睛抬了起来，睁大了盯着金小阳看，这孩子琴声透发出来的成熟，让他不得不另眼相看。极少有小孩能够在表现巴赫的作品时，既能保持严谨均衡的美感，又能抒发出深刻的抒情美，做到像是在沉思冥想。巴赫在这首曲子里也不乏生机勃勃、活泼跳跃的激情，金小阳也表现得恰到好处。万中仙不由得想：这孩子在考级时考官给他得了一个优秀，是有道理的。看着想着，万中仙眼前浮现出了秦朗小时候拉琴的模样，在他的记忆中，能够天才地懂得巴赫，在琴童中，除了他以前教过的秦朗就是眼前的这个金小阳了。

金闯和尤梨花都紧张得大气也不敢出，他们多么希望万教授能对金小阳说出一句肯定的话啊。终于等到万教授说话了，他是对着金小阳说的：你可以来我这里上课。然后对金闯和尤梨花友好地一笑，说：我的秘书会跟你们约孩子上课的时间。说完就离去。

金闯和尤梨花都呆住了，他们简直不敢相信万中仙这么爽快就答应了。这么说，万教授是看中我家儿子了？金闯和尤梨花对看着，终于相信这确实是真的，两人忍不住开心地抱了一下。

林建国很快也知道了这个结果，对金闯说：万教授愿意收你的孩子为徒，孩子的一只脚等于已经迈进学校大门了。那你就要舍得花学费了，明白了吗？金闯连连点头说：明白。

万中仙的秘书葛老师在给金闯打电话约上课时间的时候，主动跟他提起了学费。葛老师说：万教授是用工作之外的时间给孩子上课的，希望你们要尊重一下教授的劳动。

金闯说：明白明白，这是当然的，学费怎么付，请葛老师指教。

葛老师说：万教授是一级教授，著名的小提琴家，他的出场费都在6位数以上。当然不要这么多。不过也不能太难看吧。这样吧，我建议你们每课付1000元吧，不算低也不是很高。不过教授特地关照过，如果学生家里经济条件不好，可以少付或不用付学费的。我不知道你们家里经济状况怎么样。

金闯扬扬自得地说：我们家里经济状况还可以的。并爽快地说：你说学费1000元没问题，可以的。

以后金小阳每次去万中仙家上课都由尤梨花带着。上好课，尤梨花就会在桌上放一个红包，里面是1000元。万中仙只微笑着点一下头，表示收到了，从不说话。

两个月以后，尤梨花从报纸上看到了南方音乐学院附小招生的公告，于是就在上完课后试探地问万中仙：我们想给金小阳去报个名，万教授你说可以吗？

万中仙不假思索地说：可以。

尤梨花回家跟金闯一说，金闯分析道：万教授如果觉得小阳不行，一定会提醒我们要慎重考虑的，或者索性就会阻止，他没反对就说明他觉得小阳是可以的。不过我们也不能掉以轻心，现在是关键时候，必须有所表示。你想想录取名额这么少，全国各地优秀的孩子又这么多，你叫人家老师怎么选？在这种时候使把劲是有用的。我看就先送20万元，太多了人家可能也不敢收的。来日方长。

下次上完课，尤梨花除放下一个红包，还加上一张银行卡。

万中仙感到了意外，但没说话，只是用眼睛询问地看着尤梨花。尤梨花忙说：金小阳已经报名，请万教授多多关照。这段时间金小阳进步很大，万教授是花了很多心血的，他爸爸关照我要好好谢谢万教授。说完赶紧拉着儿子就走。

附小的招生考试开始了，金闯和尤梨花寝食不安的日子也开始了。考试要过三关，每次考好了，做父母的就开始焦急地等待结果，盼着去学校看榜的那一天。看榜是最受煎熬的，既急着想知道结果，希望榜上有名，又怕看到名落孙山而难以承受失败的打击。但其实看榜的过程并没有尤梨花想象得那么折磨人，反而是一目了然让人惊喜万分的。尤梨花每次心情忐忑地走近，抬眼一看，立刻就心花怒放。初试复试的红榜上，金小阳两次都是名列榜首，骄傲地排在第一，尤梨花一眼就能看到，根本就用不着在一堆名字里去苦苦寻找。金小阳终于如愿冲进了最后一试。

最后决定命运的那天，尤梨花和金闯又是早早就带金小阳到了考场。金小阳进考场了，尤梨花和金闯就在考场外焦急地等。今年小5插班生录取名额是5个，有10个孩子做最后的竞争。尤梨花从门缝往考场里窥了一眼，只见12个评委在一条长桌后面一字坐开，个个表情严肃，眼睛一眨不眨。这一看，尤梨花就更紧张了。

好不容易等到考场的门大开了，评委老师的表情都松弛起来，伸起了懒腰，也有的老师起身离开座位，到外面去上厕所。等在外面的家长都知道考试结束了，就朝里面涌去。他们知道马上就要当场宣布考试的名次了。尤梨花见她眼熟的一个中年女老师出门时朝她友好地笑了一下，尤梨花忙走上前去悄悄问：我们家金小阳的表现怎么样？

女老师笑着说：很棒，反正我是给了他最高分的。

尤梨花听了以后紧张的心情顿时放松了些，随即就跟金闯一起跑进考场找儿子去了。

最紧张的时刻终于到了，一位老师站起来开始宣布这次入学考试最后一试的名次。尤梨花觉得自己的心脏都快要跳出胸腔了，她紧紧抓住金闯的手，怕自己支撑不住。只听见老师念道：……第三组，金小阳，去掉3个最高分，去掉3个最低分，最终得分580分，排名第一；常晓燕……

尤梨花顿时一轻松，瘫软在了金闯的怀里，喜悦的眼泪夺眶而出。金闯也禁不住喜极而泣，他突然想到应该给金小阳的爷爷奶奶姑姑叔叔打电话报喜，于是把尤梨花推开了，只顾着给一个个家人打电话。

尤梨花也想到应该给秦朗老师打电话报喜。电话打到梦花琴行，接电话的是毛长生。他告诉尤梨花，秦朗前几天去法国了，是跟他们的弦乐四重奏组去比赛的，要半个月以后才回来呢。毛长生问尤梨花：你找秦朗有什么事吗？

尤梨花激动地大声说：我家金小阳考南方音乐学院附小今天考最后一场，刚才公布考试结果了，他得了第一名，他成功了！我想给秦朗老师报喜的。

毛长生激动地在电话里喊叫起来：金小阳考上了，金小阳考上了！

尤梨花接着听到了电话里更多人的欢呼声。

尤梨花正要挂电话，毛长生突然在电话里喊叫起来：尤梨花，你不对，你怎么没想到也给我报个喜呢？你不要忘了，我可是金小阳的启蒙老师。叫你家金老板请我到大富贵吃饭，一定要的。哦，我开玩笑的，开玩笑的。毛长生马上又变得油腔滑调起来。

尤梨花却是爽快地答应了：一定请你吃饭，一定的！

尤梨花在问到了秦朗的手机号码后，还是把报喜电话打到了巴黎。秦朗倒不觉意外，金小阳的悟性很高，不同寻常，又被万中仙教授相中细心调教，他能考上南方音乐学院附小是意料中的事情。自己的学生能在一大批优秀的琴童中脱颖而出，作为老师，秦朗自然还是挺感欣慰的。

"魔力"弦乐四重奏组一行4人到巴黎后，为了节省开支，找了一个很小的旅店。但大家都很满意，首先旅店名为Chanceux，是幸运的意思，这是一个好彩头；旅店在紧靠塞纳河的香榭丽舍大街上，风景极佳。他们租了两个房间，万莉住一个标间；其余三人都是男生，秦朗和中提琴顾小同、大提琴方越三人只好挤在一个标间里，老板是一个华人，很好说话，同意了他们在标间里加一张床的要求。

秦朗刚放下电话，万莉就来敲门，催三个男生赶快到她的房间去合练。作为领队的万莉要比别人操更多的心：明天下午将是第一场比赛，对手都很厉害，必须准备得非常充分才行。

秦朗万万没有想到，他一出门竟然见到田妮朝他迎面而来。虽已相隔两年，田妮在外形上有了不小的变化，原来的直发被烫得卷了起来，人丰满了，皮肤比以前更显白润，看上去比在上海时成熟妩媚，不像以前是一脸的稚嫩，但秦朗还是一眼就认出了是田妮。这太突然，秦朗呆住了。田妮一看到秦朗，立刻就显出当年在梦花琴行时的任性和活跃，大叫着"秦老师"，奔上前来，猛扑在秦朗身上，抱住他，喃喃道：终于见到你了，我好想念你啊！

一股优雅的香水味钻进了秦朗的鼻孔。

顾小同和方越相对一视，都在心里问：什么情况？

秦朗轻轻推开田妮，对顾小同和方越介绍田妮说：我们琴行以前的一个老师。你们先去，我马上过来。随后把田妮请到房间里坐下。

田妮看到房间里床紧挨着床很拥挤的样子，惊讶地说：这怎么住呀？你就住我那儿去吧，我一个人住一个大套，房子很空。离这儿还不远，也在塞纳河旁。好不好？

秦朗笑笑说：不了。我跟他们需要在一起，练琴方便。

秦朗奇怪田妮怎么知道自己来巴黎的。

田妮激动地说开了：你们来巴黎比赛的消息，《魔都晚报》登了，我自从到了法国，就一直订上海的《魔都晚报》，每天必看。就算没看《魔都晚报》，我也能知道你来巴黎比赛。你知道我现在干什么工作吗？我被巴黎最大的一家演出经纪公司聘用了，是这家公司的对外联络部部长。上班就是整天和全世界最著名的艺术家联系，也和全世界大城市的著名大剧院联系，巴黎所有剧院每天有什么演出我都知道。看了报纸后，我在市政剧院国际弦乐四重奏比赛的海报中，找到了中国"魔力"弦乐四重奏组，看到了你的名字，你不知道我有多高兴。知道你们已经到了巴黎，我就到处打听，开着车到处找，总算把你给找到了！

秦朗听田妮说很喜欢现在的这份工作，也很高兴，说：那倒不错。祝贺你有了一份自己喜欢的工作。

万莉又来敲门，催道：快来吧，就等你了！

秦朗起身，抱歉地说：我真的没空陪你，他们都在等着我排练呢。

田妮依依不舍地起身，说：好吧。那你晚上就去我那儿住好吗？我开车来接你，我们好好聊聊，我有好多话要跟你说，好不好？

真的不用，我已经跟你说过了，我需要跟他们在一起。秦朗很坚持地说。

田妮不开心了，但很快又绽开笑颜说：那明天晚上我请你吃饭，然后，我带你坐游船在塞纳河上玩一趟，不许不去。明天下午我会去市政剧院看你们比赛的。

第二天下午，秦朗在登台比赛的时候，果然看到田妮坐在最前排在向自己招手。

比赛很顺利，秦朗他们在拉完指定曲目贝多芬的《c小调第四弦乐四重奏》后，又演奏了一首自选曲目中国乐曲《小河淌水》。评委们赞赏地频频点头。狄奥教授跟身旁的爱丽丝教授说：他们在表现贝多芬的时候，我简直不敢相信这是中国人拉的，他们对德奥古典风格的把握真的很准确；当你再听他们拉中国乐曲的时候，才相信他们确实是地道的中国人，这种东方特有的韵味，我看西方音乐家是很难表现出来的，当然他们演奏得非常棒！

狄奥是巴黎国立音乐学院著名的小提琴演奏家、教育家。这次比赛由他出任主评委。

等A组的10组选手全部比完，已到了吃晚饭的时候。评委当场公布分数，宣布进入下一轮比赛的名单，中国的选手以高分获得小组初赛第一名，成功晋级。

在台下等候结果的秦朗他们听到主持人的宣布后，激动地抱在一起。田妮难以克制激动的心情，冲上前去，也加入到欢乐中，跟秦朗又抱又跳，又喊又笑。

万莉高声对大家说：这只是万里长征走完了第一步，革命尚未成功，同志还需努力。我宣布，今晚的排练继续，吃好晚饭6点钟准时开始，谁也不准出去玩。

田妮听到着急了，轻声跟秦朗耳语：不行，我不同意。她还和在梦花琴行时一样任性。

秦朗感到好为难，万莉的决定是对的，往后的比赛会越来越激烈越来越残酷，一点也不可以放松的。但他也不忍扫了田妮的兴，昔日的好友想不到在巴黎相遇了，多难得呀。秦朗想了想举手对万莉说：万莉阿姐，我建议晚上排练推迟2小时，大家辛苦了，多休息一会儿吧。

万莉瞥一眼田妮，她已经认定田妮跟秦朗关系不一般。这是怎么回事呢？难道是秦朗背着苏雯又交的女友？万莉顿时有了反感，于是板起脸，不客气地问秦朗：她是谁？

顾小同立即自作聪明地接着说：看不出来吗？女朋友呗。

秦朗显出慌乱来，忙解释：不是女朋友。她叫田妮，我们琴行以前的老师。我跟她是偶遇，偶遇，哈哈。

万莉看到秦朗慌乱的样子，忍不住笑了，感觉他很可爱，不过她觉得秦朗跟田妮倒很般配，心想：如果他们真是一对倒也不错。万莉其实始终觉得苏雯跟秦朗并不相配。这样的心情只有做姐姐的才会有，万莉总会把秦朗当作自己亲弟弟一样关心。万莉心里有了对秦朗的宠溺之意，于是温和地对他说：同意了。去玩吧。

秦朗很开心，说：谢谢万莉阿姐！

田妮也嗲嗲地说：谢谢万莉阿姐！

万莉听了心里感觉好满足。

田妮将秦朗带到停车处，让他上了一辆雷诺敞篷车，然后驾车沿香榭丽舍大街一直开到凯旋门，一路上向秦朗介绍沿途的风光和各种有名的品牌店，再拐回去开到协和广场，把秦朗带到了一家敞开式的饮食店。一名服务生将他俩带到田妮预先订好的雅座。

雅座置于一片翠绿的草坪中，上有凉棚遮阳。巴黎7月的盛夏天，虽已近黄昏，但太阳依旧炎热，灿亮刺眼，有凉棚遮着，轻风徐来，使人感觉凉爽舒适。服务生推来一个小车，将一盆盆色彩艳丽的菜肴摆上桌来。田妮一一介绍：今天请你吃最正宗的法国菜，红酒烩蜗牛、香醉鹅肝、爱恋法式薄饼、香蕉法式吐司四重奏、法式洋葱浓汤，法国最好的路易红葡萄酒。

田妮几大口红酒下肚后，两颊飞起红霞，显得美艳动人，话也更多更大胆了。她含情脉脉地盯着秦朗的眼睛，任性地说：上帝把你送到了我的面前，我岂能让你离开，我要你跟我回家，我要让你知道，我有多么喜欢你。

见秦朗不置可否，像是在犹豫，田妮便冲动地起身从秦朗对面走到他身边坐下，两手绕着他的脖子，娇声娇气地央求道：去我家，一定要去！

优雅的香水味混合着女人身上兴奋的热气，强烈地刺激着男人的鼻翼，撩拨得他也兴奋起来了。田妮充满魅惑的眼神更是摄人心魄，秦朗被田妮的痴情感动，更被她的美艳深深吸引。就在这时，他猛然想起了正在医院里陪伴照料着妈妈的苏雯。

在他来法国之前，秦悦悦一直咳嗽，秦朗不放心，便和苏雯一起陪妈妈去医院做了一次检查。秦朗拿了检查报告去给魏医生看。医生看了检查报告后遗憾地说：肺里发现癌细胞，说明是转移了。

秦朗听了非常着急，问医生怎么办？医生说，别太紧张，还是有办法的，那就继续做化疗吧。现在床位正好有空，你就让你妈妈住进来吧。要抓紧。

于是，秦朗便催着妈妈赶快去住院。秦悦悦平静地问：是不是转移了。如果是，那就不用再治了。任儿子怎么央求，秦悦悦都不答应。

第二天，秦悦悦一反常态地在下午就洗好了澡，浴后在梳妆台前坐下，拿出了不知道有多少时间不用的眉笔、口红、香水，给自己化起妆来。化好妆，秦悦悦又穿上了平时不舍得穿的真丝花衬衫、的确良长裙和一双簇新的牛皮凉鞋。秦朗惊叹装扮一新的妈妈变年轻了，更漂亮了。他只是奇怪妈妈为什么突然打扮起自己来。秦悦悦还让儿子拿来电吹风帮她把头发吹卷了。还要求儿子：涂点油。

秦朗忍不住问道：妈妈，你今天是怎么了？

秦悦悦避而不答，只是说：我今晚想去听一场音乐会，你能陪我去吗？

哦，原来如此。秦朗知道妈妈是最喜欢听音乐会的，喜欢归喜欢，不过在他的记忆里，妈妈几乎就没有去过音乐厅。今天突然有了这个雅念，秦朗很为妈妈高兴，自然是很爽快地就答应了妈妈的要求。

秦朗问妈妈：是什么音乐会呢？

秦悦悦答：万中仙教授的小提琴独奏专场。

秦朗听了就更喜欢了。

万中仙出场了。他还是那么儒雅潇洒、才华横溢。秦悦悦感叹着坐正了身体，心里说：亲爱的，我今天来就是想跟你做最后的告别的。咱们来世再见吧！这话是万中仙跟她说过的。那时，两人相拥着，秦悦悦想到这辈子几乎没可能跟万中仙结为秦晋之好时，伤心起来。万中仙便安慰她说：下辈子一定娶你为妻！虽是安慰话，秦悦悦听了也喜欢。此刻，她在心里继续跟万中仙说着：你可要说话算数呀，我会一直等着你的，永远永远！

万中仙开始演奏《梁祝》了，小提琴欢快地拉出了一段梁山伯和祝英台同窗共读的幸福情景。三年的同窗生活结束了，分别在所难免。小提琴充满惋惜地慢慢拉了起来，唱出了"十八相送、长亭惜别"的依恋之情，尽情抒发难舍难别的凄美之意。

秦悦悦触景生情，细细想起自己和万中仙在一起时的点点滴滴，她对每一个细节都记忆犹新，不禁悲从中来，止不住掉泪。

秦朗仍然劝妈妈赶快住院接受治疗。秦悦悦还是不肯，说：我就知道是个无底洞，要早知道这样，当初开刀都不用开的。秦朗见劝说无效，只好使出了"撒手锏"，有意整整一天不碰琴，而是把时间都用在了打电脑游戏上。

秦悦悦发现不对呀，马上要去法国比赛了，照理应该加紧练琴才对，怎么光顾着玩了？于是提醒儿子说：不要忘了那次考乐团的失败，这次去法国是参加国际比赛，更不能马虎啊！

秦朗故意漫不经心地说：我还没想好到底去不去呢。

秦悦悦顿时大怒了，喊叫起来：什么？你是在说昏话吧？你们花了将近三年的心血，好不容易练成这样，为的就是这一天。你怎么可以说还没决定去不去？比赛是你一个人的事情吗？你还是第一小提琴呢！

秦朗吓了一跳，从来没有看到过妈妈像这样生气地大吼大叫，从来也没有对自己这样凶过。他知道妈妈是把自己孩子的事业看得比什么都重要的。他怕妈妈太过着急了，于是笑了出来，说：没说不去。不过你得让我放心才好。你这么不听话，我怎么放心去参加比赛呢？

秦悦悦这才明白了儿子的用意，只好认输，说：好了好了，我去医院好了吧？

秦朗其实心里还是很不放心的。他跟苏雯说：其实这时候妈妈是最需要我留在她身边的。说实话我很矛盾的。

苏雯体贴地说：你放心去。参加比赛最忌讳三心二意，你必须要集中思想。至于妈妈，你就交给我，我一定会代你陪伴着她，照顾好她。你什么都不用担心，只管去法国好好比赛就可以了。苏雯真诚地看着秦朗，发自肺腑地说：我求你了！

秦朗还是不放心，问：那邱天谁带呢？

苏雯说：我已经安排好了。我爸爸妈妈明天就从苏州过来了。这你不用担心。

临走时，秦朗去医院跟妈妈告别，对妈妈说：你要听医生的话，好好治；儿子听你的话好好比赛，给你拿块奖牌回来。

秦悦悦心满意足地闭目养神了。

妈妈有苏雯的照料，秦朗很放心。对苏雯他充满了感激。

想起苏雯为了帮自己照料妈妈，连儿子也不管了。不是因为她深爱着自己，她会这样做吗？可是，自己却三心二意，旁顾左右，面对美色差点就动摇了。秦朗感到了内疚。想到这里，他毅然推开了田妮，还坦率地告诉田妮，自己已经跟苏雯在一起了。

田妮非常不情愿地问：那你爱她吗？

秦朗由衷地说：爱，非常爱。我喜欢她的美貌、成熟、智慧，最终我被她的善良所征服。一个美丽、聪明和善良的女人是值得我爱的。

田妮生气地嘟起嘴，用手指塞住了自己的耳朵，充满嫉妒地喊叫起来：我不要听，我不要听！然后深深地叹息，忧伤地说：我好羡慕她啊！说完，将杯中酒一口喝尽。再倒满，再不停地喝。田妮趴在了桌子上，嘴里不停地嘟囔：我就是喜欢你，来法国的两年里，我每天都在想你……

秦朗看时间已经快要过去两个小时了，想到大家都在等着自己排练，心里焦急起来，他想走，但又想自己走了田妮怎么办呢？田妮已经喝醉，她停止了说话，一动不动地趴着，还发出了鼾声。

秦朗情急之下找来服务生，跟他说：你能不能帮我这位朋友找一个代驾，送她回家。我有急事必须要离开这里。

服务生彬彬有礼地说：好的，先生您放心，我们会安全地把田小姐送回家去的。田小姐是我们这里的老主顾，她经常会一个人来这里喝酒，也有几次喝醉的，都是我们把她送回家的。您放心吧。

秦朗听了不免一阵心疼。他必须走了，只好在心里对田妮说了声"抱歉"，然后又掏出一枚5欧元的硬币给服务生说：Tip. Thank you. （小费，谢谢！）

第十八章

康宏从学校放暑假开始，每天都要到老学生宿舍楼大修工地去转一圈，主要是盯住施工队，催催进度，要确保2个月以后开学时，宿舍能让学生住上。还有一个重要的工作是做大修质量的监理。康宏毕业于东南大学建筑系，在调来江南音乐学院之前，曾经在诚心建筑集团做过8年的监理，对建筑材料的使用、建筑质量的评定有极其丰富的经验，这也是他敢对"土包子"出身的林建国处长打心眼里看不起的资本。3栋老学生宿舍楼大修同时进行，每天这一圈兜下来，康宏感觉还是蛮累的。

负责老学生宿舍楼大修项目，是林建国在和康宏商量下半年工作时，预先想好的，直接安排给他的工作。康宏当时就不开心，心想既然是下达任务，何必还假惺惺地说什么商量呢？当林建国说自己主要负责新学生楼项目时，康宏又在心里嘀咕：怪不得把我放到那里去，是不想让我揩新楼项目的油水吧。其实康宏是错怪林建国了。林建国很清楚，老学生宿舍楼大修的任务很重，要是开学了还做不好，那是要出乱子的。这么重要的工作，他们处里除了他自己和康宏，其他三个科员一个都扛不起来。自己既然想好了要跟金闯打交道，老楼的项目只有交给康宏了。

没有能帮上耿总，康宏对林建国更加不满。耿总是康宏以前在诚心建筑集团的领导，这次耿总是特地找到康宏要他帮忙的。耿总跟康宏很熟，还算有点交情的，所以开门见山地表示，事成我会好好谢你。康宏当然知道"好好谢你"是什么意思，但可惜自己不当家，只好抱歉地跟耿总说：我不做主，爱莫能助。

耿总说：那你给我引见一下你们的林处长吧，事成我一样谢你。

结果事情没做成，康宏自然也没有拿到耿总的"好处"，这在康宏心里埋下了怨恨，萌生了报复一下林建国的念头。

康宏经过新学生宿舍楼工地时，正是吃午饭的时候，工地上很安静，只见停着一辆卡车，两个工人正在往车下卸一包包的水泥。康宏前一段时间经过时，工地上还在平地、挖灌装柱的孔洞。康宏想现在该是往孔内放钢筋笼、灌注混凝土了吧。于是就想去看看施工队有没有偷工减料，如果有，这个时候应该很容易被发现的。

工地上还是一片平地，看得到灌注桩孔洞已经挖毕，有的已经浇灌好混凝土，顶部露出一根根钢筋。到处都是泥巴，很不好走，康宏艰难地走到卡车旁边，装卸工已经将水泥全部卸在了一辆水泥搅拌车旁边，这里正有个灌注桩孔洞。卡车开走了，工地上只剩康宏一个人。康宏知道这时候建筑工人都回工棚吃饭了，天气很热，中午他们还会休息一段时间，一时半会儿不会来工地的，正好能让他好好观察一下。

康宏先看了看水泥包装上的牌子。乍一看，牌子为"海螺"。"海螺"水泥是知名产品，康宏对它很熟悉。但"海螺"两个字怎么显得很小？康宏觉得有点异样，再仔细一看，康宏发现了问题，竟然不是"海螺"，而是"海㙟"。这明显是假冒产品！康宏想知道是哪里生产的，但包装袋上并没有生产厂家的名称和地址，只有一个手机号码：180057700××。康宏兴奋起来，想不到一下子就被他抓到了一个把柄。为了进一步坐实，康宏拿出手机按号码打了过去。电话通了，对方一个女声说道：这里是狗尾巴乡牢固水泥厂，请问你有什么事吗？

康宏谎称自己想买水泥，想了解价格和质量。对方非常和气地回答：每吨100元，买得多价格还可以谈；质量嘛，我跟你说实话，我们的水泥虽然不能跟名牌的比，但用起来是一样的，非常实惠，你放心买好了。

康宏又询问了对方的地址，将对话全部录了音。挂了电话，康宏暗想：正宗的海螺水泥每吨400元左右，这金老板真是会算，一座楼房造下来，至少省100万元，正好够他用来行贿。康宏将注意力又转移到了灌注桩孔洞，钢筋笼已经放进了孔洞里，看来接下来就是灌注混凝土了。康宏朝孔洞里一看，心里一惊，孔洞里竟然放了很多碎石。他目测了一下，从碎石面到孔洞口大概还有五六米深。康宏知道，像这种灌注桩应该在10米以上，也就是说，建筑方在底部用了大量碎石，然后再灌注混凝土，碎石比混凝土便宜，这样钱就省下来了，这是不良建筑商惯用的手法。康宏太熟悉了。康宏感觉钢筋笼也有问题，主筋之间间距不应该这么大，并且钢筋规格也很细。他拿出随身带的钢卷尺量了量钢筋的粗细和钢筋之间的间隔距离，心里有了底。他没忘了用手机拍下照片。

钢筋是否降低规格、钢筋笼的制作是否偷工减料，只要对照承包合同就能清楚。合同上有发包方规定的材料规格和施工标准。且先不说钢筋，违规用碎石代替混凝土、使用假冒劣质水泥，问题已经是很严重。施工方要承担责任，在这背后甲方乙方的暗中金钱交易也别想逃脱干系！康宏掺杂私心的正义感陡然高涨起来。

康宏开始考虑，怎么做呢？老天助我，此乃扳倒林建国的良机。康宏不相信金老板不花一分钱就能轻松拿到这个项目。一想到平时林建国对自己的那副颐指气使的样子，康宏就生气，恨不得让他立即倒霉。照理来说，他发现问题应该先向处长汇报。可是，假如怀疑处长涉嫌违法，这样做显然就不合适了。直接向市安全质量监督站举报倒是合理合法，但面子上会很难看，被林建国怨恨是肯定的了。那索性一不做二不休，再到纪委去一下，让纪委以施工队偷工减料为突破口，顺藤摸瓜查出招标背后的违法交易。如果真的查出问题，你林建国不光是再当不了处长，恐怕要坐牢了。那还顾忌什么呢？到时候，我康宏就是敢于向违法行为斗争的英雄了，并且极有可能顺理成章地坐上处长的宝座。

这种于公于私都有利的事情何乐而不为呢？康宏终于想通了，于是毅然拨通了市安全质量监督站的举报电话。然后，他又毅然走进了学校纪委黄书记的办公室。

市安全质量监督站的人行动迅速，当天下午就杀到工地，发现现场情况与康宏所说无异，立即要求停工，等候处理。

林建国也被叫到工地，协同调查处理。林建国这段时间带领处里的另外几个人，正在忙大音乐厅建设的筹备工作，无暇顾及这里的事情。林建国到了现场，听监督站的人一讲情况，自己再一看，顿时意识到了事情的严重性，忙打电话给金闯向他问罪：你这个娄子捅大了，你害了自己也害了我，你当初怎么跟我保证的？想不到你给我来这一手，你把我害苦了！

金闯却不急不躁地说：我已经知道了。你不要着急，我会摆平的。我是用人有误，闯祸的人会受到惩罚。负责材料采购的经理和负责施工的工程队长已经被公司开除。当然，所有造成的损失我们公司会承担，按照合同办事，该罚款罚款，该返工返工，以后类似事情保证不会再发生。

林建国最担心的倒不是工地上发生的事情，他怕的是受贿的事会连带被发现。拿金闯钱的事一旦败露，我林建国就完了！所以在电话里再三叮嘱金闯千万要守口如瓶。

金闯信誓旦旦地说：受贿有罪，行贿也是有罪的，我不会讲的，林处长你放心。

林建国听后松了一口气。

新学生宿舍楼工程停工震惊了学院领导，几位主要领导立即紧急碰头，研究对这件事情的处理。纪委黄书记在会上通报了有人对工程招标的怀疑，表示亡羊补牢未为晚也，建议立即对工程招标展开调查。

调查分两头进行，院长亲自找罗副院长和林建国分别谈话；纪委黄书记则到皖金建筑集团找金闯，希望从他这里打开缺口。

罗副院长和林建国早已订了攻守同盟，矢口否认在招标中有受贿的行为。

纪委黄书记以前在检察院干过，对付违法犯罪分子很有一套，他软硬兼施的一番话很快就让金闯缴械投降了。纪委黄书记对金闯说：法律规定，行贿也是有罪的，如果你做了会受到什么样的处罚，你有法律顾问，不用我多说；不过法律规定还有一条，在追诉之前，如果行贿一方能够主动交代问题，协助公安机关查获受贿的犯罪分子，可视为立功表现，是可以免于处罚的，你想走哪条路，你自己选择吧。

金闯一听，立刻改变了先前矢口否认的态度，跟纪委黄书记说：那我跟我的法律顾问商量一下吧。

金闯再回到纪委黄书记面前时，立刻变了一个人，态度极其诚恳地说：我们错了，我们不应该使用不正当的手段来参与投标……

很快，纪委黄书记就对林建国和罗副院长宣布了"双规"的决定，两人都被带到了学校招待所，被分关在了两间房间里。

林建国和罗副院长毕竟都不是恶贯满盈的坏人，不过就是财迷心窍、一时糊涂，才跌入了罪恶的深渊。两人都很快就彻底交代了受贿的问题，都恳求组织上能挽救他们，给他们一条生路。可是，学校已经是爱莫能助，他俩的行为已经触犯刑律，只能交给检察机关处理了。

学校领导在宣布了对林建国开除党籍开除公职的处理决定后，接着就宣布了由康宏主持基建处工作的决定。

康宏立即接手了新学生宿舍楼工程。他特地把甲方发包合同从林建国的文件柜里找出来翻了一下，证实了自己在工地上发现的所有问题，确实都严重降低了甲方规定的标准。他不禁暗暗得意，在心里称赞自己说：这件事干得真漂亮！

林建国被检察院刑事拘留后，很快升级为逮捕。唐莲急坏了，急忙帮他请了律师。律师去见了林建国，对他说：几次拿钱加起来已经超过100万元了，判刑是逃不掉了，现在只能争取少判点，如果有立功表现就好了。你想想看，有没有检举揭发的事情。

林建国想来想去，总算想到一件事。在一次提审的时候，林建国说：我要检举揭发，我想立功。随后就说了金闯为儿子入学给万教授送钱的事。

办案人员问他：你有证据吗？

林建国说：我只听金闯说过几次，具体的我不清楚。不过我可以肯定，金闯一定是送了，不然他的儿子怎么这么容易就被录取了呢？

办案人员说：这只能算是提供犯罪线索。如果查出来确有其事，那才可以算你立功。

万中仙收到检察院的传唤证时，正在家里给一个研究生上课，这个学生马上要去美国参加一个比赛。看到传唤证上的内容，万中仙吓了一跳，竟将他定性为犯罪嫌疑人！

我犯什么罪了？万中仙一头雾水，想来想去没做过什么坏事嘛。

他再仔细看：必须在8月5日上午9点持证到检察院办案区报到，接受讯问，无故不到，将予拘传。

也就是明天。看口气，如果不去，就要来抓我？万教授平时受惯了尊重和崇拜，从来没有被这样对待过，他感到受了莫大的羞辱。

看来不去还不行，那就去一趟吧，说说清楚也好。一定是搞错了。万中仙很不情愿地来到了检察院。哪想，这一去就再没让他回家。

检察官问他：知道为什么叫你来吗？

万中仙感到莫名其妙，说：不知道。

检察官直截了当地说：你拿学生家长的钱了没有？再明确地问你一句，你拿金小阳家长的钱了没有？

万中仙毫不回避地答：拿了。马上又解释道：是学费。

检察官不客气地问：20万元，有这么高的学费吗？而且偏偏是在学生入学考试的时候给你，你觉得是学费吗？

检察官追问：你确定拿了20万元吗？

万中仙只点头没说话。

检察官厉声喝道：说话，拿了还是没拿？明确说清楚。

万中仙吓了一跳，他从来没有被人这样凶过，这真是奇耻大辱。万中仙实在受不了了，委屈的泪水在眼里打转。看来不照着检察官的要求明确回答是不行的，于是只好说：拿了。

检察官继续问：这钱是不是在金小阳考试前给你的，明确说。

万中仙说：是的。

检察官把讯问笔录交给万中仙说：看一下，没有疑问就签字。

万中仙只好看了一遍，觉得事实的确如此，没有疑问，就乖乖地在讯问笔录上签上了自己的名字。随后他问检察官：我可以回去了吗？

检察官冷冷地说：等着吧。

之后再没人理他，只在中午时，有人送了一个盒饭进来。万中仙看到盒饭，才感觉到肚子饿了，于是就吃。饭冰冷还硬，饭上放了一堆炒包菜，里面只有几小块肉皮。万中仙在记忆中从来没有吃过这样差的饭菜。

在忐忑不安中等了四五个小时后，刚才讯问他的检察官又进来了。检察官拿着张纸对万中仙宣布说：你因为涉嫌犯有受贿罪，现决定对你实施刑事拘留。《刑事拘留通知书》同时寄送给犯罪嫌疑人家属赵鸽。然后拿出一副手铐要给万中仙戴上。

万中仙吓得脸都白了，喃喃地说：你们搞错了吧。但还是乖乖地伸出双手，让检察官上铐。检察官疾恶如仇的凶相让万中仙感到害怕。这样的场景万中仙在电视剧里看到过，想不到竟然会发生在自己的身上。万中仙无奈地摇头。

万中仙被检察院抓了的消息立刻在南方音乐学院校园里传开了，谁都不敢相信这种事情竟然会发生在万教授的身上。万教授温文尔雅，一贯遵纪守法，平时连一句脏话都没有的，他能做什么坏事呢？竟然把这么一个好人给抓了，大家都愤愤不平。

南方音乐学院的院长也觉得不可思议，让纪委黄书记赶快打电话到检察院去打探究竟为什么事。

纪委黄书记有个同学在检察院当副院长，于是直接给他打了电话。栾副院长把万中仙的案情说了，然后说：事情并不复杂，说大不大，说小也不算小。想想也蛮可惜的，一个音乐家，这么著名的一个教授。可是，你拿了人家的钱，他自己也承认了，这就不好办了。我们已经把刑事拘留的通知书挂号寄给他的家属了，但听他自己说，他的老婆并不在上海，你看能不能想办法通知到他的老婆，赶快让他们家给他请一个律师吧。

纪委黄书记随后就把电话打到了歌剧院，问赵鸽去哪儿了？对方回答：赵老师去无锡演出了。

纪委黄书记又赶快打赵鸽的手机，怎么打都打不通，电话里总是一句提示音：你拨打的电话已关机。

赵鸽正在台上表演。她是一个非常受欢迎的独唱演员。这几天，她总是感觉不对劲，演出前她给万中仙打电话，但电话关机。以前从来没有过，只要自己去外地演出，万中仙的手机从来都是为她开着的，他知道赵鸽随时都会打电话回来。今天是怎么了呢？赵鸽感到了不安，演出老是出错。

演出结束回到宾馆已经是晚上10点多了。赵鸽再给万中仙打电话，还是关机。赵鸽真是急了，正在六神无主的时候，电话突然响了，却是南方音乐音乐学院的纪委黄书记打来的。赵鸽一听是纪委黄书记，顿感不妙，脱口而出道：万中仙怎么了？

纪委黄书记尽量保持平静说：你一定要冷静。万中仙因为经济上的一些问题现在正接受检察院的调查。你要赶快给他请一个律师。纪委黄书记没敢说刑事拘留，怕吓到赵鸽。

果然出事了！怪不得眼皮老是跳。他一个小提琴家会有什么经济问题呢？这检察院真是胡闹！赵鸽又急又气。她必须马上回上海，给他请一个最好的律师！一想到万中仙现在正在受着冤枉受着屈辱，赵鸽就感到心痛。她赶紧收拾了一下随身带的物品，先到隔壁房间跟余团长简短说了一下家里的情况，说要请假，必须马上赶回上海。余团长同意了，还把她送下楼，一再叮嘱路上小心。

赵鸽叫了一辆出租车，说到火车站。车开了，赵鸽又改变主意，想直接坐出租车回上海，她嫌去火车站要排队买票，还要候车，太费时间。于是问司机：可以直接开上海吗？

司机一听是笔大生意，很高兴，想也不想就答应说可以。其实这个司机开出租车时间不长，在这之前从来没跑过上海的长途。为了赚钱，他什么也不顾了，油门一踩就冲上了沪宁高速公路。

车子一上高速，司机就后悔了。这跟在市内开车完全是两回事，必须保持高速，还不能和前面车子距离太近。有好几次差点撞上前面的车，搞得司机高度紧张，汗水湿透了衣衫。可赵鸽还嫌开得太慢，不断催司机再开快点。司机在心里暗暗叫苦，只得硬着头皮将油门往下踩。总算过了苏州，眼看快要到昆山了，司机看车子不多，车速慢了下来，他觉得自己需要放松一下，他担心自己高度紧张的头脑就要爆炸了。赵鸽感觉车子慢了下来，立刻叫道：快点，快点，你怎么慢下来了？司机只好再踩下油门，车子又飞了起来。就在这时，司机突然发现有条黑影飞快地从左前方朝车子撞过来，司机本能地往右打了一把方向，哪知道打得太猛，车子瞬间就撞上了护栏，飞了起来，在空中翻了一下，又重重地砸在了地上，又翻了几下，才轮子朝天地停了下来。车子周围弥漫着浓重的汽油味。有几辆过路的车子停了下来，人们奔向事故车子，有人大叫：快救人，快救人！人们七手八脚地把车里的赵鸽和司机拽出了车子，不久车子就烧了起来。已经有人报警，还打了120急救电话。人们围着血肉模糊的赵鸽和司机，束手无策。很快，警车和两辆120车子都来了。几个穿白衣服的人推着担架床奔了过来。一个医生蹲下身子对赵鸽和司机都做了仔细检查。在检查好赵鸽后，医生遗憾地摇了摇头，轻声说：没了。在检查司机后，医生叫道：快，给他打针强心剂！

赵鸽和司机都被120车子带了回去。

人们在不远处发现了一条已经被撞死的大狗。

第二天，南方音乐学院院长接到了歌剧院领导打来的电话，告诉了赵鸽遭遇车祸不幸去世的消息。他们都已经知道了赵鸽是因为想赶回上海给万中仙请律师才遭难的。歌剧院领导说：她女儿在法国，正在紧张地比赛，暂时还不能告诉她。她丈夫看样子是出不来了。家里出了这么大的事情，怎么办呢？

院长想了想说：要么跟检察院商量一下，看能不能把万中仙保释出来。这件事我们来做吧。

随后，院长叫来纪委黄书记，对他说：又要你出马了，找你同学试试看能不能把万教授保释出来？

纪委黄书记当即打电话给检察院栾副院长，把赵鸽不幸意外去世的事情说了一下，随后恳求道：这户人家太不幸了，老同学你就帮帮忙吧，让他暂时出来一下，等他把老婆的事情处理好了，你再关他吧。

栾副院长听了很同情，说：这样吧，我们还是要依法办事。你快去给他请个律师，申请取保候审吧。

纪委黄书记在脑子里飞快地把所有过去的同学都扫描了一遍，想起薛光明是做律师的，就不知道他现在还在不在做，就试着给他打了一个电话。

薛律师一听是老同学，就问：你怎么想起给我打电话，要找我打官司吗？什么事，说吧。

纪委黄书记一听就知道他还在做律师，就赶紧把想将万中仙保释出来的事情说了。

薛律师轻描淡写地说：不就是20万元钱的小事情吗？放心，交给我了，保证办好。

薛律师是个音乐爱好者，尤其喜欢小提琴，对万中仙非常崇拜，听说这个名扬中外的著名的小提琴家竟然为这区区20万元钱，面临坐牢的惩罚，非常惋惜，暗暗有了帮他摆脱困境的想法，于是立刻去见了万中仙。万中仙说：我真没把这20万元太当回事，说句自我吹捧的话，凭我的水平我的声望，带个学生，人家给这点钱，真的不算什么。我就出去讲堂课，都要比这拿的多得多，更不用说当评委开个大师班了。如果在国外，人家给的都是美元，你说我会看得上金闯的这点钱吗？

万中仙还强调这是工作之外带的学生。

薛律师是个非常专业的律师，虽然也感到这有点小题大做了，但理性地看，如果真的属于受贿，这个数字还是够得上刑事处罚的。想要脱罪，关键是要证明金小阳的确是符合入学条件的，万教授并没有采取违法手段，让一个本不符合条件的孩子通过交易取得入学资格。他马上就找到了帮助万中仙依法解脱的关键点，于是问万中仙：我只想知道，金小阳究竟是否符合入学条件？

万中仙马上答道：当然。这孩子的确优秀，可说是人才难得。并且，这也不是我一个人能决定的事情，我们12个评委个个都是音乐界的权威，我即使想帮金小阳走后门，也做不到的，这你可以去调查的。你想想，我是一个受人尊敬的教授，身负为我们国家培养下一代优秀音乐人才的重任，我怎么会糊涂到把一个不符合条件的孩子招进来呢？要是这样，我这个艺术家的良心到哪儿去了呢？我对得起艺术家的良心吗？我绝不会干这种糊涂事的！万中仙掏心掏肺地说着，激动得快要哭了。

薛律师还是很冷静，又问：你们的招生考试有录像吗？

万中仙说：有的，非常完整。

薛律师心里有了底，说：好了，我知道了。这样吧，我先帮你保释出去。接下来的事情慢慢来，我需要搜集证据。如果万教授信得过我薛某人，你就委托我做你的律师吧。

万中仙就像在黑暗中突然见到了一束亮光，有了得救的欣喜，非常乐意地答应了。

薛律师跟检察院的人都很熟，他据理一说，检察院便很爽快地同意了他的取保候审申请。检察院的人都是知道万中仙的，他演奏的优美乐曲电视、广播里几乎天天都放，谁没给他的琴声打动过呢？对他涉案被拘留，大家其实内心都感到非常可惜，如果薛律师能证明万教授是无罪的，谁都乐意看到这个结果的。

万中仙万万没有想到自己跟妻子的见面会是在殡仪馆的停尸房。他遏制不住地恸哭了，谁都劝不住他。妻子是为了我而死的，我对不起她，再说我怎么跟我的女儿交代呀！万教授撕心裂肺的哭喊声，让身边的人无一不为之动容。

第十九章

话分两头说。就在上海的万中仙教授和他的夫人赵鸽连遭厄运的时候，法国巴黎的"帕格尼尼"国际弦乐四重奏比赛到了最激动人心的时刻，来自中国上海的乐手正在进行最后一场夺取金奖的演奏。演奏的指定乐曲正是他们在盛林的指导下，苦练了将近三年的莫扎特C大调第19号弦乐四重奏。这是世界公认的古典主义弦乐四重奏的巅峰之作。

乐曲的序曲一开始由不协和和弦形成的音型构成了不安定感，飘忽不定的调性，营造着迷惘的氛围。音乐随后逐步探索，渐渐过渡到清晰明朗的境地，以至于云开雾散，充满了欢乐。秦朗一拉到这里就犹如自己当初迷惘地游走在上海街头，充满忧虑地面对着人生的挑战。他最终没有怯懦、没有后退，他带领着同伴们勇敢地迎上前，在不安中走过了坎坷，体现了面对困难的不屑和一往无前的勇敢。在这种乐观精神的引领下，音乐走进了一片新天地，进入第二乐章"如歌的行板"和第三乐章"小步舞曲"。秦朗开始带领着他的同伴们在阳光明媚的草地上，充满童真地尽情歌唱，跳着华贵典雅的舞蹈，轻巧而快乐，时而戏谑地打闹一番，尽情玩耍。他们以精湛的技巧完美地诠释莫扎特音乐对美好人生的追寻。

最终的快板出现了，莫扎特光明正义的人文主义理想，由中国年轻的音乐家以最饱满激昂的精神，以最优美的歌唱表现得淋漓尽致。

狄奥教授叹道：无与伦比！他毅然决然地打出了最高分。

选手演奏全部结束，大家都焦急地等待最终结果。终于，女主持人笑盈盈地走上台宣布结果了：本届"帕格尼尼"国际弦乐四重奏比赛金奖获得者：中国"魔力"弦乐四重奏组，请获奖者上台领奖！

秦朗、万莉、顾小同、方越全兴奋得跳了起来，然后激动地抱在了一起，互相祝贺，尽情享受这幸福的时刻。全场起立，长时间地鼓掌，向中国年轻的音乐家们表示祝贺，向他们致敬。

田妮这天也去了，中国年轻音乐家的出色表现，让她感到无比自豪。她拼命地鼓掌，把手都拍痛了。随后她特地走到狄奥跟前，对他说：教授，感谢您做出了最正确最明智的选择！田妮曾经为狄奥组织策划过一场小提琴专场演出，随后两人就成了好朋友。

狄奥问：他们是你的朋友吗？

田妮得意地说：是的，最好的朋友。

狄奥向她伸出了大拇指。

田妮看看狄奥教授，再看看秦朗，脑子里灵光一闪，突然有了一个主意：何不介绍他们相识？

领好奖一下台，万莉就在手机上满怀期盼地按下妈妈的电话号码，又是"你所拨打的电话已关机"，怎么打也打不通，从昨天开始就是这样。万莉又打爸爸的电话，也是如此。这太奇怪了。几天之前，万中仙跟女儿的联系还很频繁。女儿每天都会把他们排练的视频发给爸爸看，万中仙总会打电话指出哪里不足哪里需要改进。万莉总会按下免提，让大家都来听。怎么突然爸爸的电话也打不通了呢？万莉开始胡思乱想起来，感到了深深的不安。

秦朗也赶紧向中国打电话。他先将电话打给了苏雯，激动地说：我们成功了，获得了金奖！随后就迫不及待地问：妈妈怎么样？

苏雯说：我现在就在妈妈身边。随后电话里就传来了秦悦悦有气无力的声音：儿子，妈妈听到了，祝贺你们，妈妈太高兴了。

随后，电话里又是苏雯的声音，她问：你们什么时候回家，把航班告诉我，到时候我去机场接你。

秦朗担心地问：我听妈妈的声音好像没力气，她是不是不好？

苏雯压低声音说：前几次打电话我没敢告诉你，妈妈情况的确不好，医生说妈妈脑子里也发现了肿瘤，已经是全身转移了。怪不得她说浑身都疼。疼得厉害的时候，她浑身都冒汗，衣服都湿透了，我看了真替她难过啊。现在医生除了继续给她做放化疗，还给她服用中药，尽量缓解她的痛苦。我每天在医院陪着妈妈，我把梅芳也请来了。这里的事情你可以放心。昨天，妈妈问我要了信纸信封，随后就趴在床头柜上写了好长时间。我看她把写满字的信纸塞进信封，叫我到医生那里要来胶水，把信封封好后郑重地交给了我。她说怕等不到你回来，要我转交给你，还叮嘱一定要在她不在了才能交给你，好像在交代后事一样，我好害怕。你自己一定要保重好，不要太着急。妈妈在叫我了，我挂了。想你！

秦朗在心里说：我也想你！

他方才获奖的喜悦一瞬间就被妈妈的坏消息击碎了，化为乌有。秦朗转喜为悲，深深地叹息。他想到也该给盛林老师打电话报个喜，于是就强压悲痛，按下了盛林的电话号码。

盛林接到秦朗的报喜电话很激动，也非常高兴。但他很快就藏好了喜悦的心情，用低沉的语调告诉了秦朗近几天发生在万莉家里的事情。

秦朗听了大吃一惊，心中的悲痛又加重了。怪不得万莉一直在他面前担忧地说：怎么家里的电话老也打不通，会不会出什么事呀？秦朗还安慰她：不会的，你爸爸妈妈肯定是忙，别胡思乱想。没想到被万莉不幸言中。秦朗开始担心万莉了，她怎么能承受得了呢？

秦朗把自己的担心告诉了盛林。盛林叮嘱秦朗：你一定要多陪在她的身边，好好照顾她。她家里的事现在不要告诉她，回家再说吧。

在离开巴黎之前，秦朗有了一个意外的惊喜。午餐时分，田妮又将秦朗带到上次两人约会的餐饮店。没想到，狄奥教授竟然坐在那里。已是古稀之年的狄奥教授穿一身休闲服,显得年轻精神,他向朝他走来的两个中国年轻人和蔼可亲地微微招手。田妮这才告诉秦朗:我请教授来的,他很愿意和中国年轻的小提琴手一起共进午餐。

狄奥教授作为杰出的小提琴演奏家和教育家,蜚声世界乐坛,从事音乐工作的人谁不知道呢?秦朗对他仰慕已久,对他非凡的演奏技艺更是佩服得五体投地。此刻面对这位声名显赫的小提琴家,秦朗不免有点紧张了。秦朗恭敬地用不太熟练的法语向狄奥教授问好。狄奥教授微笑着用英语客气地提议说:如果觉得方便,我们用英语?

秦朗赶紧说:可以可以。他擅长的正是英语。狄奥教授的随和与体贴,让秦朗放松了好多。

狄奥教授显得很随意地问了问秦朗的年龄,还问了他受学的学校和老师。当秦朗说到自己是受万中仙教授的启蒙时,教授高兴起来,说:我对中国的万中仙教授有很深的印象,他那年参加维尼亚夫斯基国际小提琴比赛,我也是评委,我还记得,我们把银奖给了这位出色的中国小提琴家。随后,狄奥教授问道:可以告诉我你大学毕业的论文写的是什么吗?这次狄奥答应田妮的邀请来与秦朗共进午餐,还有另外一个想法,他想借这个机会,深入地了解一下秦朗。在才结束的国际弦乐四重奏比赛中,秦朗给狄奥留下了很深的印象,教授觉得:这个年轻人基本功非常过硬,有独特的表现力,看得出这孩子有很大的潜力,如果好好培养,他一定会有更远大的前途。惜才爱才的狄奥教授对秦朗有了兴趣。

教授的问话虽然有点突兀,但并没有让秦朗感到有丝毫的为难,他反而觉得很乐意来回答教授的这个问题。秦朗的毕业论文是他值得骄傲的一次写作。他的论文是拿贝多芬的《D大调小提琴协奏曲》和门德尔松的《e小调小提琴协奏曲》作比较来展开叙述的。由于论文视角新颖,颇有见地,被学校评为优秀论文。龚艺主任为此还特地跟秦朗说:你考试成绩门门都是优秀,论文又写得这么好,我建议你考本校的研究生继续深造。

秦朗回答狄奥教授说：我的毕业论文是将贝多芬和门德尔松他们最为著名的两首小提琴协奏曲做了比较，题目是《辉煌和甜蜜》。

教授顿感兴趣，说：说来听听。

秦朗兴致高昂起来，用诗一样的语言娓娓叙道：……让我们先走进贝多芬的《D大调小提琴协奏曲》。小提琴以坚定的八度倚音装饰的4分音符开始，将乐曲引入沉着而坚定的歌唱，三连音和十六分音符以及切分节奏的快速变换，激情而果断，我的眼前顷刻浮现贝多芬雄狮般威严的头像。尤其是第三乐章主题弱起节奏犹如切分音效果的强有力的歌唱，接着在高音上激情展开，更使乐曲华丽地闪耀着辉煌的光芒，它就像是傲视一切的骄阳，照耀着天底下的众生。它的宏大和灼亮，的确令人震撼。这就是贝多芬，浑身焕发着英雄精神。

贝多芬在写这首乐曲的时候正和他的学生勃伦斯威克产生了深深的爱情。贝多芬一生失意，尤其在婚恋上一再遭受挫败。按常人的思维，这个时候的贝多芬内心该是充满着甜蜜。多么期待贝多芬能给我们多一点甜蜜。可是，贝多芬依然是王者风范，庄严而傲慢。即使是在第二乐章抒情的广板，在极其优美的展开里竟然也饱沁深沉，流动着沉甸甸的思索。难道他是觉得——即使是偶尔放下矜持也会有损他高贵的形象？贝多芬虽然被称作浪漫主义音乐的先驱，但他的音乐更多的还是承袭了古典主义的庄重、典雅。贝多芬的这次爱情最终还是失败了，勃伦斯威克由于受不了贝多芬狂躁的热情，离他而去。傲慢的贝多芬终身未娶。

让人欣慰的是，对贝多芬的期待，让我们在门德尔松的《e小调小提琴协奏曲》里有了满足。这首晚诞生30多年的乐曲尽管依然遵从古典曲式的规正，但已经是波光粼粼，充满了浪漫主义的幻想和灵动。可以说，门德尔松的这首小提琴协奏曲是德国浪漫乐派诞生以来最美丽的小提琴代表作。其第一乐章也是快板，但快速的音符里丝毫没有令人不安的紧张。奇妙的是，快速的律动里竟然充溢温馨的甜蜜，犹如匆匆赶去和情人约会的小溪，是充满激情的流淌，浑身洋溢着幸福。然而，音乐并不单调，偶尔，它流露出了一丝忧郁。难道这是门德尔松对自己死亡的一个预感？门德尔松在写完这首乐曲三年后就去世了。在人们还没来得及猜测他为什么突然有了点伤感时，紧接着的一段华彩又重新把人们引入到了甜蜜的憧憬里。独奏小提琴按捺不住激荡的心潮，以精妙绝伦的琶音连弓滚奏，唱出了一段激动人心的华彩，当一长串钻石般精美的音符在你心上跳闪时，你内心幸福的记忆被共鸣起来了，于是一起歌唱，你不得不被深深感动……

跟一生坎坷的贝多芬不同，门德尔松家境优裕，婚姻幸福。美满的生活铸就了他温婉的性格，也造就了他纯净优雅的抒情风格。不同的人生决定了他们不同的音乐气质。贝多芬和门德尔松都是不朽的。贝多芬更像是一座威严的高山，无人能够逾越。在虔诚地景仰着贝多芬时，我们也向门德尔松致谢，感谢他带给了我们难忘的甜蜜。

秦朗说完了，但仍旧沉浸在自己营造的激情里，以至于久久不得平静。等到他突然意识到对听者有所怠慢时，赶忙不好意思地向狄奥教授致歉。

狄奥教授哪会厌烦？这两首曲子也是他的最爱，在他的演奏生涯里，曾经给他带来过数不清的荣耀。刚才，秦朗在满怀激情地讲述时，教授不由得回想起自己的演奏来，沉浸在优美的意境里而不可自拔。作为著名小提琴演奏家，狄奥教授自然对这两首曲子也有自己独到的见解，不过倒是从来没有将这两首曲子放在一起比较过。他不禁赞许地对秦朗说：很有趣，我喜欢！

田妮和秦朗把狄奥教授送走后，田妮充满憧憬地对秦朗说：看得出，狄奥教授对你印象不错。要是你能跟着他学，那就太好了！

秦朗难以置信地说：那怎么可能？

从巴黎回国的飞机在浦东国际机场降落了。秦朗一直陪在万莉身旁。万莉急急地取好行李，又急急地往机场外走，她恨不得马上飞到家里见到日思夜想的爸爸妈妈。就在昨晚，她突然打通了爸爸的电话，这让万莉非常开心。万莉问：妈妈好吗，为什么她老不接我电话？万中仙以"你妈妈最近演出很忙"为借口搪塞了过去。万莉告诉爸爸她明天回来，还撒娇说：你一定要来机场接我。万中仙迟疑了一下答应了。

在出口处，万莉终于见到了爸爸。万中仙由盛林陪着，急切地在人群中寻找着女儿的身影，他终于看到一脸焦急、步履匆匆的女儿了。女儿也发现了爸爸，顿感一阵惊喜。她奇怪爸爸怎么瘦了？明显消瘦，头发也变得花白。才半个月的时间，他怎么会突然变成这样，这么显老，这么忧郁？在万莉的眼里，她的爸爸永远都该是年轻英俊、容光焕发的。

万莉扑到了爸爸的身上，万般思念化作既是撒娇又是责怪的一句话：爸爸我好想你和妈妈啊！你们老不接我电话，我都急死了。妈妈怎么没来？

万中仙一脸悲伤，眼泪忍不住流了出来。但他还是想掩饰，强笑着说：祝贺你们，祝贺女儿，爸爸为你高兴！

万莉却被爸爸的悲哀神情吓到，不祥之念越发强烈，急切地问道：妈妈怎么没来？我妈妈呢？

万中仙无语，泪水夺眶而出。

万莉已经意识到了不对，摇着爸爸的身体喊着：告诉我，我妈妈怎么了？

盛林忙将万莉拉开，边轻声对她说：你一定要冷静。你爸爸现在心情非常不好，爸爸需要你，你一定要冷静。

万莉焦急地问盛林：那你快告诉我，我妈妈怎么了？

盛林说：那你一定要冷静，答应我。

万莉说：我答应你。

盛林这才说：很不幸，你妈妈遭遇车祸，她已经不在了。

万莉"哇"地哭出声来，飞快地奔到万中仙身边，抱着他痛哭起来。万中仙也哭。父女俩哭成一团。

秦朗让前来接他的苏雯先回家，他要陪着万莉去殡仪馆见她母亲最后一面。

从殡仪馆出来，万莉就没离开过爸爸，一直挽着他。盛林已经将万中仙的事情也悄悄告诉了万莉。叮嘱万莉一定要照顾好爸爸，但什么也不要主动跟他提。不过他也告诉万莉，律师正在加紧搜集对万中仙有利的证据。

秦朗在陪万莉和万中仙去过殡仪馆后，立即去了皇冠医院。秦悦悦见了儿子很开心，让儿子坐到床边，靠她近点，说想要跟他说说话。

秦悦悦慈爱地看着儿子，声音微弱地说：不要再花钱给我治了，我不愿意人财两空。你以后要结婚成家，要出国深造，都需要花钱的，听妈妈的话，不要再给我治了。

秦朗忙阻止妈妈往下说，强忍悲痛安慰妈妈说：要治，一定要治。你别胡思乱想，能治好的。我们有钱，你别担心。

浑身的疼痛又来折磨秦悦悦，但她强忍着，继续说：苏雯是个好人，我很喜欢她，你叫她不要太自卑。儿子，妈妈亏欠你很多，想说的话我都写在信里了，信我交给苏雯了，我让她等我走了以后再给你。答应我，等我走了你再看。

秦朗忙答应：好的好的，我答应。他看出了妈妈是在忍着痛苦说话，他不忍心，想让她停止说话，好好休息。

秦悦悦还有一桩自己认为最重要的事情要交代给儿子，所以继续忍着痛把贴胸藏着的一个心形红色挂件掏出来，跟儿子说：这就是我的心，你要答应我，不要让它离开我，永远跟我在一起。你听明白了吗？

秦朗对妈妈胸前的这颗心太熟悉了，鹌鹑蛋般大小，鲜红鲜红，用蜜蜡制成，用了一根红色的丝织编绳挂着的。秦朗从开始记事起，就看到它挂在妈妈的胸前，永远都挂着的。

25年前的一天，秦悦悦来到城隍庙永心珠宝店，对一个老师傅要求说：我想在你这里买一块鲜红的蜜蜡，然后你要帮我融化了，重新定型做成一颗心的挂件，可以吗？

老师傅说：当然可以。

秦悦悦又说：我还有一个要求，你必须把这些融化在爱心里。秦悦悦拿出了一个纸包，打开。老师傅看到的是一小堆细碎的指甲，感到好奇怪，不由得疑惑地看了一眼秦悦悦。秦悦悦沉着冷静地微笑着，眼光异常坚定，老师傅实在看不出这女人的神态和谈吐哪里有异于常人的地方，只好答应了。一个鲜红鲜红的心形挂件很快就制作完成了，秦悦悦捧在手里，万中仙俊朗的面庞就在心上浮现出来，他在朝着她微笑，在她耳边轻轻地说着最甜蜜的话。秦悦悦幸福地闭起眼睛，尽情回味着跟万中仙在一起时的快乐。她想到这将会一直伴随着自己，直至永远，就心满意足地笑了。

秦悦悦叮嘱儿子的意思是：一旦我离开了这个世界，就让它跟我一起烧了，烧成了灰，也要跟它在一起。

秦朗听明白了，虽然有很多的疑惑和不忍，但他还是装作毫不犹豫的样子说：我听明白了，它会永远和你在一起的。

秦悦悦满足地微笑了。秦悦悦的全身又开始剧烈地疼痛起来，她开始大口喘气，什么话也说不出来了。

苏雯忙去叫来医生。

医生赶紧给她打了一针吗啡，秦悦悦渐渐平静下来，闭起眼睛睡了。秦朗看了好心疼，忙去找医生了解妈妈的病情。

医生叹口气说：情况不好，你要有思想准备。

一大早，毛长生就到梦花文具店问：红纸头有吗？要大张的。

老板说：有的有的。问道：毛老师是写喜报吗？有什么喜事啦？说来听听，让我们大家也高兴高兴。店里的其他人，还有正巧路过的街坊邻居全都走过来围住了毛长生。

毛长生炫耀地大声说：这两天梦花琴行福星高照，双喜临门，我们的秦老板到法国去参加国际弦乐四重奏比赛获得了金奖；我启蒙的小提琴学生金小阳考进江南音乐学院附小了。这我要多说两句，你们知道全国有多少小孩考吗？好几千！并且个个都是小神童。最终录取了几个呢？5个。你们想想，我们的金小阳有多厉害。我教过的学生！毛长生反复强调，满面春风，手舞足蹈。

毛长生买了两大张红纸，还要了一瓶墨汁一支毛笔，双手捧着去琴行上班了。

等老师们陆续到来时，毛长生已经写好了两张喜报，并且贴在了墙上。这使得梦花琴行立刻就充满了喜气。

秦朗也早早地来琴行上班了。在法国比赛的半个月里，秦朗每天都在牵挂这里，想念着这里的每一个老师每一个学生。老师们都来围住秦朗，向他道贺。周曼特别激动，她才不管别人都在看着，上前就给了秦朗一个大大的拥抱，然后把蒋大明拉过来，对秦朗说：我们要走了，我跟大明都已经被美国茱莉亚音乐学院录取读研究生了。

毛长生听了兴奋起来，说：那我又该写张喜报了。

秦朗心情很复杂，他既为周曼感到高兴，又为她很快就要离去而感到不舍。秦朗向周曼和蒋大明表示了祝贺，对大家说：今天中午，全体到大富贵，大家送送周老师和蒋老师，我请客！

大家都欢呼起来，争着说：双喜临门，正好也祝贺一下秦老师获奖。

正在这时,"故事大王"钱进从外面冲了进来,喊道:大富贵吃饭带我一个!

毛长生说:你又来凑热闹?

钱进一本正经地说:我是来采访秦朗老师的。秦朗老师领衔的"魔力"弦乐四重奏组荣获国际金奖,这么重要的新闻我不能漏报,明天的《魔都晚报》头版头条就是秦朗老师他们获奖的消息!

薛律师这几天都在南方音乐学院内学院外忙着找各个专家老师取证。薛律师问每一个专家老师的问题都是一样的:你认为金小阳是否符合入学条件?你的打分是真实的吗?

专家老师都对金小阳当时的考试表现记忆犹新,都对他赞不绝口。薛律师便要求他们都写下书面证言。

要证明万中仙无罪这还不够,薛律师又带着金小阳考试的现场录像,特地跑到北京中央艺术大学,找了几个德高望重的小提琴教授,请他们对金小阳的水准做出评估。

老教授们都很认真,看了录像后一致认为:这孩子基本功扎实,技巧全面,最可贵的是他表现力很强,像这样的孩子,如果来考我们中央艺术大学附小,我们也会录取的。

回到上海,薛律师又走访了最后一个证人——当事人尤梨花。

尤梨花承认给了万教授 20 万元钱,但不认为这是贿赂。她很自豪地说:我的孩子很优秀,用不着花钱买通万教授的。再说,就算我能买通一个教授,我还能把所有的教授都买通吗?毫无疑问,万教授教会了我儿子本事,他可是利用业余时间教我儿子的,我做家长的难道不应该好好谢谢他吗?谢的方式有很多种,如果我是小菜场里卖菜的,可能就会送个老母鸡送点鸡蛋给老师。可是我家是做生意的,我们就是有钱,20 万元钱在我的眼里,就好比是菜场卖菜的阿姨眼里一个老母鸡而已,你们说多,我还不觉得多呢。就凭万教授的本事,不要说我们给 20 万元,就是给 200 万元我也觉得不算多。再说一遍,钱我给了,万教授确实也拿了,但我必须强调,这是我给万教授教我儿子的酬劳,并不是什么行贿。我的儿子不需要我用钱去为他买一个上学资格。我求求你薛律师,赶快想办法把万教授救出来。一想到这么一个著名的小提琴家,竟然要被关进监狱,我心疼啊!

随后,薛律师便带着所有的证据来到了检察院。没几天,检察院的人便来到万教授家里,向他宣布了撤案的决定。

万中仙激动地问:那就是说,我没事了对吗?

检察院的人说:对的,没事了。

万中仙慨然长叹,靠在了沙发上。妻子赵鸽为了这件事,竟然失去了生命。万中仙无论如何不能释怀。他知道自己对妻子的愧疚,将要折磨自己一辈子。

第二十章

习惯了妻子陪伴的万中仙开始尝到孤单的苦涩。往日里习以为常的一个问候、一声关照，如今成了最奢侈的渴望。每当夜晚到来，孤灯独影的万中仙总会想起赵鸽的好来。平日里习惯了几乎是每天在她的催促中甚至是吼叫中起床，习惯了由她把最好吃的菜全夹进自己的饭碗里，习惯了由她为自己的演出搭配好最合适的服装，习惯了她在他生病时总会按时把药送到嘴边来……而当这些习惯因她离去而全部消逝了，他顿时就感到惊慌失措。万中仙在艺术上博学多才、无所不能，在生活上却是受惯了被人伺候，自理能力极差，赵鸽几乎包揽了所有家务，不要说烧饭做菜，平日里连个碗也不让万中仙洗的。

赵鸽在生活中对万中仙从穿衣到饮食，直至看病吃药，事无巨细，一手包揽，对女儿万莉同样如此，极尽宠爱。妈妈不在了，万莉常发现爸爸会坐着发呆，她知道爸爸是在思念妈妈了，心中就对爸爸充满怜惜，她觉得自己作为女儿，应该代妈妈承担起照料爸爸的责任。万莉突然就长大了，开始变得关心起爸爸来。最近几天，万莉发现爸爸胃口特别差，连一小碗饭都吃不下；精神也大不如前，以前在家练琴，连着拉几个小时还仍然是精神抖擞的样子，现在才拉了一小会儿就要喊累，就想放下琴休息；脸色也不对，灰暗苍白，眼睑浮肿；好像比一个月前更瘦了。万莉把爸爸拉到电子秤前，一称，竟然又瘦了好几斤。万莉警觉起来，问万中仙：你有什么不舒服吗？

万中仙说：感觉乏力，不想吃饭，经常会感到恶心想吐，还有小腿肿得厉害。说着便拉起裤腿让万莉看。万莉用手指在爸爸浮肿的小腿上按了几下，一按就是一个白印，感觉皮肤里面好像都是水一样。

万莉心里一沉，说：你应该去医院看一下，我陪你去。

万中仙却不愿意，说：学校才开学，一大堆事情啊。明天南京还有一个讲座，我还得准备准备，哪有空去看病？不去。

不行，必须去！万莉坚持，不容推辞。

万中仙拗不过女儿，再讲确实感觉身体非常不适，于是就依了万莉。

万莉把爸爸带到了皇冠医院，她知道皇冠医院不但有世界上最先进的诊疗设备，还聚集了全国最优秀的医生。

医生说需要检查。于是一番折腾，最终拿了一叠报告去给医生看。医生看着看着，脸色严峻起来，抬头对万中仙说：你必须住院。

万中仙立即拒绝说：不能住院，我手里的事情太多了。

医生毫不客气地说：你的各项指标都表明，你是尿毒症，必须马上住院接受治疗，你如果不要命你就回家吧。

万中仙呆住。

万莉急坏了，追着问医生怎么办？

医生说：像他现在这个情况，已经很严重，指望吃药治愈已经没有可能，要尽快采取肾脏替代治疗，也就是做血液透析。如果要想最合理最有效地解决问题，那就只有做肾脏移植了。不过目前肾脏移植的供体严重缺乏，想做也不是那么容易的。

万莉毫不犹豫地问：那能不能把我的一个肾脏给爸爸呢？她一心想救爸爸，妈妈已经没了，她绝不能再失去唯一的亲人了。只要能救爸爸，万莉愿意为他做一切。

医生说：亲人间肾脏移植当然是最好的，但也未必亲人之间一定能配对成功。另外即使是亲人之间，也需要通过医院伦理委员会评审才可以。

医生顺便问了一下万莉的血型。

万莉答：AB型。

医生说：你爸爸是A型，你们俩血型不一致。肾移植血型不一致容易引起排斥反应，你们俩恐怕不合适。

万莉不甘心，再问：血型不一致就一定不可以吗？

医生答：也不一定，还是要看配对结果，看点位相符的多不多。

万莉觉得有了希望，便缠着医生非要做个配对检查不可。

医生见万莉态度这么坚决，不由得感慨起来。他所遇义无反顾想要给自己亲人捐献肾脏的，做父母的居多，像万莉这样的子女却很少。只要做子女的顾虑重重、犹豫不决，或做父母的自己坚决不愿接受，医院伦理委员会一般都会提出反对意见。肾脏移植的双方不管是什么关系，自愿为首要原则，不容有丝毫的勉强。

从医生的角度来讲，当然最愿意看到病人找到合适的肾源。万莉的坚决让他感动，在确信了万莉是出于真心后，医生决定给万莉一个机会，同意她去做一个配对的检查，但他同时反复跟万莉强调，即使配对成功，最终还要你爸爸本人愿意接受才行。

让万莉感到遗憾的是，最终配对并不成功。万莉是哭着对爸爸讲这个结果的，她对万中仙说：女儿就是想把肾给你的，但老天不帮我，我好失望啊！

万中仙听了反倒感到了欣慰，说：傻丫头，就算你跟你爸爸配对成功了，爸爸也绝不会容许你这样做的，我怎么舍得。还安慰她说：别担心，医院正在帮爸爸找肾源，会找到的。

秦朗没想到会在医院里遇到万莉。他进了电梯，准备到6楼的肿瘤科病房，就在电梯门将要关上时，万莉一头冲了进来。两个人都同时看到了对方。简短的交谈中，秦朗惊悉万中仙教授得了尿毒症，现正住院治疗；万莉也知道了秦朗的妈妈秦老师正住在医院里遭受癌痛的折磨。两人同病相怜，涕零哀叹的同时又互相安慰。

当知道万教授住在 15 楼的肾内科病房时，秦朗决定先跟随万莉去探望一下万教授。很长时间没有面对面地听教授教诲了，在秦朗的心目中，万教授永远是他的老师。秦朗对万中仙总有一种相连相依的感觉，万教授是遥远的模糊的，又是亲近的清晰的，隐隐约约却又如影随行地存在于他的生活中。秦朗时常会想，这难道是因为他从小教过我吗？究竟是什么原因，秦朗总也想不明白。当听说他得了重病，秦朗心里异常难受，就跟心痛妈妈是一样的感觉，秦朗很想去看看他。

　　病房里只有万中仙一个人住着。在去住院时，万中仙坚持要带上小提琴，他跟万莉说：我必须让小提琴跟着我，我离不开它，难以想象，没有小提琴，我怎么活？

　　万莉提醒爸爸说：病房里不可能让你拉琴的。

　　万中仙说：不能拉，每天能让我看到它也行。你就让小提琴陪着我吧！万中仙就像一个孩子一样求着女儿。

　　万莉想了想便向医院申请，自费为爸爸要了一个单间。

　　万中仙看到秦朗跟随万莉进了病房来看自己，很高兴。万莉他们在法国比赛时，万中仙时常能从女儿发给他的视频里，看到秦朗拉琴。在拉琴上，万中仙关注秦朗甚至比关注万莉还多。他欣喜地看到了一个小提琴演奏家正在成长起来，万中仙强烈地感到，秦朗应该走向更广阔的天地，应该有更高的眼界。万中仙相信这孩子会前途无量。

　　万中仙暗暗惊叹秦朗不但长大成人，而且是仪表非凡，真是相貌堂堂，一表人才啊！心里是欢喜得不得了。他们更多的还是谈小提琴，万中仙叮嘱秦朗：倘有机会，一定要到欧美国家的音乐学院再去深造一番。秦朗说：我也正想，看机会吧。

　　待了不多一会儿，秦朗就要离去，他有礼貌地对万中仙解释说：

我要去看妈妈，妈妈就住在6楼的肿瘤病房。

万中仙闻言大惊，忙问是什么情况。秦朗简要地说了妈妈的病情便告辞。

万中仙心里不平静了，很悲哀，也很牵挂，他真想立即去看看秦悦悦，但他很快又阻止了自己。想想自己也是沉疴缠身，一派凄惨，何必去勾起她的悲伤呢？再讲，这日益增长的对赵鸽的愧疚也在跟他说，你不要去。不去也就罢了，但他的心里并不好受。这么多年来，每当他心里冒出了秦悦悦可爱的身影，但即刻又被自己残忍地抹杀时，他总在心里狠狠地咒骂自己是个懦夫是个浑蛋。他很矛盾也很无奈。

万中仙总算想到了一个能使自己好过点的主意，他嘱咐万莉说：你跟秦朗去看看秦老师吧，代我问候她。

秦悦悦正清醒着，这段时间她时而昏迷时而清醒。秦悦悦见到万莉也很开心。万莉向秦悦悦转达了对爸爸万中仙的问候。秦悦悦很感激，说：谢谢你爸爸。你爸爸好吗？

万莉伤心起来，说：他不好，他病了，病得很重，他得了尿毒症，医生说只有移植肾脏才能救他。我想给他捐肾的，但配型不成功，我跟我爸爸血型不一样，我好难过。要是配对成功了有多好啊。医生说了，其实人少了一个肾，照样可以很健康地活着的。万莉说着说着忍不住哭了起来。

秦悦悦听了大惊，脑子里立刻出现了万中仙苍白消瘦的脸庞，心里顿时锥心般地疼痛起来，想不到他跟我一样，也正遭受着病魔的折磨，这怎么办？她焦急万分，她恨不得立刻把自己的肾脏捐出来，献给他，只要能救活他，任何事情她都愿意为他做的。于是他急忙问万莉：你爸爸什么血型？

万莉答：A型。

秦悦悦听了以后一悲一喜。悲的是，自己是 B 型血，自己即使想为万中仙捐肾也是不可能了；随后的一喜是，她知道秦朗的血型正是 A 型，一条生路立即光明地展现在了秦悦悦眼前。但她随即又痛苦起来了，这却是一个充满悲伤的拯救。秦悦悦明白这意味着什么。一边是自己刻骨铭心爱着的男人，一边是自己视为命根子的儿子，哪个都是秦悦悦的至爱，谁受到伤害都是在剜她的心啊。秦悦悦心里矛盾极了。秦悦悦提醒自己：不管怎么说，你没有权利让儿子做出牺牲。他是成人，让他自己做决定吧。那现在就得让他知道自己的身世，原先的安排必须改变，现在就该让他看到自己留下的那封信，所有的顾虑都摆一边吧，救万中仙的命最要紧！秦悦悦想好了，就立即招呼苏雯到她身边，让她立即把那封信交给秦朗看。

苏雯说：信在家里呢。

那你回家去，让秦朗跟你一起回家去，快。秦悦悦催着苏雯，她已经清楚自己已经不久于人世，她一定要在自己还活着的时候，看到万中仙得到拯救，她不愿意带着放不下的牵挂离开人世。

秦朗关照梅芳看好妈妈，然后跟随苏雯回九亭的家里。

坐在苏雯的车上，秦朗一路无语，他一直在想——为什么妈妈在听说了万教授得病后会这么激动，并且催着自己去读信？她在得知自己全身癌细胞转移后，还专门去听了万中仙的音乐会，她为什么要这么隆重地打扮自己呢？为什么自己从小到大都由妈妈独自抚养，而对他的疑惑妈妈从来不做任何解释？林建国对自己如此冷漠，显然自己和他毫无亲情，他肯定不是自己的生身父亲。那么我的生身父亲究竟会是谁呢？难道跟万中仙有关？这一切肯定都在妈妈的信里。秦朗急切地想要马上看到那封神秘的信。

到了苏雯的家里，苏雯把一封藏得好好的信交给了秦朗。秦朗迫不及待地打开看——

朗儿：我亲爱的儿子，你是妈妈这辈子最对不起的人，我没有给你一个疼爱你的爸爸。你问过我，为什么你的爸爸（林建国）会对你如此冷漠，我当然知道是什么原因，可我从来不对你说。不但不说，还极其冷漠地指责你不该去见他。从此你再没有问过我关于爸爸的事。你一定已经觉察到了其中的蹊跷，你一定猜到妈妈是有苦衷的，可是你从此再也不问。你是心疼妈妈，不想让妈妈为难。妈妈知道的。你越是这样懂事，妈妈越是难过。

关于你的爸爸，现在是该告诉你了。妈妈之所以选择在离开这个世界的时候让你知道，是因为妈妈很害怕，害怕以一个丑陋的婚外恋者的形象，面对我的儿子。不过我很想说，丑陋是人们依据现实社会道德观对我的衡量，我却从来不愿意承认。

林建国并不是你的生身父亲。他当然是知道的，所以他会对你如此冷漠。我承认我背叛了他，当然，背叛依然还是人们自己的认为，我却依旧不以为然。跟自己不爱的人在一起难道是道德的吗？

现在该告诉你的生身父亲是谁了，他就是从小把你带进小提琴世界的万中仙教授。他是妈妈唯一真心爱过的男人。可是，究竟是爱错了还是爱对了，这个问题一直折磨我。

先说我认为的爱是什么吧。爱就是不惧刀山火海，爱就是漠视一切的清规戒律，爱就是让你勇往直前，爱就是最崇高的向往，就是即使哪怕丢弃生命也要得到它的，像磁力一样的不可违背。妈妈对万中仙，就是这样无比崇高的向往。

爱还是能让你时时刻刻地想念着他，除了他在这世界上不可能再有任何的替代；爱能让你情愿承受最严厉的惩罚而始终毫无悔意；爱是只要你有过一次，就永远铭记在心，那是你一辈子永远也回味不够的幸福体验。

爱上万中仙不是我的错。万中仙足够优秀，值得我爱，此为其一：他是我的需要，只有他，才能让我真正体验到做女人的幸福，是他让我全身的细胞都开出了最艳丽的花来，此才是最重要的正确——对女人来说。

可是，的确有一个声音在时时刻刻地谴责我，说我做错了。妈妈感到了害怕。妈妈原本是一个胆小的女人。妈妈心地善良，也懂得作为一个社会人，应该遵守道德的规范，任何时候都不要做侵犯别人利益的事情。可是我偏偏做了，虽然不是我的本意。我只要一想起另一个女人在受到实质上的伤害，我就感到羞愧，感到自己是有罪的。明明是在最纯真地爱着，却要承受罪孽的自责，并且是没完没了，这真是太痛苦了。

爱上万中仙，我此生无悔，我愿意承受最严厉的惩罚。

究竟是对还是错，这是个似乎永远也无法得到正确答案的问题。我再也不愿意去想它了，我真的累了。

上帝是公平的，他阻隔了我的爱人，却赠予我爱的证明爱的延续，有你这样优秀的儿子，我该满足。

告诉你真相，是妈妈离开这个世界前必须做的一件事，你有权利知道一切。你是否跟你的生身父亲相认，这是你和他的权利，我无权干涉。我只希望你能爱你的爸爸，以你一切可能的方式。

如果我告诉你说，万中仙至今对你是他的儿子一无所知，你会感到不可思议。可是这却是真的。我之所以始终没告诉他，是因为我知道，他离不开他的家庭，他胆小，他畏惧现实社会道德的惩罚，他害怕因为接受一个婚外的孩子，而给他带来名誉扫地的可怕后果，即便有幸逃脱了社会道德的惩罚，他也一定会自己给自己背上沉重的精神十字架，而整日惶惶不安，自我折磨。我爱他，不愿意他这样，我情愿选择了由我一个人来默默承受这一切。

千万不要怨恨他。我唯一要你答应我的是，你仍然要尊重他的选择，体谅他，千万不要让他有丝毫的为难。

　　原谅妈妈！爱你的爸爸吧！最后一次请求你，我最亲爱最宝贝的儿子！

妈妈绝笔

　　秦朗匆匆读完，感到无比震惊：哦，一切都清楚了，果然是他，他竟然就是我的生身父亲！

　　秦朗把信给了苏雯，伤心地说：我可怜的妈妈！

　　苏雯读后也感到震惊，想不到秦朗有这么奇特的身世，心中充满了对他的怜惜，她抱住了秦朗，温柔地抚摸着他，希望他能坦然接受眼前发生的这一切。同时，她跟秦朗一样，对秦悦悦充满同情。秦悦悦对万中仙至死不渝的爱，她的这种对爱的勇敢追求和坚守，深深打动了苏雯，此时她在心里对秦悦悦充满敬重和佩服，同时又不免为秦悦悦的自我戕害而感到十分痛惜。

　　秦朗在苏雯的抚慰下，心情渐渐得到平复，他开始思考妈妈为什么要如此着急地让他读到这封信，很显然，妈妈是寄希望于儿子去救他的生身父亲。

　　苏雯也理解了秦悦悦的意图，心情无比矛盾。救自己的父亲，理所应当，秦朗如果做出了这个决定，善良的苏雯知道，自己一定会支持他；但她会心疼秦朗，无比爱惜他的身体，她怎么会舍得他去做出这个牺牲？苏雯不知道怎么去对秦朗说你应该怎么做，她感到了束手无策，太难了。她相信，此刻秦悦悦一定会跟她是一样的心情，作为母亲，她应该会更有切肤之痛。

　　秦朗内心充满了矛盾，他终于还是做出了决定，去帮一帮万中仙的想法愈加地强烈起来，坚定起来，他站起身来，表情变得无比坚毅了。与其说是心疼自己的生身父亲，还不如说是被妈妈深深感动，是对妈妈的无比敬重和深沉的爱才促使他最后做出决定。秦朗毅然决然地说：我决定了，我要救他！

苏雯心中是万般的不舍，她抱着秦朗不觉流下了眼泪。

秦朗决定先给万莉打个电话。万莉竟然就是自己的亲姐姐，这让秦朗感到高兴。记得小时候，只要万莉像姐姐一样疼爱他呵护他的时候，秦朗不止一次在心里天真地想过，要是万莉真的是我的姐姐就好了，如今竟然就成真的了，秦朗心里只有欣慰。秦朗在电话接通的时候，很自然地就喊了声"阿姐"，而不是像以前那样总是喊"万莉阿姐"。他对万莉说：我在九亭苏雯的家里，你来一趟，一定要来，马上来！

万莉竟然也没问为什么，马上就答应了。秦朗有了一种非常奇妙的感觉，万莉好像已经知道了一切一样，这难道是血缘的感应吗？

万莉很快就到了。一进门，苏雯先去抱住了万莉，还很亲切地喊了一声"阿姐"，随后便泪水涟涟。苏雯要比万莉大6岁，平时从来没有随秦朗称呼过她阿姐。万莉觉得奇怪，便问道：今天是怎么了？

秦朗没回答，只是把信交给了万莉，说：你先看这个。这是我妈妈写给我的。

万莉边看边流下泪来，她此刻的心情更是复杂，为爸爸对妈妈背叛的遗憾，为妈妈长期蒙在鼓里客观上受到的羞辱而感到难过，为爸爸终于有了生的希望的欣喜，一股脑全涌上心来。读完信，万莉已经是泣不成声。秦朗不由得搂着她，用纸巾给她擦去泪水。

对万莉而言，如果此刻还有什么能让她感到温暖的，那就是秦朗竟然就是自己的亲弟弟，这让她感到无比高兴，她从小就喜欢秦朗，秦朗从小就能让她有做姐姐的亲切感和呵护他的愿望。姐弟俩幸福地抱在了一起。苏雯在一旁看了，感慨万千。

秦朗对万莉说：我决定了，我要救万教授！

万莉纠正说：应该说救爸爸。

秦朗不好意思地说：现在还不习惯这样叫，以后我想会的。

万莉也是心情矛盾，父亲、弟弟，她都爱，也都万般怜惜，她让秦朗自己一定要考虑好，并对他说：你做什么决定都可以，你如果害怕了，退缩了，阿姐也不会怪你的。

秦朗坚定地说：我决定了，不会后悔！

他们商议好了，马上就去医院。秦朗决定先去宽慰一下妈妈。

秦悦悦见儿子来到病床边，脸上露出羞愧，别转脸不看儿子。秦朗贴着妈妈的耳边轻声说：妈妈，我都知道了，我不会怪你，你是最好的妈妈，儿子永远爱你！另外，我想告诉你。我决定了，我要救他！

秦悦悦激动了，泪水夺眶而出，说：妈妈谢谢你！可是，妈妈真的很心疼你。妈妈对不起你！

秦朗帮妈妈擦去泪水，安慰说：没事的，我照样会很健康。你千万要放心！

随后，秦朗和万莉又来到15楼肾内科病房，找到万中仙的主治医生。秦朗开门见山地说，我是万中仙的亲生儿子，我要给我爸爸捐肾。

医生感到很突然，心想：怎么万中仙又冒出个儿子来了呢？

秦朗见医生诧异，又说：家事复杂，一言难尽。我真的是万中仙的亲生儿子，你就先给我做个配对检查吧，我是完全自愿的。

医生问明秦朗的血型是A型后，倒是觉得很合适。此刻他的心情就跟当初面对万莉一样，对秦朗的坚决态度充满了敬意，但还是很严肃地跟秦朗说了对万莉说过的同样的话，同意秦朗先去做配对检查。秦朗跟医生说定，等有了满意的结果再告诉万中仙。

过了一天，配对检查结果出来了，几乎完全匹配。

秦朗和万莉立即去了万中仙的病房。两个人都很开心，都想快点把这个好消息告诉爸爸。

到了病房门口，两人小声商量了一下，决定由万莉先进去让万中仙读秦悦悦的一封信。

万莉小心地跟万中仙说：爸爸，我要跟你说件事。

说吧。

万莉依旧小心地说：我去过秦朗妈妈那儿了……她停住讲话，观察着爸爸的反应。

怎么了？万中仙有点疑惑。

万莉还是小心翼翼地说：她什么都跟我说了。万莉再次停顿，犹豫起来。

万中仙有点慌乱了，问道：她说什么了？

万莉拿出信来，交给爸爸说：你看这个，这是秦朗妈妈留给秦朗的信。我先出去一下。

万莉走出病房，把门轻轻带上。对等候在门外的秦朗说：我好害怕。

沉默，久久的沉默。万莉和秦朗对视着，不知如何是好。突然从病房里传出万中仙的喊声：莉莉，莉莉！

万莉赶紧推门进去。她看到爸爸脸上充满忧伤，泪痕点点，不禁感到心疼。万中仙小心地问女儿：你会恨爸爸吗？

万莉真诚地说：不会。爸爸，你千万不要多想。

万中仙乞求地问：我想见一下秦朗，你能把他带来吗？

万莉赶紧说：他来了，就在门外。

秦朗被万莉带到了万中仙的身边。万中仙看了一眼秦朗就把头低下了，沉默了一会儿，轻轻吐出几个字来：对不起，我对不起你！

秦朗赶紧劝道：不用这么说，真的不用。

万中仙抬起头来，痛惜地说：我也对不起你妈妈。我真的不知道她忍受了这么多，她太苦了，我对不起她啊！

万中仙越加激动了，愧疚地大声说道：我惭愧啊，她自己都已经这样了，还处处为我着想。而我呢，我就是个胆小鬼，我毫无担当，我是懦夫，我是伪君子啊！

万中仙完全明白秦悦悦为什么要在这个时候告诉秦朗他的身世，这太让他感动了，他哭了，哭得很伤心。

万莉看了很难过，她不想让爸爸过度地伤心，就想把话题转移了，于是劝道：你身体也不好，就不要太难过了。秦朗今天来，是想跟你说，他已经决定为你捐肾。他已经做过配对检查了，结果很好，他跟你一样，血型也是 A 型，HLA 5 个点位符合，几乎完全匹配。

万中仙立刻就认真起来，态度坚决地对秦朗说：我谢谢你，但我不能接受，不能！他平息了一下自己激动的情绪，继续说：我是父亲，我不舍得你这样做。我可以继续做血透治疗，医院也在为我寻找肾源，你们就放心吧。

由于万中仙的坚决拒绝，医院伦理委员会最终否决了秦朗申请捐肾的要求。

第二十一章

　　秦悦悦的生命已经走到尽头，这几天多数时间都是在昏睡中。秦悦悦梦到自己在一条黑黢黢的隧道里吃力地走着，很远的前面才有一点亮光，还隐隐约约有小提琴演奏声从那头飘来，正是万中仙拉的《梁祝》。乐曲进入最终的"化蝶"：彩虹万里，天宇璀璨，百花怒放，争奇斗艳，在这神话般的仙境中，一对美丽的蝴蝶从坟墓里飞了出来，在花丛中自由飞舞。有个女声在唱着：花间彩蝶成双对，千年万代不分开。秦悦悦听了喜欢，唤着拉琴人万中仙的名字，她想见到他，还想让自己也变成一只蝴蝶，自由飞舞。她就拼命朝亮光的地方走，朝小提琴声音传来的地方走，但怎么也走不到……

　　魏医生跟秦朗说：你妈妈的时间不多了，你们为她准备后事吧。秦朗很伤心，就来到妈妈的身边，一直握着她的手，他害怕妈妈突然就走了，他不想她离开。一想到妈妈会离开自己，他就感到万分心痛。秦悦悦一醒来就要寻找秦朗，看到秦朗在，她就会安定下来。这天，秦悦悦在昏迷中很含糊地在叫"万中仙"，过一会儿又叫，虽语言含糊，秦朗却听得真切。秦朗感到非常心酸，跟万莉说了。万莉听了也很难过，提议说：看来是放不下，那就让爸爸来看看秦老师吧，已经是最后的时刻了，就让爸爸送她最后一程吧。

　　秦朗说：好是好，但爸爸会来吗？

　　万莉说：我想会的。我去跟他说。

　　万莉跟万中仙一说，万中仙的眼睛立刻就红了，当即答应。万中仙起身，穿戴整齐，然后带上了他的小提琴。

　　万中仙走来了，秦悦悦却在昏睡中。万中仙看着秦悦悦憔悴消瘦然而风韵犹存的面孔，感慨万千，当初的美好和甜蜜情景瞬间就在脑海里出现了，那真是仙姿玉色、千娇百媚；我歌月徘徊，我舞影凌乱啊！可如今一切都随风去了，烟消云散了！

万中仙在床边坐了下来。身边人都悄悄退出，病房里只剩下了万中仙和秦悦悦。

万中仙凝视着昏睡中的秦悦悦，感觉她还是那么美丽，不觉轻声呼唤"悦悦，悦悦"。秦悦悦蓦地睁开了眼睛，看到面前的万中仙，她惊异地睁大眼睛，不相信地问：是你吗？

万中仙将自己的手放在了秦悦悦的手里，秦悦悦顿时就握紧了。她相信了，真的是他！秦悦悦高兴起来，人变得异常清醒了，说道：我梦见你了，我怕你离开，好着急。你来了，我好开心。

秦悦悦看到小提琴了，又说：我在梦里听到你拉小提琴了，但我怎么也见不到你，我好着急。

万中仙内心积聚已久的疚恨汹涌而起，他觉得自己真是太愧对秦悦悦了，此刻再说什么也都是无用，只有让琴声来表达我对她的一番情意了。于是拿出琴来对秦悦悦说：我拉首曲子给你听好吗？

秦悦悦喜极，说：好的好的，我喜欢。

优美的琴声悠然而起，万中仙拉的是《天鹅》——阳光明媚，波光粼粼的湖面上，垂柳在温暖的春风里摇摆着婀娜的身子，一只美丽的天鹅缓缓游来，高贵而端庄，纯洁而优雅……

秦悦悦享受地闭起了眼睛，梦里她变成了一只天鹅，展翅飞起来了，向着明媚的阳光，向着湛蓝的天空，她要去寻找她的世界了……

琴声戛然而止。门开了，门外人都涌了进来，秦朗扑在了妈妈的身上，亲吻着她好似还留着微笑的脸颊。苏雯和万莉掩面而泣。

万教授起身，向着秦悦悦深深一鞠躬，黯然而去。

秦朗料理完妈妈的后事，回到家里，推开门，习惯性地想喊声

"妈，我回来了"，猛然想到妈妈已经不在，不禁悲从中来。一个人在空空的房间里秦朗感到好孤独。正在这时，苏雯来了。苏雯安慰了秦朗几句，便去厨房做饭，她想学秦悦悦，今晚为秦朗做一道他最爱吃的糖醋小排。

吃晚饭的时候，秦朗的电话响了。是田妮从法国巴黎打来的。田妮兴奋地说：告诉你一个好消息。

随后田妮告诉秦朗，最近她在为狄奥教授组织一场演出，跟教授相处的时间很多。狄奥特地对她说起了秦朗，还主动问秦朗有没有兴趣来巴黎读他的研究生，如果想来，他可以向秦朗发出邀请。

田妮听了很高兴，知道秦朗如果接受了狄奥教授的邀约，这对他的小提琴演奏事业发展极有帮助，于是特地打电话给他。田妮竭力动员他说：来吧，多好的机会，你要知道，有多少年轻人想跟狄奥学，但狄奥教授根本都不给他们机会。来吧，我可以为你办好所有的手续，如果苏雯姐姐愿意来陪读的话，我也可以帮她办手续的，别犹豫了。

秦朗听了喜出望外。他知道能投到狄奥教授的门下，几乎是全世界所有年轻小提琴手的梦想。现在，这么好的机会送上门来了，秦朗怎能不高兴。但是，也不是说想走就能走的，琴行一摊怎么办？还有，很重要的，他还要征求苏雯的意见，秦朗希望能得到她的支持。跟苏雯一年多交往下来，秦朗已经认准她就是自己的终身伴侣，他也多次跟苏雯提出：我们结婚吧！但苏雯总是不肯答应。他希望苏雯能跟他一起去。他心想，干脆就趁这个机会，两人把婚事给办了。

秦朗谢了田妮，说等把国内的事情全都安排好了再说。

秦朗挂上电话，就跟苏雯说了这件事，还说出了自己的打算：我索性就把你娶了，然后你就跟我一起走吧，当然，我们带着邱天一起。答应我，我求你了！

苏雯为狄奥教授对秦朗的青睐而感到高兴，对秦朗说：你就快答应了田妮吧，我真怕你犹豫不决，错过了这么好的机会。

苏雯还由衷地夸赞田妮说：田妮这个丫头真是个好姑娘！

对秦朗想娶她的打算，苏雯则吞吞吐吐，不置可否。

此时，苏雯内心其实是悲伤的。她知道，自己跟秦朗的缘分将尽，她将会亲手将这段姻缘斩断，不是不爱，而是深爱。苏雯始终认为秦朗应该有更好的选择，当她知道了田妮对秦朗的一片深情后，这种想法更加坚定。凭一个成熟女人的直觉，她断定田妮是个好姑娘，她跟秦朗才是天造地设的一对！她愿意衷心为他们祝福。

还有一件事，苏雯一直没有告诉秦朗。邱天已经被民办小学劝退。当初学校愿意接受他，是因为看中了邱天会演奏小提琴，觉得这么有才艺的孩子没有理由不要。但邱天终究只是在小提琴演奏方面有超群的才能，恰恰是这种超群的能力对智力结构的其他方面产生了排斥，压抑了智力其他方面的发展，邱天仍然在文化学习上明显落后于别的同学，几次考试都不及格。

苏雯想好了，准备带邱天到美国去寻求治疗。邱天在美国出生，拥有美国国籍。苏雯认为，从长远考虑，美国有比较完善的福利条件，可能更有利于邱天成年后的生活。苏雯很清楚，自己不可能陪伴儿子一辈子。她很坚定的一个想法是：绝不能因为儿子拖累了秦朗。

原来打算在秦朗家过夜的苏雯断然改变主意，寻找了一个借口跟秦朗说：差点忘了，残联今天晚上有个法律咨询活动，我得去一趟。

苏雯发动起车子，车子驶上大路了，苏雯在心里默默地说：别了，我最亲爱的！随后，泪流满面。

秦朗走进梦花街，眼前的情景让他感到奇怪，街上挤满各种卡车，人们都在往车上搬各种各样的物品，多为家具，很多店铺都贴出"暂停营业"的告示。这是怎么了？秦朗已经有半个月没到琴行上班了，他不知道这段时间梦花街发生了什么事情，于是问一个正在忙着往卡车上搬冰箱的人：这是怎么了，怎么像逃难一样？

此人认出了秦朗,说:你不是梦花琴行的老师吗?梦花街要整体旧房翻新了,这么大的事你难道不知道吗?那里有政府贴出的告示,你自己看吧。他指着不远处墙上的一大张纸说。

秦朗走去看。告示上印着:梦花街整体旧房翻新公告——为把百年老街梦花街打造成一个既有上海老城厢传统的特色旅游景点,又具有现代居住商用功能的崭新街道,现决定对梦花街实施整体旧房翻新工程……

秦朗走进梦花琴行,看到"猫头"正在对围着他的老师们大声说:……关门是暂时的,半年之后,梦花琴行会改造得更加好,大家如果愿意来,我欢迎!

"猫头"见秦朗来了,忙走去问他:家里事情都忙完了?还抱歉地说:这段时间这里事情实在太多,我也没有过去帮忙,不好意思。

"猫头"告诉秦朗:我作为梦花琴行的法人代表,已经跟"梦花街整体旧房翻新"工程指挥部签订了协议,这段时间内,琴行只好暂时停止营业了。你要是愿意,就先到我的咖啡店来帮忙,我那里正缺人手。

秦朗想起昨晚田妮的电话,心想这倒正好,昨晚总在想如果自己走了,这琴行交给谁来管呢?弄得他几乎一夜没睡。这下不用再为这事操心了。于是跟"猫头"说:我要去法国读研究生了。

随后,秦朗最急于想做的事情是赶快把老师的工资给结了。特别重要的是把当初欠"猫头"的转让费10万元钱,用支付宝转账给了"猫头"。"猫头"收到钱,赶紧跟秦朗说:我又不缺钱,你这么急干什么?"猫头"感慨道:你还是小辰光的样子!

秦朗衷心感谢"猫头"在自己需要钱的时候慷慨出手相助。他告诉"猫头",这几年靠着琴行,他不但能帮妈妈支付昂贵的药费,还有了一些积蓄,算算去法国留学的费用也够了。

万莉来电话了。万莉告诉秦朗：爸爸的肾源找到了，捐肾的人是东北一所大学的老师，才30多岁，不幸遭遇车祸，他的老婆按照他生前的愿望，决定把他的脏器捐给需要的人。巧的是，正好跟爸爸配上了，很匹配的。爸爸很快就要做移植手术，你有空过来一下吧。

秦朗把琴行的收尾工作做完后，立即就去了医院。万中仙精神状态极好，秦朗到的时候，万中仙正在练伊萨伊的《无伴奏小提琴奏鸣曲》。秦朗没有惊动他，而是在一旁静静地听他拉完。难度极大的曲子在万中仙的手里一气呵成，没有一处失误，还表现出了伊萨伊小提琴作品火一样的热情和辉煌的技巧。琴上虽然加了弱音器，音量很小，但仍能让人感受到拉琴人高超的技艺。秦朗叹为观止，内心充满钦佩。

万中仙见秦朗来了，非常高兴。他告诉秦朗，他有信心继续履行跟演出商早先签订的演出合同。

秦朗把田妮来电话的事告诉了万中仙。万中仙叮嘱秦朗：被狄奥相中，对你今后的发展一定会有极大的帮助，这么好的机遇，千万不要错过！

秦朗决定了：去巴黎！既是为实现自己的理想，也能告慰已经进入天堂的妈妈。

送走了妈妈，告别了琴行，爸爸的肾源也找到了，秦朗突然有了轻松的感觉。夜晚静谧，秦朗独坐灯下，回想这几年发生在自己身上的一桩桩事情，尤其是想起自己的奇特身世，不胜感慨。唯有一件事还让秦朗难以放下。他如平安，那就无须牵挂。本就两不相欠，不过有过几次见面之缘罢了。让人难以释怀的是他如今身陷囹圄，不仅自己饱尝牢狱之苦，还连累家中妻儿受人冷眼为他牵肠挂肚。他便是林建国。特别让秦朗牵记的是小龙：可怜他没了父亲的疼爱，还有谁能有力地搀扶着他在人生的路上艰难迈步呢？秦朗决定在走之前，一定要去看望一下小龙和他的妈妈唐莲，他有意要给小龙一点力所能及的帮助。

小龙更胖了，秦朗去时，唐莲刚帮儿子练好走路，母子俩都累得瘫坐在沙发上。唐莲看到秦朗很高兴也很感动，感慨地说：难得你能来，老林进去后的这段时间里，很少人上门了。

唐莲告诉秦朗，林建国因为受贿数额不算太大，加上认罪态度好，只被判了4年。唐莲对丈夫的坐牢并没有表现出怨恨，而是说了很多宽恕体谅他的话：……要不是为儿子考虑，他不会拿人钱的，他的人品我最了解了……

秦朗为林建国不需要熬太长的日子就能回家感到了一点欣慰。他准备离开了，走之前，他拿出1万元钱要给唐莲，唐莲不肯收，秦朗便诚恳地说：说起来，小龙可算是我的弟弟，我这个当哥哥的关心一下他也是应该的；再说你们这么苦，我很难过。我知道你们是很需要钱的，收下吧！

唐莲含泪收下了钱，连连道谢。

秦朗最后说：我还想去看看他。秦朗和唐莲约好了一起去。

看到秦朗来探望自己，林建国很激动，他忍不住提起了那段短暂的日子，对秦朗说：你不到一岁就会说话了，说的第一句话竟然是叫爸爸，没人教的，好神奇。随即他便叹了一口气，遗憾地说：你知道我当时什么心情？很痛苦。说实话，这种深深的遗憾，到现在我都有，我没福气有像你这样优秀的儿子啊！

林建国还对自己当初没有答应借钱给秦朗表示了歉意。当他知道了秦悦悦已经去世，知道了秦朗特地去看望小龙和唐莲时更加惭愧了。

秦朗宽慰他说：不可否认，在你和我妈妈离婚之前，你我有过一段父子之缘。你抚养过我，哪怕是一天，我也应该铭记在心。我觉得，缘来缘尽，皆为天意。如果有缘，当倍加珍惜；缘尽了也不必沮丧苦恼，顺其自然为好。人的命运就如天地自然，阴晴不定，变幻莫测。人不会总是一帆风顺，也会遇到崎岖坎坷，甚至惊涛骇浪，难免遭受挫折。我喜欢贝多芬、崇仰贝多芬，觉得他伟大，就因为他不受命运摆布，即使在最困苦的时候，也永远不放弃为实现四海皆兄弟的人类理想而谱写欢乐颂歌。并且，他最为神奇的，也是最被人钦佩的，是用了最能打动人心的音乐作为武器。我最想跟你说的是：不经风雨如何见得彩虹？跌倒不怕，就怕遭受挫折从此一蹶不振。做人都要向前看，要永远相信前面一定会有更美好的生活在等着我们。当然，我们自己需要努力！

这一番话，秦朗对林建国说，也是对自己说的。人生的路还很长，不会总是阳光明媚、春风得意。

林建国连连称是。

苏雯已经有好多天没有跟秦朗联系了。秦朗给她打电话，电话里总是"对方已关机"的提示音。秦朗感觉蹊跷，于是打电话到残联去问。正好是宋副主任接的电话，她惊异地说：苏雯已经辞职，你怎么不知道呢？

秦朗立即打车去了九亭苏雯的家。按门铃，好一阵都没有回应。又使劲敲门，仍然无声无息。对门人家的门倒开了，一位老阿姨出门说：苏雯去美国了，你怎么不知道呢？秦朗经常来苏雯家，对门的老阿姨知道他是苏雯的男朋友。

秦朗大吃一惊，问：带着她的儿子吗？

老阿姨感到很奇怪，说：她儿子死了你不知道吗？

秦朗更感惊愕，忙问是怎么回事。

老阿姨叹了一口气，讲起了一件伤心事——

邱天被民办学校劝退后，做母亲的苏雯很伤心。邱天自己反而很开心，他跟妈妈说：小朋友都不跟我玩，有的小朋友还欺负我，骂我神经病，我一点也不喜欢这个学校。

回到家里，邱天比平时更起劲地拉琴，还常常神叨叨地跟妈妈说：我要去演出了，到一个很华丽的音乐厅去演出。是大胡子圣诞爷爷告诉我的。到时候圣诞爷爷会来接我的。我要好好练。

　　一天，妈妈去上班了。外公外婆发现正在拉琴的邱天突然停下，侧耳细听，然后便拿着琴朝外奔去。两个老人大声叫喊着忙去追他，但哪里赶得上他。邱天喜悦地连奔带跳，两脚生风，像箭一样射进电梯，又像箭一样射向大马路上。有一个神秘的声音在召唤他，那神秘的声音就来自一个能让他无忧无虑的所在，邱天幸福地笑着，义无反顾地迎向前去。一辆大卡车急驶而来，在邱天眼里这就是慈祥的圣诞爷爷驾着雪橇来接他了，邱天是微笑着跟它撞在一起的。邱天倒下了，倒在血泊里，手里紧紧捏着他最喜欢的小提琴。大卡车的车轮无情地将小提琴碾得粉碎。

　　……

　　秦朗失声痛哭。

　　叮咚——就在这时，秦朗的手机进来了一条短消息，秦朗一看是苏雯发来的，赶紧打开看：朗，原谅我的不辞而别。邱天没了。我去美国了，准备读哈佛大学神经生物学汤姆教授的博士研究生。他是专门研究儿童自闭症病因的专家。我发誓要将自己的后半生都用在尽量减少自闭症孩子发病的研究上。为了我死去的邱天，也为了世界上千千万万受此痛苦的家庭。别找我。忘记我。你应该有更好的前途。你必须去法国。这是我对你最后的要求。如果你去了，没有什么要比这更让我感到欣慰了。永远爱你的雯

　　秦朗顿时感到人冷了半截。他怎么可能忘了她，怎么可能不找她？他想着该给苏雯回个信，有太多的话要对她诉说。

　　有电话进来了。是田妮！

2020 年 12 月于上海

图书在版编目(CIP)数据

琴行 / 胡敏著. —上海：文汇出版社, 2021.5
ISBN 978 - 7 - 5496 - 3482 - 8

Ⅰ. ①琴… Ⅱ. ①胡… Ⅲ. ①长篇小说－中国－当代
Ⅳ. ①I247.5

中国版本图书馆 CIP 数据核字(2021)第 057135 号

琴行

作　　者 /	胡　敏
责任编辑 /	鲍广丽
封面装帧 /	王　峥
出 版 人 /	周伯军
出版发行 /	文汇出版社
	上海市威海路 755 号
	（邮政编码 200041）
经　　销 /	全国新华书店
排　　版 /	南京展望文化发展有限公司
印刷装订 /	启东市人民印刷有限公司
版　　次 /	2021 年 5 月第 1 版
印　　次 /	2021 年 5 月第 1 次印刷
开　　本 /	720×960　1/16
字　　数 /	230 千字
印　　张 /	18

ISBN 978 - 7 - 5496 - 3482 - 8
定　　价 / 68.00 元